José Vasconcelos
As *Memórias* de um "profeta rejeitado"

CONSELHO EDITORIAL

Ana Paula Torres Megiani
Eunice Ostrensky
Haroldo Ceravolo Sereza
Joana Monteleone
Maria Luiza Ferreira de Oliveira
Ruy Braga

José Vasconcelos
As *Memórias* de um "profeta rejeitado"

Romilda Costa Motta

Copyright © 2015 Romilda Costa Motta

Grafia atualizada segundo o Acordo Ortográfico da Língua Portuguesa de 1990, que entrou em vigor no Brasil em 2009.

Edição: Haroldo Ceravolo Sereza
Editor assistente: Gabriel Patez Silva
Projeto gráfico, capa e diagramação: Maiara Heleodoro dos Passos
Assistente de produção: Cristina Terada Tamada/Dafne Ramos
Assistente acadêmica: Bruna Marques
Revisão: Julia Barreto

Este livro foi publicado com o apoio da Fapesp.

CIP-BRASIL. CATALOGAÇÃO NA PUBLICAÇÃO
SINDICATO NACIONAL DOS EDITORES DE LIVROS, RJ

M874j

Motta, Romilda Costa
JOSÉ VASCONCELOS: AS MEMÓRIAS DE
UM 'PROFETA REJEITADO'
Romilda Costa Motta. - 1. ed.
São Paulo: Alameda, 2015
244p.; 21 cm

Inclui bibliografia
ISBN 978-85-7939-332-7

1. Vasconcelos, José, 1882-1959. 2. Escritores mexicanos - Biografia.
I. Título.

15-23985   CDD: 928
           CDU: 929

ALAMEDA CASA EDITORIAL
Rua Treze de Maio, 353 – Bela Vista
CEP 01327-000 – São Paulo – SP
Tel. (11) 3012-2403
www.alamedaeditorial.com.br

Ao Julio, pelos sentimentos que nos unem

"(...)Ela é o antídoto do esquecimento. No inferno órfico, o morto deve evitar a fonte do esquecimento, não deve beber no Letes, mas, ao contrário, nutrir-se da fonte da Memória, que é a fonte da imortalidade"

Jacques Le Goff. *História e Memória*

Sumário

Prefácio	11
Introdução	15
Capítulo 1 As *Memórias* de José Vasconcelos A escrita autobiográfica	29
Sobre José Vasconcelos	29
A escrita autobiográfica	46
O historiador e as escritas (auto) biográficas	55
As *Memórias* de José Vasconcelos	65
Capítulo 2 Diálogos culturais	75
José Vasconcelos e as correntes "mestiçófilas" no México	75
América Latina como utopia	101
Conciliando mestiçagem e hispanismo na *Raça Cósmica*	
Capítulo 3 A construção de identidade nacional nas *Memórias* de José Vasconcelos	117
O momento histórico da definição da identidade mexicana: os heróis fundadores e os elementos formadores da nação	118

O "presente decrépito" e as memórias de infância 138
Mestiçagem e *criollismo*. Ideais vencidos? 149

Capítulo 4 159
Escrita como arma de combate pela memória
As imagens de si nos escritos autobiográficos de Vasconcelos

A reencarnação de Quetzalcóatl, o deus civilizador 159
A alma dividida: a contemplação como prazer 190
e a política como sacrifício
De herói civilizador a profeta rejeitado 199

Considerações Finais 219

Referências bibliográficas 225

Agradecimentos 239

Prefácio

Romilda Costa Motta escolheu um tema muito original para estudar. Fascinada pela história do México, encontrou na autobiografia de José Vasconcelos, renomado intelectual e político mexicano, mas pouco conhecido no Brasil, uma valiosa fonte para análise. Em suas *Memórias*, o autor, ao longo de cinco tomos com mais de duas mil páginas, narra suas reminiscências pessoais associadas à história do México, a partir de 1935.

Vasconcelos deixou um legado que tem suscitado manifestações controversas, algumas favoráveis e muitas outras críticas. Tais interpretações díspares podem ser entendidas quando acompanhamos sua trajetória. Nascido em 1882, participou, ainda que sem correr grandes riscos, da Revolução Mexicana de 1910. Findo o movimento armado, seu conhecimento sobre questões ligadas à educação valeu-lhe a indicação, em 1920, para reitor da Universidade Nacional do México; no ano seguinte, foi colocado à frente da recém-criada Secretaria de Educação Pública pelo então presidente Álvaro Obregón. Tal posto lhe renderia fama e prestígio, pois foi nesse período que tomou algumas medidas ousadas que tiveram grande repercussão cultural e política no México e na América Latina. Pôs em marcha uma grande campanha contra o analfabetismo, enviando professores, chamados de *maestros rurales*, ao interior do país com a "missão" de ensinar camponeses indígenas e mestiços a ler e escrever em espanhol. Promoveu a edição de livros de autores clássicos da cultura ocidental, a começar pelo antigos gregos Homero e Platão. Subvencionou os grandes muralistas, como David Alfaro Siqueiros, José Clemente Orozco e Diego Rivera, aos quais encomendou inúmeros trabalhos, incluindo os murais do prédio da própria Secretaria de Educação.

Entretanto, logo se desgostou com os rumos da Revolução no poder e, em 1929, decidiu apresentar-se como candidato de oposição à presidência da República, perdendo por uma enorme diferença de votos. Jamais se recuperou desse retumbante fracasso que o marcou de forma indelével e que o fez sentir-se injustiçado e incompreendido até sua morte. Entre viagens e autoexílios, perdeu o lugar de brilho que ocupara no cenário mexicano, assumindo cada vez mais fortemente posições políticas bastante conservadoras. Morreu, aos 77 anos, na Cidade do México, em 1959.

É preciso lembrar um fato que o aproxima do Brasil. A visita oficial que Vasconcelos fez a nosso país, por ocasião das comemorações da independência, em 1922, teve desdobramentos importantes sobre sua produção intelectual. A partir de suas experiências nessa viagem, em que observou a composição étnica "mestiça" brasileira, elaborou a ideia da constituição, na América Latina, num futuro próximo, de uma «quinta raça», a "raça cósmica" ou "de bronze", pois apenas nesta parte do mundo tinha acontecido o encontro de "todas as raças". Brotando desse cadinho, surgiria uma nova civilização, baseada na fraternidade, nos valores do espírito e na produção intelectual que promoveria a paz universal. Ainda que a tese busque seduzir, é preciso enfaticamente criticar o uso persistente da noção de "raça" e a perspectiva essencialista em relação à cultura.[1]

---

1   A primeira edição de *La Raza Cósmica* data de 1925. Houve incontáveis edições posteriores.

Nossa autora não foge das polêmicas em torno da figura de Vasconcelos. No entanto, faz a análise das *Memórias* apoiada em sólidas referências teórico-metodológicas que lhe permitem ultrapassar as armadilhas que os textos autobiográficos colocam a seus estudiosos. Com segurança e conhecimento das questões sobre as chamadas "escritas de si", Romilda Motta demonstra, de maneira pertinente, que Vasconcelos escreveu suas *Memórias* com a finalidade precípua "de intervir no presente político mexicano e deixar para a posteridade o testemunho dos 'verdadeiros fatos' e da grandiosidade do seu próprio 'eu'".

Dialogando com os analistas da obra do intelectual mexicano, a historiadora brasileira discorda daqueles que defendem a perspectiva de que houve mudança radical no pensamento de Vasconcelos após seus desgostos com a derrota política de 1929. Tais acontecimentos explicariam seu inexorável caminho em direção a posturas mais à direita, incluindo o apoio aos governos fascistas da Europa. Romilda Motta identifica os mesmos alicerces filosóficos do pensamento vasconcelista desde seus primeiros trabalhos. Comparando as *Memórias* com outros textos anteriores, mostra que sua visão pouco se diferenciou no que se refere ao papel civilizador da Espanha desde os tempos coloniais, ao lugar da primazia da evangelização promovida pela Igreja Católica e à condição inferior da cultura indígena na formação social do México.

Romilda Motta propõe decifrar as imagens de si construídas pelo mexicano em seus textos memorialísticos. Ela examina a dicotomia que o identifica simultaneamente como "herói civilizador" e "profeta rejeitado". A primeira imagem refere-se à atuação de Vasconcelos na Secretaria de Educação Pública, no começo da década de 1920, e a segunda está associada à sua derrota na campanha à presidência, em 1929, quando, segundo o autor, os mexicanos desperdiçaram a única "oportunidade de regeneração" da nação. De acordo com a historiadora brasileira, os ressentimentos nascidos dessa frustração expressam as finalidades políticas do texto, quais sejam, a de criticar a situação de destruição, decadência e de "eterna barbárie" em que se encontrava o México.

A autora defende a tese de que, mesmo desprezando a "barbárie indígena", Vasconcelos absorveu o amálgama de culturas que formou a sociedade mexicana, utilizando uma simbologia própria da cultura da mestiçagem. Nesse sentido, ele tanto se autodenominou de *Ulisses Criollo*, herói grego representativo da grandeza da herança ocidental, como igualmente se apresentou como *Quetzalcóatl*, deus civilizador da cultura asteca. Desse modo, temas marcantes de sua produção intelectual – hispanismo, mestiçagem e identidade nacional – atravessam e se cruzam também nos seus escritos autobiográficos.

Ao terminar a leitura deste texto, acabamos convencidos pela autora de que Vasconcelos "pretendeu, por meio de suas reminiscências, deixar para a história a perspectiva de uma oportunidade desperdiçada pelos mexicanos, acreditando que as *Memórias* o redimiriam, garantindo uma lembrança positiva de sua obra".

Romilda Motta envolve o leitor ao proporcionar-lhe uma análise rica em sutilezas que vai além de contar as memórias de um político mexicano. É uma reflexão mais ampla sobre a História do México e sobre questões fundamentais do ofício do historiador diante de textos memorialísticos.

Maria Ligia Coelho Prado
Professora Titular de História da América
Universidade de São Paulo

Introdução

*A memória, na qual cresce a história,
que por sua vez a alimenta, procura salvar o passado
para servir ao presente e ao futuro*

Jacques Le Goff

Parte da historiografia resistiu durante muito tempo trabalhar com (auto) biografias ou demais fontes chamadas "escritas de si" por considerá-las um gênero "compósito, híbrido, controverso, problemático, confuso, duvidoso, ou seja, um gênero menor".[1] Historiadores as descartavam por entenderem que elas não levavam, a saber, "o que aconteceu", ou a atingir a "verdade". Enfim, considerava-se que se tratava de um gênero permeado de muita imaginação e alto teor de subjetividade para ser visto como um "documento" digno de análise. A literatura, por outro lado, também teve, por muito tempo, os gêneros confessionais como menores, apartando-os das "altas literaturas",[2] utilizando uma

---

1   BORGES, Vavy Pacheco. "Fontes biográficas: grandezas e misérias da biografia". In: PINSKI, Carla Bassanezi (org.). *Fontes Históricas*. 2ª ed. São Paulo: Contexto, 2006, p. 203. Ver também LEVILLAIN, Phillipe. Os protagonistas: da biografia. In: RÉMOND, René (org.). *Por uma história política*. 2ª ed. Editora FVG, 2004, p. 141-176.

2   NORONHA, Jovita Maria Gerheim Noronha. "Apresentação". In: LEJEUNE, Philippe. *O pacto autobiográfico: de Rousseau à internet*. Org. de Jovita Maria Gergheim Noronha. Tradução de Jovita Maria Gergheim Noronha, Maria Inês Coimbra Guedes. BH: Editora da UFMG, 2008, p.7.

justificativa oposta à dos historiadores. Ou seja, o fato de serem considerados como "não ficção" era exatamente o que os desqualificava.

Contudo, mesmo com a desconfiança de ambos os lados, os gêneros confessionais (diários, cartas, memórias, (auto) biografias) insistiram em permanecer como alvo da atenção de muitos leitores e escritores. Talvez porque, desde os tempos remotos até a atualidade, é comum ao ser humano o temor pelo silêncio do esquecimento por parte daqueles com quem um dia conviveu.

As estratégias foram diversas ao longo da história e aqueles que tinham maior visibilidade foram os que mais se aproveitaram da oportunidade de não deixar sua existência cair no esquecimento, utilizando a literatura como recurso. Aliado ao desejo daquele que escreve o gênero autobiográfico em manter suas lembranças vivas para si e para os outros, existe, por parte do público leitor do gênero, o desejo de conhecer minúcias da vida de personagens públicos ou comuns. Essa combinação permitiu que as chamadas "escritas de si" permanecessem presentes, apesar da desconfiança por parte da crítica literária e também de historiadores, levando-os a não ignorar o gênero e voltar a debatê-lo.

Quando Maurice Halbwachs elaborou, nos anos 1920, uma sociologia da memória coletiva, propôs para os historiadores de diversas vertentes a discussão das relações entre memória e história.[3] Halbwachs apresentou essa relação como dicotômica ao colocar a memória como uma atividade natural, espontânea, desinteressada e seletiva em contraposição à história, que, para ele, era um processo interessado e político. Necessário dizer que as posições de Halbwachs vêm sendo alvo de debates que não se esgotaram.

---

3   HALBWACHS, Maurice. *A memória coletiva*. Citado por DOSSE, François. "Uma história social da mamória". IV: *A História*. Tradução de Maria Elena Ortiz Assumpção. Bauru, SP: Edusc, 2003, p. 261-306.

O historiador francês François Dosse faz uma crítica à visão, apontando que os recentes estudos da história social da memória demonstram que essa oposição canônica entre história e memória não é pertinente. Segundo esse historiador, "para pensar as relações entre memória e história, é preciso, de início, dissociar esses dois planos para apreender, num segundo momento, as inter-relações".[4] Dosse discorda de Halbwachs quanto ao lugar de objetividade absoluta que este dá à história. E, quanto à memória, afirma que devemos compreendê-la em "relação à história como um modo de seleção do passado, uma construção intelectual".[5] O autor destaca que é importante que a abordagem seja feita de forma crítica e que o historiador fique atento às regras discursivas de suas fontes. Apesar de discordar da dicotomia apontada por Halbwachs, François Dosse lembra que o fosso não está eliminado. A relação entre história e memória deve ser ainda, segundo ele, de *reaproximação*, evitando-se os impasses conduzidos por uma grande separação, mas também com clareza de que a fusão dessas duas dimensões é igualmente perigosa.[6]

Ainda no âmbito da discussão teórico-metodológica, que envolve as relações entre história e memória, incluímos a contribuição de Ulpiano Meneses de Toledo, que defende que a memória deve continuar sendo objeto do conhecimento histórico e não objetivo do historiador, sendo conduzida no domínio das representações sociais. Para o Ulpiano Meneses, a historiografia ganharia muito se os historiadores não abandonarem a sua função crítica.[7]

---

4   DOSSE, François. *Op. cit.*, p. 261.
5   *Ibidem*, p. 289
6   *Ibidem*. p. 286
7   MENESES, Ulpiano T. Bezerra de. "A memória, cativa da história? Para um mapeamento da memória no campo das ciências sociais". *Revista do Instituto de Estudos Brasileiros*, São Paulo, n. 34, 1992, p. 22 e 23.

Diante de debates como esses, frutos das transformações na prática historiográfica que englobam a relação entre história e memória, no interior dos campos da história política e da cultura, recentemente pesquisadores têm aproveitado o momento de reabilitação do gênero (auto) biográfico e aceitado o desafio de explorar fontes consideradas "escritas de si", buscando novas abordagens e levantando novos problemas, não ignorando, é claro, as subjetividades presentes. De outra parte, a perspectiva de que a história é "lugar da controvérsia, lugar privilegiado do conflito de interpretações",[8] tem motivado o interesse por esse tipo de fonte e produzido novos trabalhos que buscam a "problematização da memória", como bem indicou Pierre Nora.

Jacy Alves Seixas[9] concorda com o que Pierre Nora afirmou em *Os lugares da Memória*[10] quanto à necessidade de uma postura crítica referente às relações entre história e memória. Entretanto, diferentemente do que Halbwachs afirmou, quando apresentou a memória como algo de caráter "espontâneo, natural e desinteressado", Seixas ressalta a necessidade de reflexão sobre suas finalidades políticas.

A consolidação da chamada história cultural e a renovação da história política no campo historiográfico tem procurado estabelecer novos procedimentos metodológicos de análise dessas fontes, a fim de enfrentar as dimensões subjetivas desse conjunto documental, procurando abordá-las criticamente e principalmente pensando suas

---

8   DOSSE, François. *Op. cit.*, p. 305.

9   SEIXAS, Jacy Alves. "Percursos de memórias em terras de história: problemáticas atuais". In: BRESCIANI, Stella; NAXARA, Márcia (orgs.). *Memória e (res) sentimento: indagação sobre a questão sensível*. Campinas, SP: Editora da Unicamp, 2004.

10 Pierre Nora identificou alguns dos "lugares da memória coletiva", chamando de "topográficos": os arquivos, bibliotecas e museus; "monumentais": cemitérios e as arquiteturas; simbólicos: comemorações, peregrinações, aniversários, emblemas e também os "funcionais": manuais, as associações e também as autobiografias. Cf: LE GOFF, *História e Memória*. 5ª ed. Tradução de Bernardo Leão. Campinas, SP: Editora da Unicamp, 2003, p. 467.

finalidades políticas.[11] Entendemos que política e cultura andam muito próximas e que algumas práticas culturais, incluindo os relatos autobiográficos, "são imediatamente políticas, na medida em que é no campo da cultura que os sujeitos históricos podem definir ou desconstruir suas identidades e territórios."[12]

O desafio para historiadores que se interessam pelas fontes chamadas "escritas de si" torna-se mais complexo pelo fato de ainda existirem poucos estudos voltados a uma reflexão mais aprofundada, com procedimentos teóricos e metodológicos que enriqueçam a análise de tais fontes que envolvem o debate das relações entre história e memória.

Vavy Pacheco Borges, que tem se embrenhado no estudo das escritas (auto) biográficas, chama a atenção para a necessidade dos interessados por tais fontes pensarem em suas "grandezas e misérias".[13] Essa pesquisadora recorda que elas são fontes fecundas, mas, em contrapartida, apresentam limites para os quais o historiador deve ficar atento. O enfrentamento da questão da subjetividade e as imagens parciais presentes nas mesmas são parte da problemática que envolve o trabalho com a "escrita de si", exigindo esforço reflexivo e um trabalho rigoroso de análise crítica para que o interessado na pesquisa não se deixe seduzir pela "verdade" do objeto de estudo e encontre, mesmo dentro dos limites impostos, oportunidades para explorar as representações do passado criadas pelo memorialista.

Devemos fazer referência também ao trabalho de outra pesquisadora que tem se dedicado a aprofundar o debate sobre as "escritas de si" e que está em concordância com a necessidade de problematização

---

11   SEIXAS, Jacy Alves. *Op. cit.*, p. 42.
12   RAGO, Margareth; GIMENES, Renato Aloizio de Oliveira (orgs.). *Narrar o passado, repensar a história*. Campinas: IFCH - Unicamp, 2000 (Coleção Ideias), p.14.
13   BORGES, Vavy Pacheco. *Op. cit.*, p. 203.

da escrita memorialística. Trata-se de Ângela de Castro Gomes. Sobre esta questão, em *Escrita de si, escrita da História*, esta autora afirma:

> A escrita de si assume a subjetividade de seu autor como dimensão integrante de sua linguagem, construindo sobre ela, a "sua verdade". (...) o que passa a importar para o historiador é exatamente a ótica assumida pelo registro e como seu autor a expressa. Isto é, o documento não trata de "dizer o que houve", mas de dizer o que o autor diz que viu, sentiu e experimentou, retrospectivamente em relação a um acontecimento.[14]

Feitas estas observações, gostaríamos de direcionar a apresentação ao intelectual e político José Vasconcelos (1882-1959), que foi um personagem atuante nos cenários político e cultural do México durante o período pós-revolução armada, entre as décadas de 1920 e 1930. Este livro trabalha com a análise de suas *Memórias*, escritas durante a o decênio de 1930, quando ele vivia uma das três experiências de exílio voluntário. Vasconcelos foi ministro da Educação, quando formulou relevantes projetos políticos para a educação e cultura. Concorreu à presidência da República no ano de 1929, tendo sido derrotado. Escritor e polemista, deixou cinco tomos de suas *Memórias*. A presente obra busca analisar os argumentos criados pelo autor para construir imagens de si, verificando qual seu projeto de memória e suas perspectivas, na construção voluntária do "eu".

Ao longo das décadas seguintes à importante atuação como ministro da Educação e à derrota, na disputa presidencial, em 1929, a imagem de Vasconcelos passou por um "estado de dessacralização",[15]

---

14 GOMES, Ângela de Castro (org.). *Escritas de si, escrita da História*. Rio de Janeiro: Editora da FGV, 2004, p. 15.
15 PITOL, Sergio. "Liminar: Ulises Criollo". In: FELL, Claude (coord.). *Ulises Criollo. José Vasconcelos*. Edición Crítica. Madrid; Barcelona;La Habana; Lisboa; Paris;

impondo, durante muito tempo, um "respeito sombrio" quando seu nome era mencionado nas rodas de conversas de políticos e de intelectuais. Desdém, esquecimento e rechaço marcaram as atitudes de muitos mexicanos em relação ao antigo "Maestro", refererência, naqueles anos carregada de ironias.

O desconforto causado em parte dos políticos, antigos correligionários, com o conteúdo publicado em suas *Memórias*, pode ser considerado um motivo inicial. Entretanto é necessário destacar que, nas décadas posteriores a 1930, Vasconcelos direcionou-se, paulatinamente, para um despenhadeiro ideológico, aproximando-se dos setores mais reacionários da sociedade e encaminhando suas opiniões a um estado de petrificação que o tornou um símbolo da direita no México. Em artigos que escreveu, demonstrou desdém pela literatura moderna, incitou a reação armada contra o governo no México, posicionou-se ao lado de regimes fascistas europeus, elogiou Hitler, defendendo o antissemitismo e manifestando um anti-indigenismo delirante. Em 1940, já de volta ao México, dirigiu a revista *Timón*, com orientação pró-nazi.[16]

Os acontecimentos ligados ao Movimento Estudantil, em 1968, no México, iniciaram a "ressurreição" de textos dedicados à educação e cultura pelo "Maestro de la juventud",[17] fazendo referência à política exemplar levada a cabo pelo então ministro Vasconcelos, no governo de Álvaro Obregón (1920-1924).[18] Porém não há dúvida de que a em-

---

México; Buenos Aires; São Paulo; Lima; Gauatemala: San José: Scipione Cultural/ ALLCA XX, p.xx. (Colección Archivos nº 39).

16   Ver: I. BAR- LEWAW. "La revista *Timón* y la colaboración nazi de Jose Vasconcelos". AIH. Actas IV (1971). Disponível em: <http://cvc.cervantes.es/obref/aih/pdf/04/aih_04_1_018.pdf>. Acesso em: 6 ago. 2015.

17   Vasconcelos recebeu o título de "maestro de la juventud" por estudantes da Colômbia (1923), Peru e Panamá.

18   FELL, Claude. "Nota filológica preliminar". In: Fell, Claude (coord.). *Ulises Criollo*. Ed. Crítica. *Op. cit.*, p LXVII. Em 1968, o movimento estudantil também fazia

presa de reabilitação do interesse, pela figura de José Vasconcelos por parte da historiografia só ocorreu quando a Unam, em 1982, decidiu prestar-lhe homenagens por ocasião do centenário de seu nascimento. Desde então, alguns estudiosos têm realizado importantes trabalhos, com os quais dialogamos ao longo dessa obra. Alguns deles, como o mexicanista Claude Fell[19] e a brasileira radicada no México, Regina Aída Crespo,[20] se debruçaram sobre o projeto cultural e educativo de Vasconcelos. Outros se concentraram sobre a campanha malograda de 1929.[21] Na análise das *Memórias*, encontramos o trabalho da escritora e crítica literária mexicana Martha Robles. A autora oferece uma importante contribuição a esse trabalho por meio da obra *Entre el poder y las letras: Vasconcelos en sus Memórias*.[22]

Ainda que reconheça e ressalte a contribuição de Vasconcelos para a educação no México, Robles o apresenta como um homem de extremos irreconciliáveis, apontando suas divisões internas e enfatizando suas contradições. Critica também o fato de Vasconcelos ter vinculado seu trabalho de intelectual a assuntos do poder, estabelecendo uma "estranha comunhão entre o poder e as letras",[23] o que

---

denúncias ao autoritarismo e controle político colocados em prática pelos burocratas do PRI (Partido Revolucionário Institucional). Esse tema foi um dos principais alvos de denúncia de Vasconcelos nas *Memórias*.

19 Sobre a atuação de Vasconcelos à frente da SEP. Ver: FELL, Claude. *José Vasconcelos: Los años del águila (1920-1925). Educación, cultura e iberoamericanismo en el México postrevolucionario.* México: UNAM, 1989.

20 CRESPO, Regina Aída. *Itinerarios intelectuales: Vasconcelos, Lobato y sus proyectos para la nación.* México: Unam, 2004.

21 SKIRIUS, John. *José Vasconcelos y la Cruzada de 1929.* Tradução de Félix Blanco. 2ª ed. México: Siglo Veintiuno, 1982.

22 ROBLES, Martha. *Entre el poder y las letras: Vasconcelos en sus Memórias.* México: Fondo de Cultura Mexicana, 1989.

23 ROBLES. Martha. *Op. cit.,* p. 65.

segundo a autora, o levou a misturar os campos de batalha e seus instrumentos de luta.[24]

Martha Robles toca numa questão em que não há consenso entre aqueles que estudam ou estudaram a figura de José Vasconcelos. Robles afirma que a derrota nas eleições presidenciais de 1929 teria sido um fator determinante na vida de Vasconcelos. A partir desse fato, Vasconcelos teria sido dominado por ressentimentos e ódios, passando a emitir injúrias, depreciações, mostrando-se inapto a expressar juízos políticos confiáveis, apresentando uma visão maniqueísta, com afirmações parciais e insustentáveis, preocupado, apenas, em colocar a "sua verdade", especialmente em suas *Memórias*. Robles, como outros autores, reconhece a dificuldade de uma análise "justa" da personalidade, das palavras e dos atos de Vasconcelos,[25] particularmente pelos rumos que sua trajetória tomou entre as décadas de 1930 a 1950.

Concordamos com Robles em diversos aspectos de sua investigação sobre os escritos memorialísticos de Vasconcelos, entretanto ressaltamos que nos distanciamos em pelo menos dois. O principal deles refere-se à perspectiva de análise escolhida. Partimos da premissa de que seus escritos autobiográficos são um discurso elaborado por um sujeito que produz um projeto de memória. Alguns estudos sobre Vasconcelos, especialmente aqueles escritos anteriormente à década de 1980, em geral, avaliaram sua ação como intelectual engajado no período pós-revolucionário; após a saída do Ministério da Educação Pública e a derrota nas eleições presidenciais, apresentando-o como alguém

---

24 *Ibidem*, p. 59.
25 Carlos Monsivais é um desses autores que concordam com a afirmação quanto à dificuldade de reconsideração da obra de Vasconcelos por conta, principalmente, de seus posicionamentos políticos ligados à extrema direita, realizados a partir da década de 1940. Cf: MONSIVAIS, Carlos. "Notas sobre la cultura mexicana en el siglo XX". In: COSÍO VILLEGAS, Daniel (org.). *História General de México*. México: El Colégio Nacional, p. 1428.

que utilizou os seus escritos para enaltecer-se e/ou para detratar seus adversários. Partimos do pressuposto de que a estratégia utilizada nas *Memórias* denota a construção de um projeto: o desejo de intervir no presente político mexicano e deixar para a posteridade o testemunho dos "verdadeiros fatos" e da grandiosidade do seu próprio "eu".[26]

Sendo assim, entendemos que, ao optar pela análise das chamadas escritas "autorreferenciais" ou "de si", o historiador deve ter claro que seus instrumentos teóricos e metodológicos devem ser outros, descartando a preocupação com "coerência" ou "veracidade".

Outro aspecto diferenciador em relação ao trabalho de Martha Robles trata-se da versão que coloca a existência de dois Vasconcelos "contraditórios" ou "irreconciliáveis", antes e após 1929. Concordamos com a autora quando destaca a passionalidade de Vasconcelos. Entretanto a leitura realizada de seus escritos permite-nos questionar essa "irreconciabilidade". Escolhemos uma perspectiva de análise que não se detém em discutir tal mudança radical em seu pensamento, optando por defender a ideia de que Vasconcelos foi, em vários momentos de sua vida, e não apenas depois de 1929, uma personalidade apaixonada, intuitiva e verdadeiramente contrastante, complexa e ambígua. Especialmente no que tange à sua visão conservadora referente ao papel da Espanha, do índio, da Igreja Católica e dos primeiros colonizadores, sua análise sobre os acontecimentos que se seguiram após o período colonial: a Independência e a própria Revolução.

Sua vida e seus escritos confirmam a nossa afirmação. As *Memórias* representariam uma tentativa de dar unidade e coerência à

---

26 Ver FREDRIGO, Fabiana de Souza. *Guerras e escritas: a correspondência de Simón Bolívar (1799-1830)*. São Paulo: Editora Unesp, 2010. O trabalho de Fabiana Fredrigo sobre Simón Bolívar ajuda e inspira este trabalho por ser um estudo cuidadoso de projeto de memória, onde a autora faz um cruzamento entre memória individual e coletiva, avaliando como, através das cartas, Bolívar buscou lapidar sua imagem para si, para seu grupo e para a posteridade.

sua vida, ainda que, como afirma Luis Cardoza y Aragón sobre os escritos de Vasconcelos, a "unidade de seus textos não é sequer cronológica, e menos ideológica; é a unidade dionisíaca da paixão".[27] Não ignoramos que a derrota de Vasconcelos em 1929 tenha contribuído para que sua visão se mostrasse extremamente pessimista em relação ao México e aos mexicanos. Isso se manifesta claramente por meio de uma escrita carregada de ressentimentos. Porém, conforme afirmamos anteriormente, preferimos a perspectiva que aponta esse acontecimento como algo que corroborou para a exacerbação de seu conservadorismo e de seus ressentimentos, demonstrados desde o início da década de 1920, época em que esteve mais próximo ao "programa revolucionário" e às classes menos privilegiadas, e não na transformação do personagem. Indo ao encontro dessa posição, citamos a opinião de Christopher Michel Domínguez quando afirma:

> Entre 1929 e 1959, Vasconcelos foi negando, progressiva, mas enganosamente, o significado de sua vida como político, crente e pensador. Entretanto, não é próprio falar de dois Vasconcelos irreconciliáveis. Têm razão aqueles que dizem que nas raízes da vida e obra do profeta estava já cifrado seu destino final.[28]

Dando sequência a essa exposição, apresentaremos os capítulos que constituem efetivamente a presente obra. O primeiro capítulo faz uma breve apresentação da biografia de José Vasconcelos e uma síntese do conteúdo de suas *Memórias*. Priorizamos incluir informações sobre

---

27 CARDOZA Y ARAGÓN, Luis. "José Vasconcelos". In: FELL, Claude (coord.). *Ulises Criollo*. Ed. crítica. *Op. cit.*, p. 1073.

28 DOMINGUEZ MICHEL, Christopher. "José Vasconcelos, padre de los bastardos". In: FELL, Claude (coord.). *Ulises Criollo*. Ed. crítica. *Op. cit.*, p. 1044. As traduções contidas na pesquisa são de nossa autoria.

o contexto em que foram escritas e publicadas, bem como a repercussão na sociedade mexicana da época, por ocasião do lançamento dos dois primeiros volumes. Também discutimos a escrita autobiográfica como fonte de pesquisa para o historiador.

No capítulo II, apresentamos Vasconcelos em diálogo cultural com alguns de seus contemporâneos: Alfonso Reyes e Pedro Henríquez Ureña. Analisamos dois temas que foram marcantes na trajetória política e intelectual de Vasconcelos: o hispanismo e a mestiçagem, buscando mostrar algumas de suas filiações.

No capítulo III, desenvolvemos uma análise das perspectivas de José Vasconcelos sobre a construção (e "destruição) de identidade nacional mexicana. Procuramos identificar e discutir seus valores de referência sobre "o nacional", que motivos definiram sua escolha e qual a sua visão sobre o passado recente.

Por fim, no capítulo IV, abordamos um tema imprescindível nesta obra, que é a análise das imagens de si, construídas nos tomos memorialísticos de José Vasconcelos. Procuramos entender quais eram suas perspectivas na construção voluntária do seu "eu", discutindo as finalidades políticas ou o seu "projeto de memória". As duas principais imagens analisadas são as que fazem referência ao "herói civilizador", quando descreve suas lembranças ligadas à sua atuação junto à Secretaria de Educação Pública, durante o Governo de Álvaro Obregón, entre os anos de 1920-1924 e a do "profeta rejeitado", quando Vasconcelos narra sua derrota na campanha à presidência, em 1929. Nesse capítulo, buscamos identificar as manifestações de ressentimentos nos seus escritos, discutindo suas consequências na prática política deste autor.

Quanto ao ressentimento, conceito subjetivo, que tem sido analisado por historiadores para compreender melhor as ações de indivíduos e os fatos históricos, indagamos se as análises feitas até o momento sobre José Vasconcelos não ignoraram esse sentimento característico do homem contemporâneo, como configuração própria do individualismo e mecanismo de defesa do "eu", a serviço da construção de sua memória.

Diante da possibilidade de fazer uma leitura dos cinco tomos das *Memórias* de José Vasconcelos, este livro se propõe a explorar novas abordagens dentro da temática, não ignorando as dificuldades de apreensão das subjetividades presentes, mas, mesmo assim, procurando interpretar os objetivos de Vasconcelos ao narrar a sua vida, estabelecendo sentidos e reconstituindo, então, a sua "ilusão biográfica".[29] As traduções contidas ao longo do livro são de nossa autoria.

---

29 BOURDIEU, Pierre. "Ilusão Biográfica". In: FERREIRA, Marieta de Moraes; AMADO, Janaína (orgs.). *Usos e abusos da história oral*. 8ª ed. Rio de Janeiro: FGV, 2006, p. 183-191. Bourdieu demonstra que, na necessidade de o (auto) biografado organizar a narrativa com certo "sentido de existência", significados, linearidade, coerência, tentando unificar o "eu", ignorando o fato de que as pessoas são multifacetárias, acaba realizando a "ilusão biográfica".

Capítulo 1

As *Memórias* de José Vasconcelos
A escrita autobiográfica

Sobre José Vasconcelos

José Vasconcelos Calderón nasceu no ano de 1882, em Oaxaca. Seu pai, Ignacio Vasconcelos, era filho ilegítimo de Joaquín Vasconcelos e Perfecta Varela. Ambos filhos de comerciantes espanhóis de Oaxaca e Puebla, respectivamente. Sua mãe, Carmen Calderón, era filha de um conhecido liberal oaxaqueño, Esteban Calderón y Candiani que, fugindo do general Sant'Anna, em meados do século XIX, se refugiou em Nova Orleans e ali conheceu Benito Juárez. De volta ao México, escondeu em seu rancho e tratou dos ferimentos do então jovem Porfírio Díaz e suas tropas. Participou das lutas contra os franceses durante o império de Maximiliano, apoiou Lerdo de Tejada e acabou seus dias como senador vitalício em Oaxaca, por ordem do então presidente Porfírio Díaz, como forma de agradecimento por sua ajuda e apoio político.[1] Assim, quando Carmen demonstrou interesse por Ignacio Vasconcelos, que não pertencia a uma família tradicional, deparou-se com a oposição do pai, vendo-se obrigada a fugir para viver a relação desejada.

---

1 As informações biográficas aqui citadas foram retiradas de *José Vasconcelos: Série Antologias del pensamiento político, social e económico de América Latina*. Edição de Maria Justina Sarabia Viejo. Prólogo de Antonio Lago Carballo. Madrid: Instituto de Cooperación Iberoamericana; Ediciones de Cultura Hispanica, 1989, p. 19-26. Ver também: FELL, Claude. "Cronologia". In: FELL, Claude (coord.). *Ulises criollo*. Ed. Crítica. *Op. cit.*, p. 545-572.

Com a morte precoce de seu irmão primogênito, Vasconcelos tornou-se o mais velho dos quatro outros filhos do casal. Seu pai era agente de uma aduana em Sásabe, fronteira com o estado do Arizona e posteriormente em Piedras Niegras (Coahuila). Em idade de iniciar-se na escola, não havendo escola primária na região, Vasconcelos atravessava diariamente a fronteira para estudar, juntamente com outros meninos mexicanos e norte-americanos na Escola Primária de Eagle Pass, no Texas. Mais tarde, a família mudou-se para Campeche, onde prosseguiu os estudos no instituto de Ciências Campechano.

Em 1898, aos dezesseis anos, Vasconcelos se separou da família, indo para a capital mexicana. Passou primeiramente pela Escola Nacional Preparatória e depois pela Escola de Jurisprudência, embora o Direito nunca tenha sido sua área de maior interesse. Em 1906 formou-se como advogado. Sobre a escolha pela jurisprudência, escreveu em *Ulises criollo:* "A disciplina legal me era antipática, mas oferecia a vantagem de assegurar uma profissão lucrativa e fácil. A rigor, era minha pobreza o que me lançava à advocacia".[2] Após trabalhar por poucos meses como agente federal em Durango, integrou-se à sucursal mexicana do escritório nova iorquino "Warner Jobson and Gladston", que defendia interesses de empresas ligadas à exploração de petróleo no México.

No ano de 1906, casou-se com Serafina Miranda, originária de Oaxaca, com quem teve dois filhos: Juan Ignácio, nascido em 1909 e Maria Del Carmen, em 1911. Sua relação com Serafina Miranda foi marcada por profundos distanciamentos e insatisfações mútuas.[3] Em

---

2 VASCONCELOS, José. *Ulises criollo*. Edição Crítica. *Op. Cit*, p. 194.

3 Sobre a decisão de casar-se com Serafina Miranda, escreveu: "Além de certo verniz social e de uma disciplina ética rigorosa, era uma alma primitiva que não atava e nem desatava, nem possuía uma letra de ciência ou de literatura. Uma dessas situações em que é preciso se começar à "La Robson", transmitindo os elementos básicos da aritmética, junto com noções sobre a forma da terra. A experiência resultava tentadora para

relação ao casamento, Vasconcelos posicionou-se sempre de forma muito franca, e, apesar do fato de estar se reaproximando da Igreja Católica durante a década de 1930,[4] quando escreveu sua autobiografia, em vários momentos demonstrou sua contrariedade em obedecer à imposição da Igreja Católica em relação ao sacramento que inviabiliza o divórcio.[5]

Concomitantemente à constituição da família, iniciou suas atividades políticas participando, em 1907, das primeiras reuniões de um grupo de intelectuais que buscava renovar a cultura mexicana, questionando os cânones da corrente hegemônica, a positivista, e apelando para o retorno da importância das humanidades. Esse grupo começou como uma "sociedade de conferências", em 1907, e passou a se denominar, em 1909, "*Ateneo de la Juventud*". Congregava um número expressivo de intelectuais que se reuniam para ler e discutir os clássicos da literatura. Contou com a participação de poetas, filósofos, pintores, escritores, advogados, entre outros. Em relação a alguns de seus membros, destacam-se a presença de Alfonso Reyes, Antonio Caso, Pedro

---

um pedante do meu gênero, com pretensões enciclopedistas". VASCONCELOS, José. *Ulises criollo*. *Op. cit.*, p. 150.

4 Oficialmente, Vasconcelos se reaproximou da Igreja Católica no ano de 1940. Nas *Memórias*, afirmou que seu distanciamento, fruto da decepção com Deus, iniciado após a morte de sua mãe, conseguira fazer dele muito mais "um herege que um ateu". Cf. VASCONCELOS, José. *Ulises Criollo*. *Op. cit.*, p. 152 e 153.

5 A obrigação de manter-se casado por conta dos dogmas da Igreja foi alvo de "protestos" nas *Memórias*. Ao escrever sobre suas recordações dos encontros e a tristeza por não poder permanecer durante mais tempo em companhia de "Adriana", Vasconcelos ousou fazer a crítica à Instituição que mais defendeu ao longo de seus escritos memorialísticos. Apontou vantagens na sabedoria do preceito muçulmano, que admitia a impossibilidade de se amar uma só mulher, permitindo conciliar todas. Também viu maior coerência no "protestantismo ianque" que ao permitir o divórcio pacífico, "evitava a hipocrisia e o engano". Cf. VASCONCELOS, José. *Memória I: Ulises Criollo/ La tormenta*. México: Fondo de Cultura Econômica, 1983, p. 520.

Henríquez Ureña, Martín Luis Guzmán, Antonio Castro Leal, Diego Rivera e outros.

Diferentemente de boa parte dos ateneístas, José Vasconcelos não se contentava em ficar apenas na esfera do debate de ideias e, em 1909, ligou-se a Francisco I. Madero, líder do grupo político que se opunha à decisão de Porfirio Diaz, no poder há mais de trinta anos, de candidatar-se mais uma vez à presidência do México. Atuou, a princípio, como ideólogo e secretário da reunião que criou o *Centro Antireeleccionista*, que desempenharia importante papel na formulação da candidatura de Madero à presidência do México.

Vitoriosa a Revolução e derrotado Porfirio Díaz, Vasconcelos, após 1911, com a chegada de Francisco I. Madero ao poder, e até 1929, transitou simultaneamente "entre o poder e as letras".[6] É evidente o fascínio que a literatura exerceu sobre sua personalidade, mas, ao mesmo tempo, uma força poderosa, a política, tomou também parte considerável de sua atenção. Esteve envolvido com os governos revolucionários que ocuparam o poder a partir de então: como agente confidencial em Washington, no governo de Madero (1911-1913). Com o assassinato de Madero, Vasconcelos se juntou aos "Convencionistas", que se opuseram ao novo governo de Victoriano Huerta (1914).[7] Viajou como agente confidencial aos Estados Unidos, Londres e Paris. No

---

6   A expressão foi utilizada pela escritora mexicana Martha Robles como título de um livro onde essa autora trata da atuação política e cultural de José Vasconcelos. Cf. ROBLES, Martha. *Op. cit.*

7   Os exércitos "constitucionalistas" ou os "convencionistas" pertenciam a diferentes Estados mexicanos que participaram da Convenção de Aguascalientes que buscavam um acordo entre os vários chefes das divisões, durante a fase armada da Revolução. Eulálio Gutiérrez, chefe de San Luis de Potosí, foi designado presidente interino até que o país pudesse escolher o próximo presidente. Entretanto, as divergências políticas e ideológicas logo provocaram a cisão do grupo e o retorno a uma fase de muita agitação revolucionária. Ver AGUILAR CAMÍN, Héctor; MEYER, Lorenzo. *À sombra da Revolução mexicana*. Trad. de Celso Mauro Paciornick. São Paulo: Edusp, 2000 (Ensaios Latino- Americanos, v. 5), p. 56-71.

governo provisório de Eulálio Gutiérrez (1914), Vasconcelos foi secretário de Educação Pública e Belas Artes durante um mês e meio. Quando Venustiano Carranza assumiu o poder, em 1915, Vasconcelos foi nomeado diretor da Escola Nacional Preparatória. Logo iniciou uma série de críticas ao governo e, duas semanas depois, afastou-se da política e do país.

Nesta etapa de primeiro exílio, iniciada em 1915, viajou ao Peru como diretor da agência das Escolas Internacionais de Scheneltady, onde tomou contato com José de la Riva Agüero. Pronunciou conferências em universidades de países da América do Sul e Central. Em 1917, voltou aos Estados Unidos, residindo nas cidades de San Diego e Los Angeles. Atuou como advogado, frequentou bibliotecas norte-americanas e publicou livros. Seu primeiro livro, *Pitágoras, una teoria del ritmo*, foi publicado primeiramente em Havana; *Prometeo Vencedor* (1917), publicado em Madri e *Monismo Estético* (1918) e *Estudios Indostánicos* (1920), no México. Durante os anos de exílio, manteve-se informado dos acontecimentos políticos mexicanos por meio de cartas e também pela imprensa. Com a queda de Carranza, Vasconcelos voltou ao México, onde foi nomeado reitor da Universidade Nacional do México, pelo Presidente provisório Adolfo de la Huerta (1920), iniciando, a partir daquele ano, uma campanha em favor da cultura e da educação no México.

Foi no governo de Álvaro Obregón (1920-1924), período posterior à fase armada da Revolução, que Vasconcelos teve a chance de colocar em prática um projeto educacional monumental sem precedentes na história mexicana, conciliando, de modo direto, pensamento e ação. Nomeado ministro da Educação Pública por Obregón, Vasconcelos desenvolveu um projeto que tinha, para ele, a função "redentora" diante de um país que enfrentava a triste realidade de registrar índices acima de 80% de analfabetismo. O então ministro entendia que o México necessitava, naquele momento, vencer o analfabetismo, escolarizar o campo, integrar as comunidades indígenas, desenvolver o ensino técnico e profissional para "ingressar na modernidade", adequar o ensino superior à realidade do país bem como promover uma cultura nacional e popular aberta a todos.

Seu projeto cultural, posto em prática entre os anos de 1921 e 1924, teve inspiração na reforma educativa realizada em 1917, por Anatoly Lunacharski na Rússia. Partia do pressuposto de que a educação iria patrocinar a vitória da "civilização sobre a barbárie" instalada no México, tornando a população apta para superar seus problemas históricos: o militarismo, o atraso e a exclusão social. Pretendia também a unidade nacional por meio da cultura, visto que o México era um país com múltiplas diferenças linguísticas, étnicas e regionais.[8]

Promoveu uma ampla campanha de alfabetização, construiu escolas, organizou a tradução de clássicos da literatura, multiplicou bibliotecas, implantando, também, o modelo itinerante em lombos de mulas que percorriam os lugares mais distantes do país. As artes ganharam grande impulso no período. Vasconcelos buscou incentivá-las, propondo uma "temática nacional", por intermédio da fusão de tradições hispânicas com as tradições indígenas. Foram realizadas, ao ar livre, festas típicas regionais, peças teatrais, espetáculos de danças e cantos populares de distintas regiões do país. Esse período ficou marcado também como a fase inicial do "Movimento Muralista mexicano."[9]

---

[8] Sobre a atuação de Vasconcelos à frente da política cultural, colocada em prática durante o governo de Álvaro Obregón, ver FELL, Claude. *José Vasconcelos: Los años del águila (1920-1925). Educación, cultura e iberoamericanismo en el México postrevolucionario. Op. cit.* Ver também CRESPO, Regina Aída. *Itinerarios culturales: Vasconcelos, Lobato y sus proyectos para la nación. Op. cit.*

[9] Vasconcelos dividiu o Ministério em três importantes departamentos: Educação (que incluía o de educação indígena), Bibliotecas e Belas Artes. O departamento de Belas

O empreendimento colocou o então ministro como o "guia moral" do projeto.[10] Vasconcelos conseguiu congregar um número representativo de intelectuais mexicanos do período, constituindo uma espécie de "consciência social da Revolução",[11] convocando à intelectualidade para que saísse da "torre de marfim", a fim de selar um pacto de aliança com a Revolução. À frente do Ministério, Vasconcelos contou com o apoio de ex-ateneístas como Pedro Enríquez Ureña, Julio Torri, Manuel Gomez Morín e também de jovens como Daniel Cosío Villegas, Vicente Lombardo Toledano, Samuel Ramos, entre outros. Muitos anos mais tarde, Cosío Villegas, que trabalhou como tradutor de textos clássicos no Departamento de Bibliotecas, comentaria em tom de nostalgia aquele ambiente "evangélico" criado por Vasconcelos, no qual a construção de uma biblioteca em um *pueblo* afastado ou a ação educadora dos professores eram apresentadas aos envolvidos como algo tão premente quanto saciar a sede ou matar a fome. Esse mesmo intelectual afirmou ainda que o programa cultural da Revolução criou e manteve, durante um longo tempo, "a ilusão de que nós intelectuais devíamos e podíamos fazer algo pelo México (...) E este *fazer*[12] algo não era, por certo, escrever ou discursar; era trabalhar por uma obra de benefício coletivo".[13]

Artes contou com o apoio de jovens talentos e de nomes que já tinham certo destaque (que mais tarde seriam chamados de "muralistas") como Diego Rivera, David Alfaro Siqueiros, Clemente Orozco, Roberto Montenegro, Fermín Revueltas e outros que, sentindo-se comprometidos com os ideais educativos de Vasconcelos, buscaram, por meio das pinturas murais, levar a arte ao grande público, pintando em paredes de prédios públicos, a sua interpretação da história do povo mexicano: a gente mais simples, seus problemas sociais, conflitos e vida cotidiana.

10 Cf. KRAUZE, Enrique. *Caudillos Culturales en la Revolución Mexicana*. 5ª ed. México: Siglo Veintiuno Editores, 1985.
11 *Ibidem*, p. 51.
12 Grifo do autor.
13 COSÍO VILLEGAS, Daniel. *Ensaios y Notas*. México: Editorial Hermes, 1996, p. 14. Citado por KRAUZE, Enrique. *Op. cit.*, p. 13.

Em julho de 1924, enfrentando na SEP (Secretaria de Educação Pública) diversas dificuldades políticas para levar adiante o programa, Vasconcelos apresentou a sua renúncia ao presidente Álvaro Obregón, com quem já vinha tendo algumas divergências políticas. Com a sua saída, as verbas para a continuidade do projeto, que já vinham se escasseando, tornaram-se cada vez menores até o programa ficar desfigurado em relação à ideia inicial.

Candidatou-se ao governo de Oaxaca (1924), mas não obteve êxito. Após a derrota, partiu para um exílio voluntário de quatro anos nos Estados Unidos. Viajou por países europeus e, nesse período, também escreveu sobre sua experiência frente à Secretaria de Educação Pública e sua interpretação sobre o futuro dos povos ibero-americano em dois livros que estão entre as suas principais obras: *La Raza Cósmica* (1925)[14] e *Indologia* (1926).[15] Entre a escrita dos dois livros fez conferências em universidades de países da América Latina e também nos Estados Unidos sobre temas de suas obras.

Após esse período afastado do México, Vasconcelos retornou, em novembro de 1928, e tentou mais uma vez voltar à cena política. Rompeu com o grupo dominante liderado pelo ex-presidente Plutarco Elias Calles e lançou-se como candidato independente à presidência da República. A candidatura de Vasconcelos obteve a adesão de grande parte de estudantes universitários bem como de um número considerável

---

14   Vasconcelos escreveu que a viagem que fez em 1922 por alguns países da América do Sul – inclusive pelo Brasil – quando era ministro de Álvaro Obregón, trouxe inspiração para a elaboração de sua teoria em defesa da mestiçagem.

15   Em *Indologia*, constam orientações de sua política educativa e cultural como Ministro da Educação, ampliando suas ideias básicas defendidas em *La Raza Cósmica* referentes ao ibero-americanismo em contraposição ao pan-americanismo, em discussão também naquele momento. Como outros ibero-americanistas, Vasconcelos defendeu a ideia de que era necessário desenvolver entre os povos latino-americanos uma busca por unidade bem como um sentimento de solidariedade e fraternidade para fazer frente à ameaça expansionista norte-americana.

da classe média ilustrada mexicana que se mostrava insatisfeita com o grupo no poder e via Vasconcelos como uma possibilidade de mudança. O clima de campanha deu-lhe grande esperança de vitória. Seu maior adversário, Pascual Ortiz Rubio,[16] do Partido Nacional Revolucionário, candidato sem tanta projeção até aquele momento, teve o apoio interno de Calles, "Chefe Máximo da Revolução", da alta hierarquia do exército, da burguesia mexicana e o apoio externo, por parte dos Estados Unidos, representado pelo embaixador Dwight Morrow.

As eleições ocorreram em novembro de 1929 e foram marcadas por um cenário de violência, intimidações e fraudes. O resultado das apurações apontou Ortiz Rubio como vitorioso na disputa, com uma diferença de mais de 90% dos votos sobre José Vasconcelos. Tal desfecho político levou Vasconcelos a emitir declarações rechaçando os resultados oficiais, declarando-se como "o presidente eleito usurpado".[17]

Em janeiro de 1930, de San Antonio, Estados Unidos, Vasconcelos conclamou seus apoiadores a uma reação armada. Como tal não ocorreu conforme o esperado, deu continuidade ao exílio voluntário que duraria até o ano de 1939. Durante os anos de exílio, morou nos Estados Unidos, França, Espanha e Argentina, passando também por países da América Central, onde buscou a sobrevivência por meio da produção intelectual. Publicou diversos livros que foram ensaios políticos, socioculturais e temas filosóficos: *Tratado de Metafísica* (1929), *Pesimismo alegre* (1931), *Etica* (1932), *Bolivarismo y Monroismo*

---

16 Até o dia da Convenção, realizada em Querétaro, em março de 1929, tudo indicava que o "Obregonista" Aarón Sáenz seria o nome aprovado pelo partido. No último momento, numa manobra de Calles, que coordenava a "família revolucionária", o nome de Ortiz Rubio foi indicado como candidato do Partido Revolucionário Nacional. Cf. AGULIAR CAMÍN; MEYER, Lorenzo. *Op. cit.*, p. 125.

17 Cf. DE LA TORRE VILLAR, Ernesto; GONZÁLEZ NAVARRO, Moises e Ross, Stanley (orgs.). *História Documental de México*. Tomo II. México: UNAM, Instituto de Investigaciones Historicas, 1974, p. 486.

(1934), *De Robinson a Odiseo; pedagogia estructurativa* (1935), *Estetica* (1935), *Qué és el comunismo* (1936), *Historia del pensamiento filosófico* (1937), *Qué és la Revolución* (1937) e *Manual de filosofia* (1940).

Ao longo do período em que ficou distante do México, também realizou conferências e escreveu artigos para jornais e revistas. Entre 1931 e 1932, Vasconcelos publicou a revista *La Antorcha*, primeiramente em Paris e depois em Madri. Em 1932, por motivos políticos e econômicos, viu-se impedido de continuar usando aquele meio como seu principal canal de denúncias. Também, em 1932, o jornal *La Prensa*, de Buenos Aires, interrompeu a publicação de seus artigos. Aos poucos, algumas portas foram se fechando devido ao conteúdo com características panfletárias em seus ataques a Calles, intelectuais que apoiavam esse político, a outras lideranças políticas e ex- correligionários.

Com o tempo, as dificuldades econômicas foram se agravando. Como já vinha organizando alguns escritos autobiográficos, desde 1931, em maio de 1933, ainda morando na Espanha, fez contato com Alfonso Taracena, figura que já havia intermediado negociações para a publicação de algumas de suas obras. Cercado de cuidados, pediu ao amigo que sondasse junto a alguns jornais a possibilidade de interesse em publicar trechos de suas *Memórias,* fato que lhe forneceria meios para enfrentar as dificuldades financeiras mais imediatas e também abriria possibilidades para realizar outro projeto, visto por ele como maior: a publicação de uma obra filosófica. A seguir, incluímos alguns trechos de cartas trocadas entre Vasconcelos e Alfonso Taracena, que nos informam parte do processo:

> Meu querido amigo, escrevo-lhe agora sobre um assunto pessoal em que lhe solicito uma intervenção pessoal, abusando de sua bondade. Em uma carta anterior, me perguntava sobre minha *Estética*. É agora que poderei começá-la, porque acabo de terminar quinhentas folhas de minhas

memórias, que publicarei sob o título de *Odiseu en Aztlán*. Acabo de entregar à Casa Calpe toda a edição de "La sonata mágica" (...) Não tenho recursos para publicar esta nova obra. Ocorreu-me que algum jornal, o *Ômega* ou qualquer outro, poderia se interessar em tomar a obra para publicá-la em série, ou seja, como artigos ou folhetim.[18]

Na carta acima referida, Vasconcelos também esclareceu a Taracena que possivelmente não encontrariam grandes dificuldades para a publicação, visto que as primeiras 550 páginas continham recordações de infância, entre outros fatos de sua vida pessoal, acrescentando que só no final apareciam assuntos políticos. Sugeria também que poderiam substituir nomes de personagens políticos citados ou mesmo colocá-los em forma de anagramas. A leitura das cartas trocadas com Taracena nos possibilitou verificar um Vasconcelos com um sentido comercial bastante acurado. Em todo o tempo opinou sobre vários detalhes ligados ao negócio: jornais e revistas que poderiam se interessar pela publicação, consciência de que os assuntos tratados despertariam a curiosidade dos leitores mexicanos, ou seja, tinham apelo comercial. Impossível de ignorar, também, que tinha urgência na questão, devido a dificuldades econômicas que enfrentava.[19]

---

18 VASCONCELOS, José. *Cartas políticas de José Vasconcelos*. Prefácio e notas de Alfonso Taracena. México: Clasica Selecta ; Editora Librera, 1959, p. 88-89. Carta enviada de Somió, Espanha, em maio de 1933.

19 Numa carta enviada de Somió, na Espanha, em julho de 1933, lemos: A proposta de *Revista de Revistas* me parece muito pouco, para ter a exclusividade na capital, mas se não houver outra oferta, teremos que dá-la a este preço. Pensei no Ôm*ega*, não por ter relações pessoais ou preferência e sim porque imaginei que se atreveriam a publicar. Hermínio (genro) me disse que talvez o *Gráfico* ou *La Prensa*, da capital, pudessem pegá-las. Mas você saberá se é ou não prudente propô-las. Em todo caso, autorizo-o a decidir sobre o assunto sem consultar-me e certo de que qualquer coisa que se consiga me beneficia, dado que estou ficando bastante apertado. Você não sabe o quanto fico agradecido. In: VASCONCELOS, José. *Cartas políticas de José Vasconcelos. Op. cit.*, p. 92-93.

Após fazer contato com vários periódicos no México, Estados Unidos e com uma revista em Cuba, Taracena efetuou contratos para que o conteúdo fosse publicado em forma de folhetins em alguns órgãos de comunicações. A revista mexicana, de publicação mensal, *Sistema*, publicou em forma de folhetins, entre dezembro de 1934 e abril de 1935, a obra sob o título de "Las memórias del licenciado Don José Vasconcelos". Em abril, *Sistema* emitiu uma nota avisando aos leitores que aquela seria a última edição contendo as memórias de Vasconcelos. Afirmando lamentar a interrupção, explicava aos leitores que o fato ocorrera por causas alheias à vontade da editora e que obedecia ao cumprimento de um convênio acertado entre o autor e uma empresa editorial, que faria a edição completa em forma de livro. Outras revistas mexicanas publicaram fragmentos: *El Diario de Yucatán*, *La Palabra* e na capital, a *Revista de Revistas*. Em Cuba, durante quinze semanas, ao longo dos meses de janeiro a abril de 1934, a revista *Bohemia* também publicou trechos das memórias de Vasconcelos. A publicação foi interrompida sem explicações prévias. *Bohemia* e *Sistema* contaram com ilustrações em suas edições e o assunto teve boa aceitação entre os leitores.[20]

Numa outra carta enviada ao amigo Taracena, em 1933, verificamos que, em alguns momentos, Vasconcelos demonstrou "arrependimento" pela decisão de publicar suas memórias, chegando a pedir a suspensão das mesmas, que, naquele momento ainda eram publicadas em folhetins:

> Creio que até as *Memórias* foram um erro, porque estabelecem uma liga falsa, indevida entre o público do México e eu, que não deve ter comigo

---

20 Cf. FELL, Claude. "Nota filológica preliminar". In: VASCONCELOS, José. Ed. crítica. FELL, Claude (coord.). *Ulises Criollo. Op. cit.*, p. LXX.

> outra relação que a vida de um rebelde em potencial que não fala. Ou de um morto que não voltou a falar porque não merecia o público que lhe falasse. A verdade é que decidi pela publicação em um momento de angústia econômica e crendo que, pelo menos, o mexerico permitiria ganhar algum dinheiro. Equivoquei-me e suspendo, mas te rogo que não penses que esta suspensão implica o menos desconhecimento dos esforços que você tem feito e que lhe agradeço de todo o coração (...).[21]

Não demorou muito e as dificuldades econômicas fizeram Vasconcelos voltar atrás em suas opiniões, havendo continuidade nas publicações. Suas entrevistas, artigos e conferências passaram a assumir um viés cada vez mais extremista. Em 1929, o periódico *El Universal* cortou as colaborações do intelectual, voltando, apenas em 1941. *La Prensa*, da Argentina, tomou a mesma decisão, em 1932.

Após as descrições da infância e juventude do memorialista, o conteúdo tornava-se cada vez mais político e polêmico, o que resultou em reticências e observações por parte de alguns diretores das revistas e jornais que vinham publicando os trechos de sua história. Vasconcelos previa tais dificuldades. Percebeu que o momento político mexicano não lhe favorecia, já que o espaço para fazer oposição à "família revolucionária" nos órgãos de imprensa ficava mais limitado. Entendendo que sua autobiografia poderia ser um instrumento de combate a favor de si e contra seus adversários, decidiu publicar o conteúdo completo em forma de livros, buscando, entre outros objetivos, oferecer à posteridade sua interpretação "dos fatos" e apresentar-se como importante protagonista da história mexicana.

---

21 Carta enviada de Adrogué, província da Argentina, em dezembro de 1933. In: VASCONCELOS, José. *Cartas políticas de José Vasconcelos. Op. cit.*, p. 99.

Em março de 1934, recorreu mais uma vez a Alfonso Taracena para fazer o contato com editoras. Sugeriu um novo título, substituindo a ideia inicial de "Odiseo", justificando que escrevia, naquele momento, outro livro de conteúdo educativo que se chamaria *De Robinson a Odiseo*.[22] Como não queria confusões nos títulos, sugeriu "Ulises Criollo" e não apenas "Memórias" – título que a *Fondo de Cultura Económica* utiliza –, pois cria que o título não era chamativo e não dizia nada por si só.[23]

Finalmente, em junho de 1935, ocorreu a publicação do conteúdo completo do primeiro volume, *Ulises Criollo*, pela editora Botas. Sua habilidade literária, a personalidade apaixonada e a importância política e cultural que a figura de Vasconcelos ainda representava no México, despertaram a curiosidade de muitos. Isso fez com que *Ulises Criollo*, primeiro tomo de suas *Memórias*, se tornasse um sucesso no mercado editorial da época, atingindo cinco edições em menos de um ano,[24] tornando-se um dos livros mais vendidos na primeira metade do século XX, no México.

---

22 Vasconcelos afirma nessa carta que o conteúdo desta obra seria uma contestação à obra de Dewey e seus sistemas *Robinsonianos*, apresentando a defesa da volta ao latinismo e do classicismo em matéria educativa.

23 Carta enviada a Taracena, em dezembro de 1934. In: VASCONCELOS, José. *Cartas políticas de José Vasconcelos. Op. cit.*, p. 148.

24 Acredita-se que tenha sido impresso um número muito maior de livros do que o afirmado pela Editora Botas. No prefácio da edição realizada pela editora *Trillas*, Emmanuel Carballo escreveu: *É provável, e afirmo como hipótese de trabalho, que de "Ulises" tenham sido feitas mais de vinte e duas edições até 1938. O primeiro titular dos direitos, Botas, parece que imprimiu unicamente treze edições, cujo número não ultrapassa os trinta e seis mil. Creio que estes dados não correspondem à realidade, já que as "Memórias" de Vasconcelos, sobretudo "Ulises", foram o best seller histórico-literário mais surpreendente de nossos anos trinta e quarenta.* CARBALLO, Emmanuel. "Prólogo" *a Ulises criollo*. México: Editorial Trillas, 1998, p. 41. Citado por Claude Fell em VASCONCELOS, José. *Ulises criollo. Op. cit.*, p. XL.

A análise das cartas trocadas entre Vasconcelos e Taracena nos possibilita afirmar que, apesar do sucesso de vendas que foi *Ulises criollo*, Vasconcelos não obteve muitas vantagens financeiras no negócio com a Editora Botas. Um dos motivos, conforme lemos na fala de Emmanuel Carballo na nota anterior, teria sido a dificuldade de confirmar a exatidão nos números de livros anunciados e os verdadeiramente publicados por Botas. Outro fator foi o acordo assinado na época com a editora, que pagou um valor menor que os demais livros de Vasconcelos, editados no México. Sabe-se que nem Vasconcelos nem Taracena poderiam imaginar, é claro, as dimensões comerciais que a obra tomaria. Taracena fez questão de responder àqueles que o acusaram de ter prejudicado Vasconcelos, devido ao "péssimo acordo" feito com *Botas* para a edição do primeiro volume do conjunto memorialístico e que ainda citavam números que apontavam para 60 mil exemplares vendidos, sendo que Vasconcelos não teria recebido por seus direitos de autor, nem 60 mil pesos. Sobre a questão, Taracena justificou: "Em primeiro lugar, os que assim falavam, não entendiam de livros, uma palavra. Dificilmente mencionam-se livros modernos em espanhol, que alcancem tanta circulação e ainda em tão curto tempo (...)". Incluiu uma carta enviada pelo genro de Vasconcelos, em que o mesmo afirmava que o proprietário intelectual das *Memórias* estava de acordo com o valor acertado com a editora – mil pesos mexicanos, pela tiragem de 5 mil exemplares – Afirmou ainda que Vasconcelos havia dado provas de não concordar com a acusação feita, pois seu segundo livro, *La tormenta*, fora dedicado a ele, Taracena.[25]

Entre julho e agosto de 1935, muitas polêmicas foram fomentadas em torno das *Memórias* de Vasconcelos. Ocorreu o maior número de críticas, acusações, autojustificativas, comentários em jornais como

---

25 Cf. VASCONCELOS, José. *Cartas políticas de José Vasconcelos*. Op. cit., p. 140-141.

El Universal, Excélsior e *El Ilustrado* a uma obra publicada no México.[26] Mesmo aqueles que criticavam o conteúdo histórico e político da obra, não deixaram de perceber a sua qualidade literária, transformando-a numa referência na literatura mexicana.[27] Além de detalhes de suas relações extraconjugais, sua visão negativa sobre matrimônio e paternidade, ele expôs seus juízos referentes a personagens dos cenários político e cultural do México. Muitos dos contemplados nas *Memórias* de Vasconcelos ainda estavam vivos e atuantes no momento do lançamento de seus escritos. Alguns alvos de seus ataques chegaram a emitir respostas em forma de artigos em jornais e até mesmo autobiografias que objetivavam dar a outra versão dos fatos em respostas às "calúnias" presentes na obra de Vasconcelos.[28]

Após a morte de sua primeira esposa, em 1941, José Vasconcelos casou-se com a pianista mexicana Esperanza Cruz, em 1943. Desse casamento, nasceu Héctor Vasconcelos, em 1944, quando o casal já se encontrava separado.

---

26 Sobre a recepção crítica de *Ulises Criollo*, ver: REVUELTAS, Andrea. "El *Ulises criollo* de Vasconcelos: recepción de la crítica". In: FELL, Claude (coord.). *Ulises Criollo*. Ed. crítica. *Op. cit.*, p. 593-612.

27 *Ibidem*, p. 583-612. Andréa Revueltas afirma que chegaram a sugerir *Ulises Criollo* como um dos concorrentes ao Prêmio Nacional de Literatura de 1935, por ser considerado o melhor livro do gênero, naquele ano. Revueltas inclui em seu texto um artigo escrito na época por Juan Franco para o jornal *Excélsior* (28 dez. 1935, p. 5), que questionava se o júri teria o "valor civil" ou "espírito de justiça" requerido em tal julgamento, para premiar o livro de um inimigo do Governo, quase um "conspirador?" O ganhador do prêmio foi Gregório López y Fuentes, com o romance *El índio*. Segundo Revueltas, uma obra que combinava bem mais com a atmosfera cultural da época, dominada por um realismo socializante.

28 Alberto J. Pani, chamado por Vasconcelos nas Memórias de "Pansi", foi um destes personagens que buscaram responder aos ataques de Vasconcelos. Qualificou a obra como um "mero romance" e atribuiu as críticas de Vasconcelos à "frustração de um perdedor". Cf. PAN

Embora Vasconcelos não tenha conseguido o mesmo protagonismo que tivera na vida política mexicana, na década de 1920, teve uma vida social e intelectual ativa até pouco tempo antes de sua morte. Entre os anos de 1941 e 1947, trabalhou como diretor da Biblioteca Nacional do México, viajou à Argentina, a convite de Juan Domingos Perón e à Espanha, como convidado do general Francisco Franco. Além disso, participou de congressos nacionais de estudantes e congressos internacionais de filosofia (Washington e Veneza), foi condecorado na Espanha com a "Ordem de Isabel, a Católica".

Publicou alguns livros, e ainda em vida, aos 76 anos, participou da produção da versão expurgada de *Ulises Criollo*, que foi lançada em 1958. Com a ajuda dos censores da editora católica, JUS, apresentados como "dois sábios amigos que me prestaram o serviço de suprimir excessos, sem modificar nem uma vírgula, o que foi acordado em comum", Vasconcelos excluiu muitos trechos da versão original. Especialmente aqueles que descreviam suas "tentações carnais". Justificou o corte dizendo:

> Os anos passaram e não poucos dos sucessos e cenas que tive que relatar me causam, no momento, uma repulsa viva. Já que não é possível destruir o que foi, pelo menos nos resta o recurso de apagar aquilo que não merece recordação. Talvez isto explique a aparição das edições expurgadas: o desejo de não contaminar a consciência do leitor com nossas próprias misérias e iniquidades. Necessita-se de outra consideração e é a de que, limpando a casa, podemos receber sem vergonha a visita

---

I, Alberto J. *Mi contribuición al nuevo régimen, 1910-1935. (A propósito de Ulises Criollo, autobiografia del licenciado José Vasconcelos)*. México: Editorial Cultura, 1936. Também, Vito Alesio Robles escreveu sua versão em *Mis Andanzas con nuestro Ulises* e o ex-presidente Emilio Portes Gil *Autobiografia de la evolución Mexicana*.

> daquele setor de leitores que é mais estimável de todos, o que está constituído por almas puras, inocentes e nobres e que, por sorte, abundam em todo tempo e lugar.[29]

Também em 1958, concluiu a escrita de *La Flama*, seu último tomo memorialístico, que seria publicado postumamente, e começou a colaboração na organização de suas *Obras Completas*. Sua morte ocorreu na cidade do México, no ano de 1959, aos 77 anos, após ataque cardíaco. No momento, possuía títulos "Honoris Causa" das Universidades do Chile, da Universidade Nacional Autônoma do México, de Guadalajara (Jalisco), de Porto Rico, de El Salvador e da Guatemala.

Em 1985, seus restos mortais foram trasladados para a capela da Puríssima Conceição, na catedral metropolitana, Cidade do México, por ser considerado como "mexicano ilustre".

A escrita autobiográfica

> A literatura, me disse, consiste em dar à trama da vida, uma lógica que não tem. A mim, me parece que a vida não tem trama. Nós é que colocamos, inventando a literatura.
>
> Enrique Vila-Matos: Doctor Pasavento[30]

Pretendemos refletir sobre algumas questões ligadas à escrita autorreferencial, ou "escrita de si". Primeiramente, trataremos da definição do gênero autobiografia, ressaltando aproximações e distinções

---

29 VASCONCELOS, José. *Ulises Criollo*. Ed. Expurgada. México: Editorial JUS, S.A., 1958, p. 5. In: FELL, Claude (coord.). *Op. cit.*, p. LXXX.

30 Enrique Vila-Matas, escritor catalão.

entre outro muito próximo, dentro do universo da escrita confessional: as memórias. Também discorreremos sobre o surgimento e fortalecimento do gênero autobiográfico no período Moderno e, finalmente, discutiremos sobre a riqueza e os limites que tais fontes possibilitam ao trabalho do historiador.

Na tentativa de conceituar a autobiografia, recorreremos a Philippe Lejeune, autor de *O pacto autobiográfico*, trabalho pioneiro que levantou novas problemáticas e hipóteses de trabalho na teorização sobre a escrita autobiográfica.[31] Neste livro, recorreremos algumas vezes a esse autor.

Na obra referida, Lejeune fez um esforço para tentar definir as categorias que formam o "gênero autobiográfico".[32] Utilizaremos as definições deste autor como referência nesta obra. Temos ciência quanto ao risco de cairmos no erro da rigidez de definições de termos, e não desejamos ignorar o ensinamento tirado por Lejeune quanto à importância de considerar a elasticidade e a polissemia das

---

[31] A historiografia francesa e a brasileira voltaram-se, com maior interesse, para as fontes privadas ou arquivos pessoais, a partir da década de 1970. GOMES, Ângela de Castro. "Nas malhas do feitiço: o historiador e os encantos dos arquivos pessoais". *Estudos históricos*, Rio de Janeiro, n. 21, v. 11, 1998, p. 3-4.

[32] Lejeune inaugurou seus estudos sobre a escrita autobiográfica em 1973, com *L'autobiographie em France*. Em 1975, lançou sua primeira de *O pacto autobiográfico*, depois em *O pacto autobiográfico (bis)*, em 1986 e finalmente *O pacto autobiográfico, 25 anos depois*, em 2001. Desde então, este intelectual fez revisões importantes referentes a vários posicionamentos teóricos colocados na primeira versão, sobre os quais não nos deteremos a discutir neste momento. Algumas destas revisões referem-se às categorias que Lejeune colocou na primeira versão como "absolutas", na tentativa de sistematização dos gêneros vizinhos da "autobiografia": memórias, biografia, romance pessoal, poema autobiográfico, diários e autorretrato ou ensaio. Na segunda versão de sua obra, após a repercussão das ideias defendidas, reconheceu e alertou que elas não são e nem devem ser apresentadas como absolutamente rigorosas, devendo-se admitir sempre posições intermediárias. Reconheceu que há situações em que as categorias não se encaixam nas definições e por outro lado, outros gêneros também poderiam ser, dependendo da interpretação, considerados "autobiográficos". Cf. LEJEUNE, Philippe. *O pacto autobiográfico: de Rousseau à internet*. Belo Horizonte: UFMG, 2008, p. 74.

palavras. Consideramos fundamental esclarecer que nessa tentativa de identificação de pequenos distanciamentos não buscamos o enquadramento dos gêneros, visto que temos total clareza quanto à possibilidade de quebras de normas, devido ao fato dos gêneros memórias e autobiografias serem caracterizados por fronteiras fluidas. Entendemos que a distinção entre os gêneros vizinhos seja algo meramente formal. Entretanto, por uma questão "didática", optamos por ressaltar pequenas diferenças entre "memórias" e autobiografia, apontadas por Lejeune, já que usaremos constantemente as expressões ao longo da obra e não gostaríamos que tal ação fosse vista como realizada de forma impensada.

Na discussão sobre os dois gêneros, os estudiosos creem que a única certeza, quando se trata desse assunto, é o fato de que as diferenças entre autobiografia e memória são muito tênues. Por isso mesmo, são considerados "gêneros vizinhos". As semelhanças são indiscutíveis, mas, conforme as definições colocadas por Lejeune, defendemos ser possível identificar, além das inúmeras aproximações, pequenas diferenças entre esses dois tipos de escrita confessional.

A conceituação "clássica" de autobiografia, segundo esse autor, ficou da seguinte forma:[33] trata-se de uma "narrativa retrospectiva em prosa que uma *pessoa real* faz de sua própria existência, quando focaliza *especialmente* sua história individual, em particular a história de sua personalidade".[34]

---

33 Lejeune brinca com a afirmação que se tornou comum de que seria *sua* essa definição, dizendo que simplesmente reformulou algo que já estava presente nos dicionários *Larrouse*, desde 1886. Cf. LEJEUNE, Philippe. *Op. cit.*, p. 50.

34 O grifo é do autor, desejando chamar a atenção para o fato de que uma autobiografia pode conter também fatos que não sejam diretamente ligados à vida pessoal do autobiógrafo. LEJEUNE. Phillipe. *Op. cit.*, p. 49.

Para o gênero vizinho, "memórias", Lejeune afirmou que elas *podem* tratar-se de uma história de uma personalidade, de sua vida individual, mas não há uma obrigatoriedade. Na maioria das vezes, a narrativa limita-se a representar um testemunho pessoal do autor personagem sobre um fato histórico, alheio à sua vida pessoal.

Ambas são narrativas que têm a característica de uma visão retrospectiva, contando com uma distância do fato ocorrido e fazendo com que o autor-narrador organize os acontecimentos descritos, munido de um saber prévio, colocando-se como um "profeta retrospectivo". Tratam-se também de textos produzidos sob o amparo da memória e centrados no sujeito.[35] Enfim, sustentamos que as *Memórias* de Vasconcelos, atendem às características que Lejeune destacou como exigências para uma "autêntica" autobiografia, pois preenchem as características do gênero na sua forma mais clássica. No entanto entendemos, também, que não estaremos incorrendo em erro quando nos referirmos à obra, tratando-a como memórias. Talvez possam ser adequadamente chamadas de "memórias autobiográficas".

Ainda que sem intencionar estabelecer os marcos das "origens", ao referir-se sobre a prática do gênero ligado à subjetivação do discurso, Foucault afirmou, em *O que é um autor*,[36] que, a partir dos dois primeiros séculos d.C., o exercício da escrita já se tornava um

---

35 Sobre essa questão, ver também FOISIL, Madeleine. "A escrita de foro privado". In: ARIÉS, P.; CHARTIER, R. (orgs.). *História da Vida Privada: da renascença ao Século das Luzes*. São Paulo: Companhia das Letras, 1991, v. 3, p. 331-369. Entre outras questões, Foisil explora também as diferenças entre "memórias históricas" e "memórias da vida privada", ressaltando a dificuldade e riscos de sistematização deste último tipo de documento citado.

36 FOUCAULT, Michel. *O que é um autor*. 2ª ed. Tradução de António Fernando Cascais e Edmundo Cordeiro. Lisboa: Vega; Passagens, 1992.

importante veículo para esse fim. Referiu-se aos *Hipomnemata*[37] e às cartas.[38] Concentraremos nossa atenção no momento nos *hypomnemata*, que atuavam como "arma de combate espiritual" e adestramento de si pela escrita.[39] Os *hypomnemata* eram espécie de "cadernos pessoais" que atuavam como memória material das coisas ouvidas ou pensadas. Neles estavam presentes citações, fragmentos de obras, exemplos e ações de que se tinha sido testemunha, relatos lidos, reflexões e debates ouvidos ou que tivessem vindos à memória.[40] Também serviam como matéria prima para a redação de tratados mais sistemáticos, onde eram fornecidos argumentos e meios para lutar contra este ou aquele defeito, ou para ultrapassar esta ou aquela circunstância difícil (luto, ruína, exílio...).[41] Objetivava-se tê-los sempre à mão para utilizá-los, quando necessário, na ação, servindo como "tesouros acumulados", aos quais se recorria posteriormente para releitura e meditação.[42]

Foucault alerta para algumas questões ligadas aos *hypomnemata*. Eles não devem ser vistos como simples auxiliares de memória e, sim, como material de enquadramento para exercícios a realizar frequentemente: ler, reler, meditar, entreter-se a sós ou com outros. Por

---

37 Na acepção técnica, os *hypomnemata* poderiam ser livros de contabilidade, cadernos pessoais, que serviam de agenda. O uso como livro de vida ou guia de conduta parece ter-se tornado corrente entre um público cultivado.

38 Ao tratar dos dois instrumentos utilizados na antiguidade como "adestramento de si por si mesmo" Foucault fala dos *hipomnemata* e das correspondências, ressaltando que os primeiros, apesar de terem como finalidade a constituição de si, não "constituem uma narrativa de si mesmo", visto que o seu papel era permitir a construção de si a partir da recolha do discurso dos outros. Em contrapartida, as correspondências, sim, eram uma prática cultural que dava lugar ao exercício pessoal. Cf: FOUCAULT, Michel. *Op. cit.*, p. 137.

39 FOUCAULT, Michel. *Op. cit.*, p. 137.

40 *Ibidem*, p. 135.

41 *Ibidem*, p. 134 e 135.

42 *Ibidem*, p. 135.

mais pessoais que possam parecer, também não devem ser entendidos como diários íntimos, ou como aqueles relatos de experiências espirituais (tentações, lutas, fracassos, vitórias) encontrados na literatura cristã ulterior. Numa sociedade marcada fortemente pela tradição, o valor reconhecido ao já dito, pela recorrência do discurso pela prática "citacional", terminava por se tornar um veículo importante na constituição de uma identidade a partir da recolha do discurso dos outros.[43]

Conforme apontou Foucault, desde a Antiguidade o exercício diário da escrita já era um valor na constituição da subjetividade. Porém temos que ter em conta que as condições para o aparecimento da autobiografia só surgiram a partir do Renascimento, com a ruptura causada pela dissolução progressiva da vivência medieval das comunidades feudais e o surgimento de novas relações de trabalho e de poder, levando o homem renascentista a assumir diferentes papéis na vida pública, vendo-se progressivamente, diante de si mesmo e pondo em questão, pela primeira vez, sua conduta individual.[44]

Há consenso no fato de que o fortalecimento do gênero começou a ser percebido e definido com a emergência e consagração do "indivíduo moderno", mais marcadamente na segunda metade do século XVIII, quando o homem ocidental adquire uma convicção histórica de sua existência.[45] Com a consciência do eu privado, tal como entendemos hoje, foi fortalecida a ideia de um indivíduo único e singular, trazendo a convicção de que a trajetória, as razões, sentimentos e verdades

---

43 *Ibidem*, p. 137.
44 FRAIZ, Priscila. "A dimensão autobiográfica dos arquivos pessoais de Gustavo Capanema. *Estudos históricos. Op. cit.*, p. 73. GOMES, Ângela de Castro (org.). Revista *Estudos Históricos* (Dossiê Arquivos Pessoais). Rio de Janeiro: CPDOC/FGV, vol. 11, nº 21, 1998.
45 ALVAREZ, Maria Antonia. La autobiografia y sus géneros afins. *EPOS*, v. 5, Madrid, 1989, p. 439. Citado por FAÇANHA, Luciano. *Para ler Rousseau... Op. cit.*, p.74.

individuais têm uma importância que até então não era conhecida, tornando-se matéria digna de ser narrada como uma história e que pode sobreviver na memória de si e dos outros.[46] Muitos teóricos consideram *As Confissões* de J. J. Rousseau como a obra "inaugural" do gênero autobiográfico no período moderno, considerando que naquela obra pode-se detectar o tripé recorrente na relação do gênero: escrita – "verdade" – destinatário também manifestada nesta obra.[47] É necessário dizer que esses autores não ignoram a existência de outra referência do gênero, produzida num período anterior às *Confissões* de Santo Agostinho, escritas entre os anos de 397 e 398. Entretanto esses estudiosos concordam que, diferentemente da obra de Santo Agostinho, que se dirige e espera o julgamento de Deus, a obra de Rousseau é uma autobiografia "secularizada", falando de sua intimidade, colocando a "sua verdade" e esperando o julgamento de seus leitores.[48] Outros ainda incluem a obra de Montaigne, *Ensaios*, escrita entre 1572 e 1588, como possibilidade de ser entendida como pioneira no gênero.[49] Priscila Fraiz afirma que os estudiosos que ele-

---

46 GOMES, Ângela de Castro. *Op. cit.*, p. 12-13.

47 Ver também CALLAGARIS, Contardo. "Verdades de autobiografias e diários íntimos. *Estudos históricos. Op. cit.*, p. 46. Callagaris faz referência ao trabalho de Gusdorf, que afirma que o "ato biográfico" é historicamente e culturalmente datado (fim do século XVIII), entendendo que a condição básica para esta prática cultural foi dupla: a saída de uma sociedade tradicional e (portanto) o sentimento da história como aventura autônoma e individual.

48 Em alguns momentos de seus relatos memorialísticos, Vasconcelos faz uso desse recurso de estabelecer um diálogo direto com seus leitores, provocando-os através de expressões como: "julgue o leitor" ou "(...) mas eu pergunto ao leitor". Cf. VASCONCELOS, José. *El Desastre. (1ª reimpressão). México: Fondo de Cultura Económica, 1984*, p. 73, 174-175.

49 Philippe Lejeune, estudioso da escrita autobiográfica, acrescenta que o fato de alguns teóricos definirem o século XVIII como um marco, não quer dizer neguem a existência de uma literatura pessoal anterior ao período citado e fora dos limites geográficos europeus. Lejeune defende simplesmente que "a maneira como pensamos hoje, a autobiografia torna-se anacrônica ou pouco pertinente fora desse contexto. Cf: LEJEUNE, Philippe.

geram Montaigne como precursor argumentam que, naquela obra, o autor "explícita e conscientemente" se toma como objeto de análise, ao afirmar: "assim, leitor, sou eu mesmo a matéria deste livro".[50]

Na obra já citada, *O que é um autor*, Foucault estabeleceu um parentesco entre a escrita e a morte, ressaltando que há muito tempo a arte de narrar já havia se tornado uma estratégia na busca pela perpetuação de uma existência e cita duas narrativas amplamente conhecidas. Sua primeira referência contida ali é sobre o herói grego Aquiles, que, aceitando morrer jovem, terminava por ter sua vida consagrada e glorificada por meio da narrativa, passando, assim, "à imortalidade". Num outro extremo, a narrativa árabe *As mil e uma noites*, também tinha como tema o pretexto de adiar a morte: Xerazade, sabendo da iminência de seu assassinato, contava histórias para evitar o momento em que o narrador se calaria.[51]

Esse desejo de perpetuar-se utilizando a narrativa foi ganhando novas estratégias e dimensões cada vez maiores, a partir do período Moderno, dando, também, importância ainda maior à subjetividade e levando as sociedades ocidentais a viverem uma era de "auto-arqueologização".[52] Beatriz Sarlo afirma que um dos resultados dessa transformação manifestou-se na literatura, em forma de bens

---

"O pacto autobiográfico". *Op. cit.*, p. 14. ALVAREZ, Maria Antonia. La autobiografía y sus géneros afins. EPOS, v. 5, Madrid, 1989, p. 439. Citado por FAÇANHA, Luciano. Para ler Rousseau : uma interpretação de sua narrativa confessional por um leitos da posteridade. São Paulo: Edições Inteligentes: UFMA, 2006, p. 74.

50 MONTAIGNE, Michel de. *Ensaios*. Tradução de Sergio Milliet. São Paulo: Abril Cultural, 1980, p. 7. Citado por FRAIZ, Priscila. *Op. cit.*, p. 22.

51 Cf. FOUCAULT, Michel. *Op. cit.*, p. 35-36.

52 Expressão cunhada por Charles Maier. Citado por SARLO, Beatriz. *Tempo passado: cultura da memória e guinada subjetiva Op. cit.*, p. 11. Foucault chama a mesma prática de "entesouramento"; Ralph Samuel optou por nomear como "mania preservacionista". Ambos referem-se à prática de se "auto arquivar", por meio da reunião de documentos diversos, visando produzir uma memória para si e para outros.

simbólicos, que se propunham, por meio da rememoração da experiência, uma busca por transformar seu testemunho em "ícone de verdade", visando, em última instância, "parar o tempo", conservando as lembranças ou buscando reparar uma identidade machucada.[53] No século XX, as escritas de si atingiram proporções equivalentes ao culto do individualismo, quando o sujeito assumiu toda a sua subjetividade e o "desejo de monumentalização" ou o que outros denominariam de uma era de "espetacularização do sujeito".[54] O mercado editorial tem registrado a proliferação de produções que giram em torno da construção de memórias individuais, por meio de atos (auto) biográficos. Além das produções do mercado editorial, ainda constam os registros midiáticos: entrevistas, confissões, a moda dos blogs na internet, *talk shows* e *reality shows*. Diana Klinger, em *Escritas de si, escritas do outro*, lembra que "o avanço da cultura midiática de fim de século oferece um cenário privilegiado para a afirmação dessa tendência. Nela se produz uma crescente visibilidade do privado, uma espetacularização da intimidade e a exploração da lógica da celebridade, que se manifesta numa ênfase tal do autobiográfico, que é possível afirmar que a televisão se tornou um substituto do confessionário eclesiástico e uma versão exibicionista do confessionário psicanalítico.[55]

---

53   SARLO, Beatriz. *Tempo passado: Cultura da memória e guinada subjetiva*. São Paulo: Companhia das Letras; Belo Horizonte: UFMG, 2007, p.18-19.

54   LOPES, Denilson. "Por uma crítica com afeto e com corpo". *Grumo*, n. 2, Buenos Aires, Rio de Janeiro, 2003, p. 52-53. Citado por KLINGER, Diana Irene. *Escritas de si, escritas do outro: O retorno do autor e a virada etnográfica*. Rio de Janeiro: 7 Letras, 2007.

55   KLINGER, Diana. *Op. cit.*, p. 22.

O historiador e as escritas (auto) biográficas

De forma sucinta, gostaríamos de tratar do interesse de historiadores pelas "escritas de si" e, de uma forma geral, pelos arquivos pessoais. Tal interesse pode ser sentido mais nitidamente a partir das transformações no campo historiográfico, que incorporaram novos objetos, fontes, metodologias e renovações teóricas, abandonando ortodoxias e aceitando a pluralidade de escolhas e diversidade de abordagens no "fazer história". Essas transformações estão ligadas à renovação da história política[56] e ao florescimento da história cultural. Além da busca pela diluição de fronteiras rígidas entre o social, o político e a cultura, a história cultural se propôs a "repensar a oposição entre coletivo e individual, entre o qualitativo e o quantitativo, assumindo um enfoque que trabalha com ambos os termos, mas que, em função da reação que representa, inova, ao postular a dignidade teórica do individual e a fecundidade metodológica do quantitativo."[57]

O interesse pelas mesmas se prende a uma "revalorização do indivíduo na história e, por isso, a uma revalorização da lógica de suas ações, pautadas em intenções que são escolhas em um campo de possibilidades que tem limites, mas que oferece alternativas".[58] Há, entre os historiadores que optam pelas fontes chamadas de "auto referenciais", o consenso em considerá-las práticas culturais que se caracterizam pela busca do indivíduo em construir ou reafirmar uma identidade para si, por meio de seus documentos.

---

56   Ver também LEVILLAIN, Philippe. "Os protagonistas: da biografia". In: RÉMOND, René. *Por uma história política* (org.). 2ª ed. Tradução de Dora Rocha. Rio de Janeiro: FGV, 2003, p.141-176.

57   GOMES, Ângela de Castro. "Nas malhas do feitiço: o historiador e os encantos dos arquivos pessoais". *Estudos históricos*, Rio de Janeiro, n. 21, v. 11, 1998, p. 123.

58   *Ibidem*, p. 124.

Partindo desta premissa, defendemos que é importante que o historiador não perca de vista alguns cuidados, ao trabalhar com essas fontes. Para discuti-las, faremos referência a um comentário no jornal *El Universal*, por ocasião da publicação do primeiro tomo memorialístico de José Vasconcelos. No artigo citado, Gonzalo de La Parra afirmou:

> Vasconcelos como educador, como revolucionário, como político era conhecido, combatido e ainda odiado por uns e por outros, mas ninguém o conhecia como um homem no mais recôndito íntimo de sua personalidade humana (...). O México inteiro ficou pasmo ante a formidável autobiografia. Pela primeira vez um homem se mostrou nu moralmente, ante a opinião pública, sem temor às revelações mais audazes.[59]

Destacamos esse posicionamento de Gonzalo Parra para trazer uma questão importante para o historiador que opta pela análise das "escritas de si". Quando se trata de escrita autobiográfica, é recorrente que o autor-narrador busque transmitir a ideia de estar se "desnudando" perante seus leitores. Ressaltamos que não concordamos com a ideia de que essa prática cultural tenha por parte do seu autor o objetivo de "desnudar-se", exatamente porque, conforme já colocado, não podemos ignorar as finalidades políticas da memória. Nesse sentido, concordamos com Jacy Seixas quando defende que essas reconstruções do passado devem ser vistas a partir da relação memória e política ou como memória e poder.[60] Essa mesma autora afirma que:

---

59 DE LA PARRA, Gonzalo. "Puntos de vista: Pani frente a Vasconcelos", *El Universal*, 15/V/1936, p. 3. Citado por REVUELTAS, Andréa. "El *Ulises Criollo* de Vasconcelos: recepción de la crítica". In: *Ulises Criollo. Op. cit.*, p. 606.

60 SEIXAS, Jacy Alves. "Percursos de memórias em terras de história: problemáticas atuais". *Op. cit.*, p 42.

Toda memória é fundamentalmente, uma "criação do passado": uma reconstrução engajada do passado e que desempenha um papel fundamental na maneira como os grupos sociais mais heterogêneos apreendem o mundo presente e reconstroem sua identidade, inserindo-se ainda nas estratégias de reivindicação por um complexo direito ao reconhecimento.[61]

Embora a expressão "criação do passado", utilizada por Jacy Seixas, não tenha a conotação de "invenção", gostaríamos de aproveitá-la para ressaltar que a escrita memorialística, vista como uma "construção engajada" do passado não deve ser vista como algo descolado da realidade. Entendemos que o autor-personagem não inventa os fatos narrados. Pelo menos de forma deliberada. Ele viveu ou presenciou grande parte dos fatos relatados. Entretanto consideremos, também, que há que se levar em conta as ausências e lapsos naturais ou voluntários.

Entre o passado e o presente, espaço onde se encontra a memória, há uma distância que separa a experiência da narrativa; e isso contribui para que essas lembranças venham refiguradas literariamente, passando por uma revisão desse sujeito que as descreve e que, por sua vez, o faz munido de perspectivas, sentimentos e razões do presente. Essas condições permitem que o relato autobiográfico tenha, em alguns momentos, conotação de "obra de arte".

Ecléa Bosi, em *Memória e sociedade: lembranças de velhos*, contribui com elementos que reforçam a ideia de que a memória é um processo permanente de construção e reconstrução.[62] Nessa obra, Bosi

---

61 SEIXAS, Jaci Alves. "Percursos de memórias em terras de História: problemáticas atuais". *Op. cit.*, p. 42.
62 BOSI, Ecléa. *Memória e sociedade: lembrança de velhos*. São Paulo: T.A. Queiroz, 1984, p. 29.

reafirma o que o historiador Jacques Le Goff já havia colocado sobre a memória, vendo-a como uma capacidade além de simples conservação de informações, mas também de ordenação, atualização e releitura de impressões e informações passadas.[63] Ecléa Bosi afirma ainda que tanto quanto seria impossível ler o mesmo livro da mesma maneira duas vezes, devemos considerar também a impossibilidade de nos despojarmos do conjunto de nossas ideias atuais e recuperarmos de forma completa e exata as impressões e sentimentos experimentados pela primeira vez. Em suas palavras:

> Na maior parte das vezes, lembrar não é reviver, mas refazer, reconstruir, repensar, com imagens e ideias de hoje, as experiências do passado. A memória não é sonho, é trabalho. Se assim é, deve-se duvidar da sobrevivência do passado, "tal como foi" (...). Por mais nítida que nos pareça a lembrança de um fato antigo, ele não é a mesma imagem que experimentamos na infância, porque nós não somos os mesmos de então e porque nossa percepção alterou-se e, com ela, nossas ideias, nossos juízos de realidade e de valor. O simples fato de lembrar o passado, no presente, exclui a identidade entre as imagens de um e de outro, e propõe a sua diferença em termos de pontos de vista.[64]

Por tudo isso, consideramos que o pesquisador deve descartar qualquer possibilidade de uma completa exposição por parte do autobiógrafo.

Especialmente no que se refere às ilusões de "verdade", "espontaneidade" e "autenticidade" presentes nessas fontes, Ângela de Castro

---

63 LE GOFF, Jacques. *Op. cit.*, p. 420.
64 BOSI, Ecléa. *Op. cit.*, p. 17.

Gomes adverte que se trata de um encanto que as fontes chamadas de "escritas de si" trazem consigo. Por trazerem a marca da personalidade e, com esta, a sensação de um contato mais próximo com as fontes, o pesquisador pode ser levado a cair numa teia perigosa que é a impressão de conhecê-los de uma forma fantasticamente "real" e sem disfarces, na "intimidade" de seus sentimentos.[65] Em suas palavras:

> Para o historiador, um prato cheio e quente. E acredito que, para ser degustado, com o prazer que pode proporcionar, os historiadores devem se municiar dos nada novos procedimentos de crítica às fontes, guarnecidos de escolhas teóricas e metodológicas capazes de filtrar o calor, de maneira a não ter a boca queimada.[66]

Em concordância ao que Gomes alerta, Christophe Prochasson defende que o "valor de verdade" presente nessa documentação não deve ser interpretado como uma "verdade dogmática, absoluta ou transcendental, mas verdade humana, verdade da testemunha sincera que diz o que fez, viu e sentiu".[67] A pressa em apontar a "autenticidade" na fonte pessoal não deve, segundo este autor, fazer parte de um discurso ingênuo, levando o pesquisador a interpretá-los como "espelhos verdadeiros da vida de seus autores", acreditando na possibilidade de um "desnudamento" do indivíduo.

Ainda nesse sentido, gostaríamos, mais uma vez, de fazer referência a Lejeune, ao continuar discutindo sobre os cuidados que o historiador deve tomar para poder tirar o proveito das fontes escolhidas.

---

65 GOMES, Ângela de Castro. "Nas malhas do feitiço: o historiador e os encantos dos arquivos pessoais", *Estudos históricos. Op. cit.*, p. 126.
66 *Ibidem*, p.125.
67 PROCHASSON, Christophe. "'Atenção' verdade! Arquivos privados e renovação das práticas historiográficas". *Revista Estudos Históricos*. Vol,11, nº 21, 1998, p. 114.

Quando esse autor indicou as condições necessárias para uma autobiografia "clássica", afirmou que havia uma característica na autobiografia que a diferenciaria nos modos discursivos fictícios; e isso seria a identidade entre autor, narrador e personagem concretizada pelo "pacto autobiográfico". Segundo Lejeune, o "pacto" seria um contrato implícito entre o autor e leitor, no qual o autobiógrafo se comprometeria, após essa declaração de identidade, numa espécie de "eu abaixo-assinado", a "dizer a verdade", por desejar "honrar a sua assinatura".[68] Lejeune esclareceu nas outras versões que o fato de ter estabelecido a relação entre o compromisso de "dizer a verdade" e a declaração de identidade não implicaria uma exatidão histórica impossível, mas uma apresentação sincera da vida do autor. Defendeu que, no "pacto autobiográfico", como em outros "contratos", o leitor poderia questionar o que está dito, mas não a identidade de quem escreve. Ou seja, ao definir o gênero autobiográfico, esse estudioso descartou a possibilidade de incluir relatos ficcionais, nos quais é possível o leitor duvidar da autenticidade.[69]

A discussão entre discurso ficcional e histórico, presentes no gênero autobiográfico, traz questões importantes para nelas refletirmos. Hermenegildo Bastos, autor de *Memórias do cárcere: literatura e testemunho,* acredita que a escrita autobiográfica se aproxima da historiografia no sentido de que ambas são construções textuais, compartilhando, assim,

---

68 A proposição de Lejeune gerou inúmeros comentários e críticas. As principais delas faziam referência ao conceito de "pacto autobiográfico". Os comentaristas apontaram como ilusória a possibilidade de estabelecer uma relação a três: produtor, obra e leitor, já que essas três instâncias nunca participam ao mesmo tempo de uma mesma experiência, especialmente pensando que haverá uma defasagem entre a intenção do autor e a leitura do leitor. Lejeune acatou muitas das observações e explicou-se em relação a outras.

69 Lejeune fez questão de esclarecer que "autenticidade" não deve ser confundida com "veracidade". Segundo esse autor, a autobiografia não se define por seu grau maior ou menor de veracidade. O "pacto" feito entre o autor e o leitor, estabelecido através de sua assinatura, é que determina a forma como o texto deve ser lido: como "autobiografia". Sobre os últimos comentários e revisões feitos por Lejeune, realizados em 2001, Ver LEJEUNE, Phillipe. *Op. cit.*, p. 70-85.

das limitações comuns a toda forma de escrita e exigindo um trabalho de crítica como outras fontes de análise. Esse mesmo autor afirma:

> Também o historiador apresenta uma versão, pois a perspectiva de observação e a análise dos fatos históricos serão sempre ideológicas, isto é, dependem de interesses que o historiador, como membro de determinado grupo social ou classe, representa. A história não é neutra. Mas a versão do historiador pode ser criticada, contestada ou reafirmada. Enquanto isso, a versão autêntica do autobiógrafo, ainda que possa ser contestada, não perderá o seu valor como autobiografia.[70]

Ângela de Castro Gomes adverte que essas fontes trazem alguns "feitiços" ou armadilhas que podem ser fatais para o historiador que trabalha com documentos pessoais.[71] O risco para o pesquisador que se deixa levar por esse feitiço das fontes pode ser trágico, na medida em que seu resultado é o inverso do que é próprio dessas fontes: o historiador acreditaria no que diz a fonte como se ela fosse uma expressão do que "verdadeiramente aconteceu", como se fosse a verdade dos fatos, o que evidentemente não existe em nenhum tipo de documento.[72] Perigo que, segundo a autora, pode estar em quaisquer outras fontes se não tiverem um rigoroso tratamento teórico metodológico. Mas essa pesquisadora reconhece que pode haver lugares mais perigosos que outros e, portanto, chama a atenção para alguns cuidados que o pesquisador deve tomar. Entre eles, estar apto para "dar o rumo" à pesquisa, descartando,

---

70 BASTOS, Hermenegildo. *Memórias do cárcere. Literatura e testemunho*. Brasília: UnB, 1998, p. 64.
71 Cf. GOMES, Ângela de Castro. "O historiador e os encantos dos arquivos privados". Revista *Estudos históricos. Op. cit.*, p 123.
72 GOMES, Ângela de Castro. "Escrita de si, escrita da História: a título de prólogo". In: *Escrita de si, escrita do outro. Op. cit.*, p. 15.

hierarquizando e assumindo que é o pesquisador quem conduz a fonte e não é por ela conduzido ou possuído.[73] O fato é que o trabalho com autobiografias nos leva a pensar sobre seu estatuto ambíguo, que se torna um dos grandes desafios para os historiadores que optam por se debruçar sobre este tipo de fonte. Por um lado, o gênero autobiográfico, não sendo um documento com características "oficiais" ou " de arquivo", permite ao seu autor a liberdade de uma linguagem menos preocupada com a "objetividade". Nos escritos de Vasconcelos, é muito comum expressões como "se não recordo", "esqueci os nomes" (em algumas situações reconhece que não desejava mesmo citá-los, por não "merecerem a fama") e também a existência de descrições de lugares idílicos, situações com contornos épicos, onde claramente se percebe a capacidade imaginativa do autor.

Por outro lado, entendendo essa prática cultural como um instrumento político, em que o sujeito histórico busca definir sua identidade por meio da exposição da sua "verdade", o gênero autobiográfico traz consigo também um estatuto de "discurso verídico". Quando recorremos a algumas obras do gênero, é muito comum vermos expressa essa intenção de fidelidade, ao se utilizarem expressões típicas como: "assim me ocorreu desde aqueles dias",[74] "eu vi", "contarei o que de fato ocorreu" e, especialmente no caso de Vasconcelos, muitas vezes, nessa busca pelo "efeito de verdade", pelo convencimento de seus leitores, incluiu "documentos" e desafios aos seus leitores para que buscassem a confirmação de suas afirmações: "Pode quem quiser confirmar com os jornais daquela data".[75] Em outras situações, reuniu elementos do

---

[73] GOMES, Ângela de Castro Gomes. "Nas malhas do feitiço: o historiador e os encantos dos arquivos pessoais". *Estudos Históricos. Op. cit.*, p. 126.

[74] VASCONCELOS, José. *Memórias II. El desastre, el proconsulado.* México: Fondo de Cultura Econômica, 1984, p. 287.

[75] *Ibidem*, p. 289.

discurso verídico, assumindo a possibilidade de estar incorporando elementos fictícios em suas descrições:

> Não sei bem se isso é o que eu lhe disse ou o que devia dizer. Tudo isso tem se tornado um sonho que não me importa corrigir. Quem quiser fazê-lo, achará os dados autênticos na imprensa da época, por exemplo, no *El Universal* daquelas datas, que fielmente transcreviam os correspondentes. Não se acharão discrepâncias de fato entre o que ali consta e o meu relato. A recordação não deforma nem falsifica; se é sincero, molda e purifica, seleciona a memória, esquecendo o trivial, exaltando a essência.[76]

Nossa análise da escrita autobiográfica de José Vasconcelos terá sempre a perspectiva de vê-la como um testemunho de um sujeito que produziu um documento rico para nós, historiadores, conhecermos uma das muitas representações do passado. Em nossa estratégia de análise, não buscaremos a "verdade" ou a ausência desta, visto que entendemos que estas não caracterizam a escrita autobiográfica. Buscaremos analisar quais foram os acontecimentos selecionados pelo memorialista para perpetuar-se na memória de seus leitores, por que o foram, a forma como eles foram descritos, os sentimentos envolvidos e as estratégias utilizadas por ele, entendendo que essa ação de "produção do eu", conforme já colocou Callagaris, à parte interessada ultrapassa o papel de autor e age principalmente como um editor, "rearranjando ou melhorando o que já é um texto".[77]

Portanto, muito mais que a "objetividade" do narrador, pretendemos analisar o sujeito da narrativa. Conforme apontou Madeleine

---

76 *Ibidem*, p. 273-274.
77 CALLAGARIS, Contardo. *Op. cit.*, p. 51.

Foisil, "menos a vida privada que a atitude ante a vida privada, e não só a narrativa, mas também os silêncios; não só o discurso, mas igualmente sua aridez ou até sua ausência".[78] Temos claro que ali encontramos juízos bastante particulares construídos na perspectiva deste sujeito autor que, não podemos esquecer, se encontrava num espaço e tempo diferentes daquele em que viveu os fatos narrados. Tais testemunhos se tornam uma fonte rica para a análise por parte de um historiador porque mostram as reações individuais – e também de um grupo social – de um sujeito histórico que presenciou enormes transformações sociais, políticas, culturais e econômicas, num momento vibrante da história de seu país. Momentos aqueles que foram marcados por descobertas e constatações, esperanças e desencantos. Sobre alguns desses acontecimentos, expectativas, realizações e frustrações, José Vasconcelos emitiu interpretações e o fez amalgamando história pessoal e nacional.

Por fim, tendo ressaltado a riqueza desta fonte para historiadores, desde que tomados alguns cuidados na abordagem de análise, não gostaríamos de encerrar essa parte sem reforçar o fato de que vemos as *Memórias* de José Vasconcelos como instrumento político utilizado pelo autobiógrafo para a construção/reafirmação de uma identidade que gostaria que se cristalizasse na posteridade.

Analisaremos posteriormente quais foram as abordagens que utilizou e quais imagens elaborou na busca de tal objetivo. Já identificamos alguns motivos que Vasconcelos acreditava ter para produzir e publicar os seus tomos memorialísticos. Entretanto nossas inquietações nos instigam a pensar sobre outras motivações que o autobiógrafo poderia ter para registrar: buscava apenas "recolher" tais lembranças, selecioná-las, trabalhá-las e registrá-las, afirmando imagens positivas junto aos seus contemporâneos e para a posteridade? Seria uma forma

---

78   FOISIL, Madeleine. *Op. cit.*, p. 331.

de lidar com o medo de sua obra se perder por conta do tempo e do esquecimento por parte dos outros e por si mesmo?

As *Memórias* de José Vasconcelos[79]

Muitos são os temas e personagens apresentados por José Vasconcelos ao longo de 2521 páginas do conjunto memorialístico:[80] vida pessoal, intelectual, política, acontecimentos da história nacional, temas filosóficos, sociológicos, entre outros.[81] Os quatro principais volumes são *Ulises Criollo (1935)*, *La tormenta (1936)*, *El desastre (1938)* e *El proconsulado (1939)*.[82] *La Flama*, considerado o último tomo de suas *Memórias*, foi escrito posteriormente e publicado em 1959, ano da morte de José Vasconcelos. O autor-personagem faz uso de recurso usual da escrita autobiográfica: utilizando-se de suas lembranças,

---

79 Os manuscritos da autobiografia de José Vasconcelos foram comprados da Editora *Botas*, em 1988 e descritos pelo Berson's Mexican Archives Project, em 1994, antes de serem definitivamente inventariados e repertoriados em janeiro de 1995. Atualmente, encontram-se depositados no "The Nettie Lee Benson Latin American Collection", da biblioteca da Universidade de Austin, no Texas. Cf. FELL, Claude. "Nota filológica preliminar". In: VASCONCELOS, José. *Ulises Criollo*. *Op. cit.*, p. LVIII e LXIX.

80 Nessa contagem, incluímos os quatro volumes principais, escritos na década de 1930 e *La Flama*, escrito, posteriormente, na década de 1950 e publicado após a sua morte.

81 Muitos argumentos ou mesmo trechos parafraseados de outras obras de sua autoria são incorporados às *Memórias*.

82 *Ulises Criollo* foi publicado por várias editoras ao longo da história. Primeiramente pela Editora Botas e, a partir de 1958, pela Editora Jus, que produziu a primeira edição expurgada, a pedido do próprio Vasconcelos. Em 1979, pela editora Promexa, na coleção *Clasicos de la literatura mexicana*. Em 1982, a editora Fondo de Cultura Económica organizou os quatro principais volumes do conjunto memorialístico de Vasconcelos, em dois grandes tomos, sob o título de *Memórias I* e *Memórias II*. A primeira reimpressão ocorreu no ano seguinte. Em 1998, foi produzida a última edição pela Editorial Trilla. No ano 2000, o historiador francês Claude Fell organizou a edição crítica de Ulises Criollo, fazendo o cotejamento dos manuscritos com as edições de Botas, Jus e a do Fondo de Cultura Económica. Nesta edição, Fell incluiu diversos artigos de historiadores e críticos literários do México, Argentina e França que tiveram interesse pela obra de Vasconcelos.

organiza os fatos que considera representativos de sua vida, buscando dar unidade e linearidade à sua trajetória. Entendemos que ele explora, especialmente, dois acontecimentos de seu passado que se tornam o fio condutor de sua obra, aparecendo de forma implícita ou explícita em todos os volumes: sua atuação à frente da Secretaria de Educação Pública e a derrota na campanha presidencial de 1929.

Ulises criollo é o primeiro e o mais suave de todos os tomos. Contém 110 capítulos curtos e 434 páginas. Nele, Vasconcelos descreve lembranças que vão da sua infância até a morte de Francisco Ignácio Madero, em 1913. Poderíamos dividi-lo em duas partes distintas: a primeira, quando descreve sua infância e juventude, é a mais agradável de ser lida. A escrita ainda é permeada de certa suavidade, imagens poéticas e criatividade na descrição de paisagens e sentimentos. Nesta primeira parte, Vasconcelos ainda não toca diretamente nos temas políticos que lhe trouxeram desencantos e ressentimentos.

O autobiógrafo inicia sua narrativa buscando suas lembranças de infância. Sua primeira imagem da infância refere-se às sensações "acariciantes e melodiosas" de sua mãe, figura que será apresentada como uma influência que orientava, determinava seus pensamentos e impulsos, em todos os momentos, mesmo após a morte dela. Essa relação será descrita por meio da imagem de um cordão umbilical invisível que o mantinha ligado à mãe, mesmo após o rompimento fisiológico. Creditará à mãe os aspectos positivos de sua personalidade, o gosto pela leitura e suas convicções religiosas. Nesse último quesito, atribui aos ensinamentos maternos, um fator que insistirá em colocar como prioridade em sua prática cotidiana que eram as suas preocupações transcendentais, a constante busca pelo "Absoluto", em detrimento das questões e relacionamentos que seriam, para ele, efêmeras.

As descrições sobre sua partida para a Cidade do México, objetivando dar continuidade aos estudos, e a morte de sua mãe no ano seguinte, quando tinha dezessete anos, serão apresentados como divisores de águas em sua vida. A morte da progenitora o levará a distanciar-se temporariamente da Igreja Católica, ao interpretar que Deus lhe virara o rosto, não evitando a morte do ser que mais tinha importância para ele. Uma confusa indignação tomará conta de seu ser, durante certo período. Vasconcelos escreveu que durante esse momento de sentimento de desamparo, de rebelião anti-sentimental e anti-mística, passou a buscar nas várias ciências a explicação para a morte. O autor de *Memórias* aproveitará a oportunidade do tema desamparo para apresentar a seus leitores as circunstâncias em que se iniciaram as relações com sua futura esposa, Serafina Miranda, figura que Vasconcelos tratou com pouca sensibilidade em suas páginas, sempre que se referia aos sentimentos destinados à mesma, ao convívio familiar e as minúcias de suas relações extraconjugais.

Além dos rumos pessoais que sua vida toma, no início do século XX, Vasconcelos inclui nas páginas desse primeiro tomo os autores que influenciaram o seu pensamento e sua obra; Chateaubriand, indicado pela mãe; Tolstói e Dostoesvky, durante o curso de Direito; Bergson, Nietzsche, Schopenhauer e clássicos da literatura, sendo estes últimos, em companhia dos colegas ateneístas. Em relação ao *Ateneo*, Vasconcelos registra sua visão referente a algumas figuras importantes que participaram das reuniões e trata também da forma como viu a sua participação nesse movimento intelectual que marcou a cultura mexicana, no início do século XX.

Concluída a primeira parte, com as descrições de sua infância e juventude, Vasconcelos passa a tratar de seu envolvimento com os assuntos políticos da nação: sua participação no Movimento *Antireeleccionista*, liderado por Francisco I. Madero, que culminaria na Revolução. Encontramos, também, a sua visão sobre a Revolução, a imagem sobre os principais nomes do movimento revolucionário. Nesse volume, os principais acontecimentos políticos relatados são aqueles ligados à derrubada de Porfírio Díaz, a chegada de Madero ao poder, em 1911, até a sua morte, no ano de 1913. A instabilidade política, marca daquele período, é bastante explorada pelo memorialista. Vasconcelos fala da situação de Madero, apresentando-a como a derrota da possibilidade da "civilização" sobre a "barbárie".

Em *La Tormenta*, segundo tomo dos relatos autobiográficos, Vasconcelos apresenta um cenário nacional e pessoal conturbados. O volume é composto de 93 capítulos, distribuídos em 496 páginas. Sua narrativa fala de duas "tormentas" vividas durante 1913, ano da morte de Madero, até o ano de 1920, quando Carranza foi assassinado e Adolfo Huerta assumiu provisoriamente. A tormenta interna tratou-se, principalmente, de sua tumultuada relação extraconjugal com "Adriana" (Elena Arizmedi), personagem marcante, a quem ele se disse ligado por corpo e alma, devido à identificação e fascínio que essa personagem exerceu sobre sua vida.[83]

O conflito de sentimentos presentes naquele relacionamento, envolvendo paixão, ciúmes e culpa cria ingredientes que, sem dúvida, contribuíram para tornar a obra de Vasconcelos um sucesso de vendas. Expôs detalhes de momentos que viveu ao lado dessa personagem que foi, para ele, o oposto daquilo que era sua esposa: uma mulher que trocava opiniões sobre leituras, acompanhava-o em algumas "aventuras

---

83 "Adriana" foi o codinome dado por Vasconcelos a Elena Arizmendi, fundadora da Associação Mexicana da Cruz Branca Neutral, em 1911. Arizmendi organizou o atendimento aos feridos durante algumas jornadas revolucionárias. Morreu em 1949, com fama de filantropa.

José Vasconcelos – As *Memórias* de um "profeta rejeitado" 69

revolucionárias" e, sobretudo, não lhe dava filhos.[84] Vasconcelos descreveu minúcias dessa relação que sobreviveu de 1912 até 1916, ano em que "Adriana" o abandonou no Peru, durante seu primeiro exílio.[85] A amante voltou para Nova Iorque, manteve um romance curto com o também ex-ateneísta Martín Luis Guzmán – "Rigoletto" nas *Memórias* – e terminou se casando com um estrangeiro de nome não declarado por Vasconcelos.[86]

---

[84] A ideia da paternidade será apresentada por Vasconcelos como algo indesejável e pesado. Não exatamente pela figura dos filhos, que ele insistia em afirmar que amava. Na construção das imagens de si, apresentou a paternidade como uma responsabilidade pesada demais para quem tinha "missões" tão importantes a cumprir e colocou os filhos como "vítimas inocentes" de todos os transtornos que envolveram a sua vida política e pessoal, por não ter aceitado "transigir com o mal".

[85] Vasconcelos esteve exilado pela primeira vez entre os anos de 1915 e 1920. Ao longo desse exílio, escreveu livros, trabalhou durante nove meses no Peru, viajou pela Europa e estabeleceu relações com alguns intelectuais hispano-americanos. Fixou-se nos Estados Unidos: primeiro em Nova Iorque e depois na Califórnia

[86] Além de "Adriana", Vasconcelos escreveu sobre outras duas mulheres que tiveram passagem importante em sua vida: a salvadorenha "Charito", Consuelo Sunsín Zecém de Gómez, mais tarde "Saint-Exupéry", após casar-se com o autor de "O Pequeno Príncipe" e "Valéria", na verdade, Antonieta Valeria Castellanos, conhecida como Antonieta Rivas Mercado (1900-1931). Antonieta foi literata, periodista, dramaturga e uma das figuras importantes, ligadas às questões sobre as mulheres no México. Pertenceu ao círculo de artistas e intelectuais que renovaram a cultura mexicana, após a fase armada da Revolução. Foi uma grande promotora das artes, financiando pintores e escritores mexicanos como Andrés Henestrosa, Salvador Novo, Celestino Gorostiza, Julio Castellanos, Roberto Montenegro e Manuel Rodriguez Lozano. Conheceu Vasconcelos na época da campanha presidencial de 1929. Direcionou muitos de seus recursos financeiros e intelectuais para a campanha. Após a derrota, Antonieta também se exilou voluntariamente, passando por Nova Iorque e Paris. Ao longo do ano de 1930, enfrentava problemas financeiros, disputava a custódia do filho com o ex-marido e sofria de uma profunda depressão. Vasconcelos dedicou *El proconsulado* à Antonieta, colocando apenas suas iniciais: A.R.M. Também dedicou capítulos para tratar do drama que envolveu o fim trágico de "Valéria", que optou por tirar a sua vida com um tiro no peito, na Catedral de Notre Dame, em Paris, em fevereiro de 1931. O drama tornou-se maior para o autobiógrafo porque o ato ocorreu poucas horas após um encontro entre ambos. Na ocasião, "Valéria" avisou-lhe sobre suas intenções e ainda utilizou uma arma que Vasconcelos carregava sempre consigo. Cf. VASCONCELOS, José. *Memórias II. El desastre, el proconsolado. Op. cit.*, p. 1076-1108.

A "tormenta externa" é representada pela violência que assolava o México durante o movimento armado da Revolução Mexicana e as interferências constantes dos Estados Unidos nas questões nacionais, por meio, principalmente, de apoios financeiro e bélico aos que tinham a confiança do "Vizinho Forte". Vasconcelos relata a continuidade dos acontecimentos ligados aos governos que se sucederam no poder após a queda de Madero: os governos provisórios de Victoriano Huerta (1914), de Eulálio Gutiérrez (1914), Carranza (1915-1920) e Adolfo de La Huerta (1920) e as atuações de Villa e Zapata.

Em *La tormenta*, Vasconcelos aproveita a oportunidade para esclarecer o seu envolvimento ou a negação de tal ato com alguns personagens do período revolucionário, buscando justificar-se da imagem de "figura contraditória". Faz questão de desvincular a imagem que alguns lhe atribuíam de "villista" e também de "traidor".[87] Por um lado, busca explicar os motivos que o teriam levado, nos momentos de desentendimentos entre as lideranças revolucionárias, a se posicionar ao lado de Carranza e contra Pancho Villa, quando boa parte dos "Maderistas" estivera ao lado deste último. Defende-se das acusações de ser um "traidor" de Villa, fazendo uma alusão direta à obra publicada por Martín Luís Guzmán, *El águila y la serpiente*, na qual este intelectual lhe conferiu o título de "Villista traidor".

Neste volume, José Vasconcelos comenta também sobre sua tese da "raça cósmica", defendida na década de 1920, e que lhe deu projeção como um dos grandes defensores da mestiçagem como própria dos países latino-americanos. Este segundo tomo se encerra com a descrição dos acontecimentos ligados à queda de Carranza e o posterior retorno do memorialista ao país, após o primeiro exílio. Com o governo

---

87 Cf. VASCONCELOS, José. *Memórias I. Ulises Criollo, La tormenta*. México: Fondo de Cultura Econômica, 1984, p. 650.

interino de Adolfo de la Huerta, Vasconcelos reaparece no cenário mexicano com o cargo de reitor da Universidade Nacional do México, quando iniciou o desenvolvimento de seu projeto cultural.

Em *El desastre*, terceiro volume da sua autobiografia, constam as lembranças dos fatos ocorridos entre os anos de 1920 a 1928. Este volume é composto de 591 páginas e 156 capítulos, o mais extenso do conjunto memorialístico. Apesar do título, o autor descreve o período de suas maiores realizações políticas: a atuação como reitor e ministro da Educação, durante os anos de 1920-1924. Especialmente por meio das recordações deste período, ele trava a luta de construção das representações de si. A descrição de sua ação à frente da Secretaria de Educação Pública é apresentada como modelo de "ação técnica ilustrada" em oposição à atuação "corrupta, inapta e antipatriótica" dos demais governantes, alvos de seus ataques.

O presidente Plutarco Elias Calles, que governou o México entre 1924 e 1928, ainda era uma das figuras políticas mais fortes no México enquanto Vasconcelos escreveu suas *Memórias*[88] e tornou-se, abertamente, o seu principal antagonista nos volumes posteriores à *La Tormenta*. É importante dizer que, embora a escrita autobiográfica tenha a intenção de reconstruir os fatos da história de forma cronológica, não podemos ignorar que múltiplas temporalidades estão em combate em todo o tempo. Vasconcelos não foge a isso também e é patente o quanto o desejo de intervir no presente e suas projeções de futuro interferiram na reconstrução de sua narrativa. As referências ao nome de Calles, por exemplo, também chamado de "Chefe Máximo da Revolução", já eram anunciadas desde *Ulises criollo*, quando o memorialista ainda descrevia fatos anteriores ao fim da "Era Porfiriana", usando-

---

88 Calles só perdeu a hegemonia no cenário político mexicano após poucos anos da chegada de Cárdenas (1934-1940) ao poder que, numa manobra política, conseguiu finalmente neutralizar a influência asfixiante daquele governante.

-o como parâmetro em todos os momentos em que se referia à desmoralização no serviço público. Aliás, o título desse tomo é uma referência a Calles. A indicação, por parte de Obregón, ao nome de Plutarco Elias Calles à sucessão presidencial, em 1924, é apresentada por Vasconcelos como uma das etapas importantes para o "desastre" do México.

Neste volume, Vasconcelos faz um amálgama de sua história pessoal com a história nacional mexicana, buscando mostrar que o desastre de um civilizador, que foi "forçado" a abandonar o seu projeto no melhor momento por falta do apoio político de Álvaro Obregón, representava também um desastre para o México.

El Proconsulado, último tomo escrito na década de 1930, é o fim da saga de um "herói" vencido, "*Ulises Criollo*". É composto de 135 capítulos, escritos em 473 páginas. O principal tema deste volume é a trajetória da campanha pela disputa à presidência da República, em 1929, e a posterior derrota. Os fatos descritos vão de 1929 até 1933, quando Vasconcelos deixa a Espanha, no seu terceiro exílio, e se dirige à Argentina, onde ficaria durante dois anos. Vasconcelos elabora seu discurso reunindo elementos para convencer seus eleitores de que tinha condições plenas para vencer as eleições, já que era o mais preparado e contava com o apoio popular. Calles, conforme já dissemos, é apresentado como a figura política que impediu, por meio das fraudes e da violência, a realização do sonho de "salvar" o México da "barbárie".

Vasconcelos recorda os acontecimentos ligados à campanha e à posterior derrota (que ele só se refere como "usurpação") presidencial, em 1929. Sua visão torna-se cada vez mais próxima do desencanto e seu tom cada vez mais passional, apresentando-se como um "profeta incompreendido" que possui a solução para o seu país, mas que fora rejeitado. Busca cristalizar a imagem de um presente decrépito, sem possibilidades de "salvação" para a nação e um futuro incerto. Impõe pesadas acusações aos membros da "Família Revolucionária", colocando-os como "corruptos, sanguinários e analfabetos". Constam ainda as descrições de sua vida durante o longo exílio, os contatos com intelectuais e políticos latino-americanos.

La flama é considerado o último tomo de seus escritos autobiográficos.[89] Os acontecimentos descritos abarcam os anos de 1929 até 1939. A obra é composta de 120 capítulos, distribuídos em 496 páginas. Foi escrito num período posterior aos quatro primeiros e publicado após a sua morte. Trata-se de uma obra confusa, escrita ora em primeira pessoa, ora em terceira, na qual Vasconcelos seleciona como foco principal a derrota à cadeira presidencial, em 1929. Descreve as esperanças que alimentou, ao longo daqueles anos, de que o povo reagisse e "fizesse justiça", utilizando-se, inclusive, de uma arma que sempre condenara nos seus adversários: a violência, como último recurso para que fosse reparada a "injustiça" sofrida em 1929. Foi também sua última tentativa de reafirmar-se (ainda!) como "o presidente usurpado" e "o profeta" que insistia em usar a escrita como arma para demonstrar a indignação frente à realidade da política nacional.

Suas afirmações apresentam-se num tom ainda fortemente maniqueísta, dividindo os personagens do cenário político e intelectual do México das décadas de 1920 e 1930, em lados opostos: "traidores" e "mártires de uma causa derrotada". Como último recurso, afirma-se como profeta, que não temia dizer a "verdade". "Narrar a iniquidade", como forma de "combatê-la".[90] Por suas posições radicais sobre política

---

89 Pelas características anunciadas anteriormente, que marcam o gênero "autobiografia", nem todos os autores consideram *La Flama* como o quinto tomo do conjunto autobiográfico de Vasconcelos, mas sem dúvida, pode ser considerado um livro de memórias.

90 VASCONCELOS, José. *La Flama. Los de arriba en la Revolución.* México: Compañia Editorial Continental, 1977, p. 496.

e religião, ao longo das décadas de 1930 e 1950, há muito vivia uma espécie de ostracismo político, relegado a uma posição marginal. Da imagem de "mestre da juventude", "apóstolo" ou "civilizador", pouco restava. Vasconcelos encerra *La flama*, descrevendo o retorno do *Ulises criollo* à sua pátria, o México, após dez longos anos de exílio.

Capítulo 2

Diálogos culturais

José Vasconcelos e as correntes "mestiçófilas" no México

Neste capítulo, priorizamos a abordagem de dois temas com as quais Vasconcelos esteve intimamente envolvido ao longo de sua trajetória. Tanto nos momentos de maior brilho político e intelectual, como nas ocasiões marcadas pelo encaminhamento a posições cada vez mais conservadoras, a mestiçagem e o hispanismo foram questões muito significativas para Vasconcelos.

Por diferentes e complexos motivos, a partir da década de 1930, Vasconcelos colocou-se de forma ambígua ou reviu algumas de suas afirmações defendidas anteriormente. Pensamos que o tema de maior controvérsia seja o de seus posicionamentos referentes à mestiçagem. Analisaremos essa questão, procurando apontar que as ideias desenvolvidas por José Vasconcelos devem ser vistas dentro de um contexto de circulação de ideias e de projetos políticos para a nação que se reconstruía, naquele momento. De imediato, podemos afirmar que Vasconcelos foi um dos principais expoentes de sua geração, mas não foi o único a defender a mestiçagem no México como a quinta-essência do "ser" mexicano.

Em seu livro, *México Mestizo*,[1] Agustín Basave Benítez investigou as correntes mestiçófilas no México. Seu trabalho nos ajudou

---

1 Agustín Basave Benítez faz uma análise bem elaborada das origens e os encaminhamentos das correntes "mestiçófilas", no México. O conceito de mestiçofilia que

muito a compreender os encaminhamentos e a conhecer os principais ideólogos mexicanos que relacionaram mestiçagem e nacionalidade como resposta a uma busca pela construção da identidade nacional. Passaremos brevemente pelos principais intelectuais que antecederam e foram contemporâneos a Vasconcelos, visando mostrar que o mesmo estava envolvido num espaço em que muito se discutia o tema, convivendo com essas ideias para compor os seus escritos sobre o assunto. Entendendo o conceito de mestiçagem como a mescla de raças e culturas, em nossa análise priorizamos acompanhar a visão de alguns intelectuais que defenderam a miscigenação, observando o lugar conferido ao indígena no processo de elaboração das suas teorias.

Agustín Basave Benítez afirma que, no período colonial, iniciou-se um movimento de cunho político e ideológico, no qual os *criollos*, relegados a um segundo plano pelos peninsulares, apropriaram-se do passado indígena para legitimar-se nas disputas contra a Espanha e iniciaram um movimento de consciência coletiva contra a sua marginalidade.[2] É bem verdade que, naquele momento, apesar da mescla racial, ainda não havia ocorrido o amadurecimento de um autêntico pensamento "mestiçófilo", que somente seria possível após a Independência. Embora tenham recorrido à imagem do indígena, também sabemos que aqueles nunca se sentiram iguais aos índios e sua cultura.[3] As transformações advindas com o Estado Nacional, fruto da desagregação do

---

adotaremos também foi utilizado por esse autor. Basave Benítez entende a "mestiçofilia" como um fenômeno que coloca a mestiçagem, ou seja, a mescla de raças e culturas como um fato desejável. Ver: BASAVE BENÍTEZ, Agustín. *México Mestizo: Análisis del nacionalismo en torno a la mestizofilia de Andrés Molina Enríquez*. México: Fondo de Cultura Económica, 1992.

2   BASAVE BENÍTEZ, Agustín. *Op. cit.*, p. 19.

3   Benítez afirma que o índio serviu, subjetivamente e por pouco tempo, ao *criollo* para alegar uma tradição própria e arrancar a etiqueta de "espanhóis degenerados", cujo destino não era mais que fazer uma cópia defeituosa da Espanha. Cf. *Ibidem*, p. 19.

colonialismo, abriram mais que possibilidades, mas necessidades de "aproximações" entre os dois mundos antagônicos existentes, o *criollo* e o indígena. Tal fato levaria a iniciativas que buscavam conciliar essas distâncias abissais.

Com a Independência apregoando igualdade constitucional, a nova constituição liberal fez "desaparecer" os índios, criando, em seu lugar, abstratos cidadãos mexicanos.[4] Isso se faz notar por meio da leitura de um decreto emitido por José Maria Luis Mora, em que se verifica a "desnacionalização" dos indígenas:

> A população branca é, com excesso, a dominante no momento, pelo número de seus indivíduos, pela ilustração e riqueza, pelo influxo exclusivo que exerce nos negócios públicos e pela posição vantajosa em relação às demais. Nela é onde se buscará o caráter mexicano e ela é a que há de fixar em todo o mundo o conceito que se deve formar da República.[5]

Como se verifica nesta passagem, ainda naquele momento, na primeira metade do século XIX, os que tentavam forjar a nação demonstravam completo desdém pela população indígena, ignorando as diferenças raciais. O vínculo que entendiam que deveria ser estabelecido era entre nacionalidade e liberalismo. Em 1849, treze anos depois da publicação do documento citado, Mora também já demonstrava preocupação com respeito à fusão de raças, apelando à imigração europeia como antídoto contra o obscurecimento da raça. Na segunda metade

---

4   *Ibidem*, p. 22. Basave Benítez afirma que o lema das classes privilegiadas do período liberal bem poderia ter sido "índio bom é o índio invisível."
5   MORA, José Maria Luis. "México y sus revoluciones". Porrúa, México, 1965, tomo I, p. 63 e 74. Publicado originalmente em 1836. Citado por: BASAVE BENÍTEZ, Agustín. *Op. cit.*, p. 22.

do XIX, levando em conta que os principais líderes da Reforma Liberal no México – Benito Juárez, Ignacio Ramírez, Ignacio Altamirano e Melchior Ocampo – eram descendentes diretos da raça indígena ou mestiços *criollizados*, a "mestiçofilia" passou a ganhar mais adeptos.

No século XIX, quatro intelectuais antecederam Vasconcelos na defesa da mestiçagem como fórmula eficiente para unificar a sociedade mexicana e forjar uma nação: Francisco Pimentel, Vicente Riva Palacio, Francisco Bulnes e Justo Sierra.

Em 1864, com a obra *Memória sobre las causas que han originado la situación de la raza indígena y médios para remediarla*,[6] Francisco Pimentel (1832-1893) produziu a primeira investigação minuciosa do século, abordando a questão indígena e apontando a mestiçagem como solução para os problemas que afligiam o México.[7]

A opinião de Pimentel sobre índio não destoava do que pensavam muitos de sua época. Apresentou os indígenas como seres "taciturnos e melancólicos, fleumáticos, frios e lentos, sofridos, servis, preguiçosos e entregues ao roubo e à embriaguez". Em sua análise, concluiu que a situação de extrema desigualdade entre a população branca e a indígena não poderia continuar, visto que seria um obstáculo à homogeneização do país, ao estabelecimento de crenças e propósitos comuns para a nação. Essa era, de fato, uma questão pertinente que trazia sérios transtornos sociais políticos e econômicos para os governantes.

---

6 PIMENTEL, Francisco. *Memória sobre las causas que han originado la situación de la raza indígena y médios para remediarla*. México: Imprenta de Andrade y Cavalvante, 1864. Disponível em: <http://cvc.cervantes.es/obref/aih/pdf/10/aih_10_3_068.pdf>. Acesso em: 21 jan. 2010.

7 A obra de Pimentel aborda temas ligados aos indígenas que tocam sua religiosidade, o sistema psicológico, a organização política e social, a educação dos jovens, as cerimônias rituais. Na segunda parte, desenvolve sobre o tratamento dispensado aos índios por parte dos diferentes governos durante o período colonial. Ao longo da obra, Pimentel descreve as causas da degradação indígena, fala da situação "atual" e, finalmente, apresenta o seu projeto para remediá-la.

Pimentel afirmou: "o querer remediar aos índios, tem por objeto evitar os males que sua situação ocasiona ao México".[8] De acordo com esse autor, as dificuldades se tornavam ainda maiores porque não via meios de conseguir desarraigar, senão depois de muitos séculos, tanto erros e desvios de caráter que permeavam a raça indígena. Afirmou que as dificuldades para o índio "alcançar a civilização europeia e adquirir suas necessidades", seria obra de várias gerações. Em seu pessimismo com relação aos índios, afirmou que poderiam até ilustrar a mente, mas o caráter não seria melhorado. Na verdade, a ilustração do índio não era colocada como solução para Pimentel, pois em sua visão, "ilustrado o índio, mas desenvolvendo-se nele um talento maligno, sua civilização traria males e não bens".[9] O temor de que o "feitiço virasse contra o feiticeiro" fica manifesto em sua teoria. Sua preocupação com relação ao índio chega a tal extremo que colocou a alternativa: "matar ou morrer".

Diante da necessidade de deixar o índio em situação de submissão e da dificuldade de efetivar o remédio exterminador, colocado em prática pelos norte-americanos, Pimentel apontou um meio mais ameno para não destruir uma raça e, sim, modificá-la.[10] Após observar e relatar situações em regiões do México, como Durango, as análises de Pimentel levaram-no, em contrapartida, a apontar o mestiço como "verdadeiramente forte".[11] Assim, a fórmula para a elevação do índio à vida civilizada seria a união das raças. Francisco Pimentel defendeu que tal fato ocorreria gradualmente, com o incentivo da imigração, que funcionaria como fonte de mutação genética e também de educação. Respondendo aos que poderiam apontar o temor pelo resultado de

---

8   Cf. PIMENTEL, Francisco. *Op. cit.*, p. 239.
9   *Ibidem*, p. 232-233.
10 Em seus arrazoamentos, Pimentel questiona: "será preciso que degolemos aos índios como fizeram os norte-americanos?" Cf. *Ibidem*, p. 233-234.
11 *Ibidem*, p. 236.

uma "raça bastarda", cheia de vícios, Pimentel argumentou que os defeitos dos mestiços seriam de natureza diferente à dos indígenas; portanto, corrigíveis por meio da educação, que completaria a tarefa de "transformação".[12] Para esse autor, a raça mista seria uma raça de transição. Ao propor a imigração como forma de "branqueamento" da população, acreditava que, com o tempo, todos chegariam a ser brancos. Portanto, vemos que a defesa da mestiçagem por parte de Pimentel ainda é relativa, pois, conforme pudemos notar, o seu mestiço aproxima-se muito mais de um *criollo* disfarçado.

Vicente Riva Palacio (1832-1896) foi outro elo da corrente intelectual que tomou a defesa da mestiçagem como solução para o problema das imensas desigualdades existentes na população do México. Diferentemente de Pimentel, que buscava uma transformação do índio, Riva Palacio queria a criação de um povo único, de uma nacionalidade homogênea. As distintas etnias foram identificadas por Riva Palacio como um obstáculo para a existência de uma "alma nacional" e acreditava que o cruzamento étnico, iniciado na Colônia, deveria ser estimulado como fórmula eficiente para a formação de uma raça nova que caracterizaria a nacionalidade mexicana.

Em *México a través de siglos* (1884), Palacio escreveu: "toda tentativa de independência será infrutífera enquanto o cruzamento de raças não produzir um povo novo, exclusivamente mexicano".[13] Argumentava que em um ou dois séculos a homogeneização racial produziria o mestiço ou "o mexicano do futuro", um ser intermediário entre o índio e o espanhol e que se sentiria unido por vínculos de desgraças e esperanças.[14] Com Riva Palacio, a mestiçagem se converteu

---

12 PIMENTEL, Francisco. *Op. cit.*, p. 238.
13 Citado por BASAVE BENÍTEZ, Agustín. *Op. cit.*, p. 29.
14 *Ibidem*, p. 32.

em um fenômeno de vida própria, fazendo com que o mestiço começasse a despontar como o patriota libertador e dominar a cena histórica. Propôs uma espécie de "contrato social", que ocorreria nessa mescla de raças: a inteligência do branco e força corporal do indígena. Percebemos, também, aí, o caráter elitista desse intelectual, próprio de seu momento histórico.

Finalmente, entre os ideólogos da mestiçagem precedentes a José Vasconcelos, temos Justo Sierra (1848-1912). Como Riva Palacio, Sierra defendeu que a fusão de raças no México era algo inexorável. Segundo Basave Benítez, Sierra foi o primeiro desses intelectuais a entender o conceito de mestiçagem tanto como fenômeno sociológico como étnico. Racialmente, o mestiço foi apresentado pelo ideólogo como o índio transformado e, exatamente por isso, como outros intelectuais que defenderam a mescla de raças, Sierra propunha o incentivo à vinda de imigrantes de procedência europeia para ativar o processo de miscigenação da nação. Socialmente, o mestiço era o representante da incipiente classe média porfiriana, da qual Sierra, como intelectual e político, apresentava-se como representante.[15]

Em duas de suas obras, *Evolución política del pueblo mexicano* e *México social y político*, este educador, intelectual e político apresentou o mestiço como o "nacional", aquele que representava o elemento dinâmico, central da sociedade: "o mestiço, sim, tinha vislumbres de crenças ilustradas, por seu espírito essencialmente curioso, inquieto e descontente(...) e essa era a levedura da sociedade mexicana do futuro".[16] Respondeu com vigor aos argumentos do etnologista Le Bon, argumentando que aquele fazia "declarações dogmáticas", defendendo

---

15 *Ibidem*, p. 34.
16 SIERRA, Justo. *Evolución política del pueblo mexicano*. 2ª ed. Prólogo de Abelardo Villegas. Caracas: Biblioteca Ayacucho, 1985, p. 89.

teorias racistas que apontavam a mestiçagem como culpada pela "incurável impotência" e pelas convulsões políticas entre árabes e hindus.[17] Em contrapartida, quanto aos índios, insistiu no seu "atraso" e "passividade incuráveis" que, segundo ele, eram fruto de dois procedimentos de tratamentos extremos ofertados pelos espanhóis: a tutela, ao tratá-los como "menores perpétuos" e a opressão, ao explorá-los como animais.[18] Referiu-se aos indígenas como um "povo sentado", mas "sujeito à transformação". Assim, cumpriria aos "neomexicanos" saldar a dívida para com os "irmãos de infortúnio" e colocá-los em pé.[19] Portanto, verificamos que a partir de Sierra, que, foi ficando cada vez mais claro que seria impossível a modernização do país sem uma campanha de "modernização indígena", ou seja, aos olhos dos governantes e daquela intelectualidade, tornava-se imprescindível incluir, de todas as maneiras, a população indígena e prepará-la para o ingresso na modernidade.

Essa tarefa seria atingida por meio de dois procedimentos: a mestiçagem e a educação. De acordo com Sierra, a população indígena enfrentava um problema social que passava por questões ligadas à

---

17 Cf. SIERRA, Justo. *México social y político: Apuntes para un libro (1885)*. México: DF, 1960, p. 8-9. "Atendendo ao objetivo político de sua obra, que era, também, justificar o porfiriato, Sierra argumentava não considerar justo que "os condenadores de nosso futuro" fizessem "induções que não eram científicas", generalizassem suas conclusões sobre a miscigenação. Justificou a falta de liberdade política daquele momento, argumentando ser, sem dúvida, o grande problema do momento: a conciliação entre liberdade e a ordem. Pediu que ponderassem para verificar se, acaso, aquele não tinha sido também um problema recente para o povo francês? Finalmente apontou que, se "os sábios estrangeiros" estudassem a fundo o caso mexicano, veriam que as explicações para os problemas apontados não poderiam ser respondidas por conta da maioria mestiça e sim, por culpa da educação colonial.

18 Cf. SIERRA, Justo. *México Social y político: Apuntes para un libro (1885)*. Op. cit., p. 6. Os *criollos* ricos também foram acusados por Sierra de passividade e por não terem agido para diminuir a passividade indígena, ao mantê-los num estado de servidão. Segundo Sierra, a mescla de raças teria resultado "tendências inovadoras" colocadas em prática naquele momento por meio da ação dos "neomexicanos".

19 *Ibidem*, p. 7 e 22.

nutrição e à educação. Além da melhoria na alimentação e do fomento à colonização – soluções que não eram novas entre os "mestiçófilos" anteriores – Sierra defendeu a necessidade urgente de difusão do ensino público obrigatório, por acreditar que a escola seria o grande agente modificador e fator de melhoramento, transformando os índios, "capitais intelectuais inertes nas mãos da ignorância, em capitais ativos e produtores." É necessário sublinhar que Justo Sierra entendia que a escola cumpriria a sua parte, não exatamente pelo ensino de princípios, mas pelo contato que proporcionaria aos indígenas com indivíduos nos quais o progresso se realizara plenamente.

Contemporâneo de Sierra, o conservador Francisco Bulnes (1847-1924), escreveu uma obra pessimista, *El Porvenir de las naciones hispanoamericanas* (1889), em que sentenciou que estes povos: "não têm mais futuro do que a barbárie encorajada pela miséria e a guerra civil". "Nossos adversários, acrescentou, são nossa tradição, nossa história, nossa herança mórbida, nosso alcoolismo, nossa educação contrária ao desenvolvimento do caráter." Também nesta obra, Bulnes classificou a humanidade em três raças, de acordo com o cereal com que se alimentavam: a do trigo, a do milho e a do arroz. Para o autor da tese, somente a primeira, a europeia, estava apta ao progresso.

Apesar de seu conservadorismo, Bulnes não deixou de enxergar as contradições que se acentuavam cada dia mais no regime porfirista: a concentração de riquezas nas mãos de poucos, que lançava índios e mestiços a condições nada favoráveis, os padrões de comportamento social e de modelos estrangeirizantes e a coexistência de raças antagônicas.[20] Apesar do ceticismo daquele positivista porfiriano em relação ao futuro dos hispano-americanos, também incorporou a defesa da mestiçagem, ao constatar a inegável potencialidade do mestiço, que passava a

---

20 BASAVE BENÍTEZ, Agustín. *Op. cit.*, p. 40.

representar promessa de estabilidade necessária para a governabilidade da nação. Quanto aos índios, Bulnes não fez questão de omitir o seu desprezo aos "bárbaros corrompidos", mas defendeu a potencialidade do mestiço. Dessa forma, escreveu que a solução seria, como indicara Sierra, a melhora urgente da alimentação e o fomento da imigração.

Como observamos até o momento, a mestiçagem começou a ganhar vigor como projeto político dos governantes a partir da Independência. Na primeira fase desta busca pela definição da "essência" da mexicanidade, verificamos, que, em relação ao índio, na maioria das vezes, apenas a imagem, como autóctone – original da terra – é que foi aproveitada. Entretanto, como bem colocou Roberto Blancarte, o índio real, de carne e osso, continuou durante um bom tempo marginalizado e empobrecido, oscilando entre duas visões inferiorizantes: desprezo ou compaixão. Sobre a figura do índio, Blancarte afirmou:

> (...) Serve, na maioria dos casos, para justificar um determinado projeto *criollo* ou nacional, mas, quando se trata do índio real, o interesse diminui e se coloca, inclusive, como um problema para o desenvolvimento e integração nacional, na medida em que sua diversidade e seu afastamento dos cânones ocidentais, aparentemente, dificultam o país a alcançar a unidade cultural desejada.[21]

Vimos também que, a partir da segunda metade do século XIX, a "mestiçofilia" ganhou ainda maiores dimensões, fazendo com que as ideias desenvolvidas, por esta intelectualidade da época, fossem bastante úteis na busca pela solução, tanto dos problemas socioeconômicos como do problema da construção da nacionalidade. Mas, sem dúvida,

---

21 BLANCARTE, Roberto (Compilador). "Prefácio". *Cultura e identidade nacional*. México: Fondo de Cultura Econômica, 1994, p. 13.

as primeiras décadas do século XX marcaram um momento ainda mais especial na corrente ideológica e intelectual que se posicionou favoravelmente à miscigenação. Segundo Basave Benítez, com Molina Enríquez, Manuel Gamio e José Vasconcelos, o vínculo mestiçagem e nacionalidade obteve a entronização definitiva, fazendo, inclusive, com que o mestiço passasse por um processo de mitificação.

Andrés Molina Enríquez (1868-1940) é considerado o inaugurador daquilo que se pode chamar "a época de ouro da mestiçofilia".[22] Sua tese pressupunha que a linhagem mista hispano-indígena, maioria da população mexicana, era a autêntica depositária da mexicanidade[23] e, como Pimentel, Riva Palacios e Sierra, Molina Enríquez defendeu que o México não poderia se converter em uma verdadeira nação enquanto não concluísse seu processo de miscigenação. Assim, seus estudos buscaram demonstrar histórica e sócio etnologicamente a necessidade urgente de homogeneizar a população para que a nação obtivesse os resultados desejáveis: a estabilidade e a modernidade.[24]

Com a obra *Los grandes problemas nacionales* (1909), Molina Enríquez fez um levantamento analítico e sistemático dos problemas que, a seu ver, comprometiam o bem estar de seus compatriotas e a própria consolidação da nacionalidade.[25] Nos resultados de Molina

---

22 BASAVE BENÍTEZ, Agustín. *Op. cit.*, p. 121.
23 Molina Enríquez afirmou que os *criollos*, juntamente com a população indígena, compunham a minoria da população no México: respectivamente 10% e 30%. Os mestiços seriam 60%. Cf. MOLINA ENRÍQUEZ, Andrés. *Los grandes problemas nacionales*. Cidade de México: 1909, p. 35-43. Disponível em: <http://www.cervantesvirtual. com/Buscar.html? Texto =Molina+Enr% EDquez>, digitalizado por El Colégio de México. Acessado em: 27 jan. 2010.
24 BASAVE BENÍTEZ, Agustín. *Op. cit.*, p. 13 e 99.
25 Molina Enríquez dividiu sua obra em duas partes. Na primeira, fez um percurso histórico da história do México dedicando capítulos que falaram sobre as sociedades pré-hispânicas, a composição social, a formação do poder político no México, as características territoriais, climáticas e de relevo. Na segunda parte, tratou de indicar

ficaram evidentes a grande discrepância da divisão da riqueza e de poder entre as raças que compunham a nação. Apesar de ser maioria, Molina Enríquez chamou a atenção para o fato de que a população mestiça não tinha grandes posses que lhe outorgasse poderes político e econômico consideráveis, com exceção de uma minoria que cercava o governo de Porfírio Díaz, ele também, mestiço. O estado de subalternidade destinado aos mestiços e indígenas, identificado por Molina Enríquez e manifesto na concentração de poder em mãos de uma elite mexicana, levou-o a questionar a continuidade da ordem colonial, que permanecia manifesta até aquele momento.

Molina Enríquez afirmou que a mestiçagem poderia representar a solução para a situação mexicana porque não apenas homogeneizaria etnicamente a população, mas favoreceria a edificação de uma nação moderna e desenvolvida mediante a "energia étnica", desencadeada pela fusão.[26] Em seus primeiros escritos, defendeu que a fusão de raças seria o instrumento que faria a assimilação dos indígenas, integrando-os à "civilização". Para Agustín Basave Benítez, Andrés Molina Enríquez, apesar de ter escrito antes mesmo do movimento revolucionário, foi, entre os intelectuais "mestiçófilos", aquele que poderia ser visto como um lutador social. Benítez afirmou: "Trata-se, de certo modo, de uma ânsia pela justiça racial, mais que pela justiça social. Sua luta é contra a

---

os problemas que considerava de ordem primordial: a propriedade da terra, crédito territorial, irrigação, população e questão política. Para cada problema citado, Molina indicou soluções. Ver: MOLINA ENRÍQUEZ, Andrés. *Op. cit.*

26 Molina Enríquez escreveu sobre a ideia de "energia étnica" como propulsora de mudanças sociais: "Cuadro-programa de las necesidades y aspiraciones del país e del modo de satisfacer unas y otras" no jornal *México Nuevo* (México, 21/09/1909). Citado por BASAVE BENÍTEZ, Agustín. *Op. cit.*, p. 106.

iniquidade de oportunidades e sua meta é trocar o fatalismo da derrota indígena pelo determinismo do triunfo mestiço."²⁷

Diferentemente dos intelectuais que defenderam a miscigenação como estratégia para a coesão patriótica e progresso da nação, Molina Enríquez foi contra o incentivo à imigração. Primeiramente, porque era contrário à tese de superioridade racial europeia e também porque entendia que a presença de novos braços de trabalho só pioraria a situação de abandono em que eram mantidas as camadas inferiores – mestiços e indígenas – da população mexicana.

Neste quesito esse intelectual pode ser visto como um homem que se antecipou aos posicionamentos de seu tempo. Percebendo as contradições do regime porfiriano, mas sem ter como saber naquele momento que as coisas se encaminhariam para o movimento revolucionário pouquíssimo tempo depois, já advertia que era hora de a nação olhar para si mesma, descobrir seus próprios valores, desenvolver uma "cultura própria". Já sabemos que o programa cultural da Revolução, posto em prática por Vasconcelos, levou essa questão muito a sério. Por meio da arquitetura, pintura, desenho, danças e, entre outras manifestações artísticas, produziram uma originalidade que Molina já indicara que os mexicanos deveriam buscar e que resultaria na chamada "cultura mestiça".

Conforme apontamos, Andrés Molina Enríquez conviveu com as ideias e acontecimentos que ligaram um período ao outro. No final de 1910, e, especialmente, a partir de 1911, uma nova fase na história mexicana se iniciava. Sobre ela, Basave Benítez escreveu:

> O caráter introspectivo da Revolução Mexicana minou poderosamente a obsessão por buscar

---

27 BASAVE BENÍTEZ, Agustín. *Op. cit.*, p. 105. Os apontamentos dos problemas e as soluções propostas por Enríquez Molina, especialmente aquelas ligadas à posse da terra. Como jurista que era, Molina participou diretamente da elaboração do artigo 27 da Constituição de 1917, que regulamentou a questão da propriedade e uso da terra.

modelos estrangeiros e acabou sepultando a quimera do México criollo. Agora, só restavam em teoria duas opções: um México índio ou um México mestiço. (...) A falta de um inimigo externo frente ao qual cerrar fileiras e aparentar uma unidade nacional tão heterogênea quanto abstrata, a nova *intelligentsia* se preocupou por definir os fatores de coesão que, uma vez plasmados em uma ideologia da Revolução, haveria de unificar o país. O momento histórico exigia dar uma expressão concreta ao mexicano e, dadas a efervescência popular e a fixação de homogeneidade prevalecente, o fator de identidade étnica não podia ser outro que o da mestiçagem.[28]

Antes de prosseguirmos na síntese dos intelectuais *mestiçófilos*, sustentamos ser oportuno abrir um parêntese para nos aprofundar um pouco sobre a imensa carga popular que trouxe consigo o movimento revolucionário, apontada por Benítez na citação acima. Sustentamos ser necessário para compreender o lugar que as camadas populares, especialmente os indígenas, ocupariam nos projetos de nação que surgiram durante aquele período.

Em *À sombra da Revolução Mexicana*, os autores Lorenzo Meyer e Héctor Camín Aguillar ressaltaram que os anos armados da Revolução evidenciaram miséria, costumes, paixões anônimas, ambições e esperanças do povo mexicano, fato que apontava para aos desafios colocados pelo momento histórico que a nação vivia, nas primeiras décadas do século XX. As palavras em voga no momento eram conciliação e unificação. Em contraste com o período porfiriano, que governou para e com uma minoria, o discurso político dos governos pós-revolucionários identificou o "povo" como protagonista essencial

---

28 *Ibidem*, p. 121 e 124.

na Revolução.[29] Um dos membros do "povo mexicano", que não poderia mais continuar ignorado, eram os indígenas. Entretanto isso trazia muitas inquietações. A complexidade que envolvia os povos indígenas, uma das "novidades" daquele momento, de certa forma representava um "incômodo" para os governantes, já que afetavam diretamente as administrações e interferiam na ordem interna mexicana, tendo em vista o estado de abandono e miséria em que se encontravam.

Alguns, ainda isolados, marcados pelas diversidades étnica, linguística e cultural, enfim, eram o símbolo do atraso da nação, visto que se encontravam completamente fora dos "cânones" do projeto de modernidade desejado – [30] um entrave para o desenvolvimento de futuros projetos políticos e econômicos.[31] Desenvolver o ensino técnico e profissional – projeto que interessava às classes médias e urbanas, essencial para o crescimento econômico – era uma questão premente para o desenvolvimento da integração nacional e para a governabilidade.

Conciliar interesses tão divergentes era um desafio muito grande. Além disso, a busca por respostas passou pela questão da definição da "alma nacional" e, por conseguinte, pela defesa da mestiçagem. Desafios colossais estavam postos aos governos pós-revolucionários

---

29 MONTFORT, Ricardo Pérez. "Indigenismo, hispanismo y panamericanismo en la cultura popular mexicana de 1920 a 1940". In: BLANCARTE, Roberto (Compilador). *Op. cit.*, p. 344.

30 O analfabetismo em Chiapas atingia 91%, Oaxaca, 88% e Guerrero, 90%. Cf.: SKIRIUS, John. *Op. cit.* Em 1924, o México contava com aproximadamente 15 milhões de habitantes. Destes, três milhões não falavam espanhol e sim, cinquenta dialetos. Entre 7 a 8 milhões falavam espanhol, mas não liam ou escreviam neste idioma. Cf: FELL, Claude. *Op. cit.*, p. 65.

31 Os primeiros anos que se seguiram à Revolução foram marcados pela crença no ideal liberal do progresso, por meio da modernização. Mesmo considerando que os governantes tenham buscado enfatizar a valorização das contribuições da população indígena, não se pode ignorar que houve vigor maior em incorporá-la aos valores modernos ocidentais por meio da transformação cultural.

que, mais do que nunca, se viram impulsionados a fortalecer a noção de "nação mestiça" e trabalhar em prol da "elevação" do índio.

Tendo tratado sucintamente sobre esse "espírito introspectivo" e assinalado parte das dificuldades que marcavam a nova fase da história mexicana, voltemos ao tema específico da miscigenação e aos outros grandes nomes que se destacaram ao longo das duas primeiras décadas do século XX.

Considerando a existência de diferenças de propostas e visões, existentes entre os intelectuais "mestiçófilos" que marcaram a história intelectual mexicana, no século XX, ainda assim, podemos afirmar que todos fizeram eco a uma noção básica que já se consolidava: o mestiço era o fator dinâmico da sociedade mexicana e fonte histórica da nacionalidade. Passemos primeiramente a Manuel Gamio.

A obra de Manuel Gamio (1883-1960),[32] *Forjando a pátria*, publicada em 1916, é representativa do discurso nacionalista e "indigenista"[33] revolucionário, que sugeria a fusão de raças e a convergência das manifestações culturais, bem como a unificação linguística e o equilíbrio econômico. Os estudos realizados por Gamio e seu grupo possibilitaram detectar aspectos ligados ao "problema indígena", levando a conclusões que indicavam os "grandes problemas nacionais".[34] A perspectiva social

---

32 Gamio institucionalizou a antropologia no México enquanto esteve à frente da Direção de Antropologia, durante os anos de 1917-1924. É considerado o fundador do indigenismo moderno no México.

33 Ao usarmos o termo, temos claro que as preocupações, iniciativas e ações daquele momento não podem ser entendidas ao pé da letra como "movimento indigenista", tal como entendemos que ocorreu nas décadas seguintes. Entretanto, entendemos que ali já se iniciava um movimento que não pode deixar de ser visto como a fase inicial que mais tarde ganharia características próprias.

34 Conforme já afirmamos, os indígenas, ao sair da condição de "invisibilidade" após o período revolucionário, terminaram por colocar outra questão desafiante para os governantes: representavam um obstáculo à modernização, enquanto permanecessem na condição em que se encontravam.

adotada na interpretação, evidentemente também política, apontando críticas à situação social e econômica em que se encontrava a população indígena, encontrou no discurso revolucionário um terreno bastante fértil. A questão do uso e posse da terra, a busca das origens nacionais e a defesa da mestiçagem – problemáticas colocadas por Gamio – fizeram com que a antropologia fosse utilizada como um instrumento dirigido à melhoria das condições sociais e econômicas da população indígena. Seu pensamento indigenista deu ênfase no problema central no México, que era a heterogeneidade racial, cultural, linguística e econômica do país, que devia ser solucionado, segundo ele, por meio da incorporação das culturas indígenas à identidade e cultura nacionais.[35]

Basave Benítez afirma que o interesse pela mestiçagem em Manuel Gamio deveu-se muito à obsessão que este tinha pela homogeneidade social. Entender a relação raça-cultura é fundamental para compreender o que defendia este intelectual, já que Gamio via a questão da mestiçagem cultural como um importante catalizador de fusão étnica; portanto, um caminho para o surgimento de uma "pátria verdadeira", defendendo a necessidade da existência de uma cultura intermediária e argumentando que: "quando a classe média e a indígena tiverem o mesmo critério em matéria de arte, estaremos culturalmente redimidos, existirá a arte nacional, que é uma das grandes bases do nacionalismo".[36] Nesse sentido, ao defender que era necessário que a miscigenação ocorresse também nas manifestações artísticas, como forma de aproximação das duas partes que formavam a população

---

35 PETRONI, Mariana da Costa A. *La imagen del indio en la obra de Julio de la Fuente. Un estudio sobre la antropología y la fotografía mexicana*. México, 2007. 141f. Dissertação (mestrado em Antropologia) – CIESAS: Centro de Investigaciones y Estudios Superiores en Antropologia Social.

36 GAMIO, Manuel. "Forjando la patria". Citado por ADES, Dawn. *A arte na América Latina: A era moderna (1820-1980)*. São Paulo: Cosac Naify, 1997, p. 153.

mexicana: a branca, que cobiçava a arte europeia e a indígena, que tinha os olhos na arte pré-hispânica, Gamio deu ao tema uma conotação social e política que ainda não havia sido colocada.

Com respeito ao indígena, Gamio também escreveu sobre a necessidade de "redimi-lo", a fim de que estivesse em condições de mesclar-se com a população branca. Tal opinião não queria dizer que Gamio acreditasse em raças "superiores" e "inferiores". Considerava que os povos indígenas possuíam aptidões intelectuais comparáveis a qualquer raça. O problema do "atraso" dos índios devia-se ao fato de que a política colocada em prática, ao longo de quatro séculos, havia priorizado um grupo socialmente dominante: os brancos.

É importante sublinhar que Gamio não era partidário da homogeneização cultural e linguística que pudesse representar a extinção das culturas indígenas. Defendia, diferentemente de Vasconcelos, o ensino bilíngue nas comunidades indígenas. Isso não quer dizer, como destaca a historiadora Regina Crespo, que ainda assim, as iniciativas de "melhoramento", propostas por Gamio, não tendessem a uma gradativa "ocidentalização", já que a alfabetização em espanhol, concebida como uma língua ponte, seria um passo inevitável para a homogeneização cultural ou a "nacionalização" dos habitantes do país, podendo, cedo ou tarde, representar o fim das línguas autóctones. Essa mesma autora ressalta que Gamio via que a antropologia tinha um papel chave, já que era concebida tanto como trabalho científico quanto de ação social e, assim, desenvolveu um projeto que tinha uma perspectiva interdisciplinar, pois pretendia chegar a uma compreensão integral da população e seu entorno. Para tanto, o projeto de Manuel Gamio requereu conhecimentos de geografia, antropologia, sociologia e economia.[37] Com seus estudos, objetivava estudar regiões representativas do país em termos

---

37 CRESPO, Regina Aída. *Op. cit.*, p. 117 e 119.

geográficos, climatológicos, culturais, históricos, linguísticos e étnicos, para poder melhorar as condições de vida de sua população.[38] Das experiências de Gamio e seu grupo, a mais exitosa foi no Vale de Teotihuacán, que durou sete anos (1917-1924). Contou com medidas econômicas e educativas e os resultados foram considerados bastante favoráveis. No Vale de Yucatán, após incursões de antropólogos estrangeiros que resultaram em extraordinárias riquezas arqueológicas, investigadores mexicanos (arqueólogos, historiadores e etnólogos), feridos em seu orgulho e também movidos pela curiosidade, iniciaram pesquisas que visavam conhecer as condições de vida da população que ainda vivia nas proximidades do local. Entusiasmados com os achados do passado pré-colombiano e também cumprindo objetivos de dar uma dimensão "verdadeira da história nacional", mostrando, em particular, a riqueza do passado pré-colombiano, com frequência apresentavam os índios como herdeiros diretos de tal esplendor. As provas científicas eram algumas vezes utilizadas "para provar que o México teria sido o centro de uma civilização particularmente brilhante, antes da chegada dos espanhóis (...), enquanto que os Estados Unidos não tinham nenhuma existência palpável". É necessário ressaltar que nos artigos publicados nos jornais da época, apesar da satisfação com as riquezas arqueológicas, boa parte dos observadores mostrava-se bastante pessimista em relação ao material humano e ao futuro das comunidades indígenas, questionando até se seria possível a "regeneração por meio da escola para povos em estágio tão atrasado". Nesses artigos, alguns escritos por membros do grupo de investigações liderado por Gamio, havia uns poucos que demonstravam preocupação com o que hoje chamamos de "aculturação" e "desaparecimento progressivo dos costumes

---

38 Cf. FELL, Claude. *Op. cit.*, 215-216. Este autor faz uma série de referências a artigos publicados nos Boletins da SEP e a jornais na época.

rituais", apressando-se em descrever e documentar, antes que se transformassem em uma recordação distante. Na maioria dos casos, palavras como "degeneração", "decadência", "apatia", "atraso", eram as que mais apareciam, demonstrando, também, a defesa da necessidade de "hispanização" rápida das comunidades indígenas.

Conforme pudemos ver, para Manuel Gamio, a relação raça-cultura era fundamental para entendermos sua tese. Além da mescla racial, defendeu a cultura como um importante catalisador da fusão étnica.[39]

Finalmente chegamos ao nome de Vasconcelos, intelectual que também aceitou a predominância do mestiço na sociedade, defendendo a mescla de raças como meio de construir uma identidade nacional no México. É bom lembrar que exploraremos o seu pensamento referente à mestiçagem em suas *Memórias,* no capítulo seguinte, quando teremos oportunidade de nos aprofundar sobre sua visão relacionada à construção da identidade nacional numa visão posterior ao auge do movimento *mestiçófilo*. Neste momento nos interessa indicar as aproximações e apropriações com ideias que circulavam naquele momento tão intenso de esforços pela definição do "ser mexicano".

Conforme procuramos mostrar, Vasconcelos não foi o único nem o primeiro a defender a mestiçagem como essência da identidade da nação mexicana. Entretanto pode-se afirmar que, em relação aos demais, por meio de sua teoria da "raça cósmica", teve a singularidade de se encarregar de levantar a bandeira da unificação mestiço-americana, colocando a miscigenação como um eixo místico da integração da América Latina, dando ao mestiço um lugar de preponderância na história universal.[40] Em resposta aos danos e ameaças do racismo predominante na Europa, como tese principal de sua obra defendeu

---

39 BASAVE BENÍTEZ, Agustín. *Op. cit.*, p. 128.
40 *Ibidem*, p. 135.

que a miscigenação era algo inexorável, visto que as distintas raças do mundo tendiam a se mesclar cada vez mais, até formar um novo tipo, o miscigenado, composto pela seleção de cada um dos diferentes tipos existentes.[41] Em *Indologia*, afirmou:

> (...) nossa maior esperança de salvação se encontra no fato de que não somos uma raça pura e, sim, uma mestiçagem, uma ponte de raças futuras, um agregado de raças em formação: um agregado que pode criar uma estirpe mais poderosa que a dos que procedem de um tronco. Por sermos mestiços de sangue e de cultura, representamos algo novo no mundo e temos direito ao futuro. Se não fôssemos mestiços, que seríamos senão mais que uma Espanha decaída e menor em cultura?[42]

Como vimos nesta citação, Vasconcelos pensa em mestiçagem a partir de fatores biológicos e culturais. Seu conceito de "raça" teve uma interpretação ainda mais extensa do que normalmente ocorre, empregando-o para representar muitas coisas: cultura, civilização, povo, país e nacionalidade.[43] Apesar de sermos levados prontamente a pensar que esse autor tenha ressaltado apenas a mescla de sangue, é preciso lembrar que, enquanto foi ministro da Educação Pública, levou à frente um programa cultural que tinha o objetivo de colocar em prática uma "temática nacional" e isso representou, na época, priorizar a fusão de elementos culturais indígenas e hispânicos. O "olhar para si mesmo" que Molina Enríquez já havia indicado, em 1909, e que, a partir do movimento revolucionário,

---

41 Cf. VASCONCELOS, José. *La raza cósmica: misión de la raza iberoamericana.* México: Esposa-Calpe Mexicana, 1948. A ideia de fusão étnica, espiritual/cultural aparece em vários momentos desta obra de Vasconcelos.

42 VASCONCELOS, José. *Indologia: una interpretación de la cultura ibero-americana.* 2ª ed. Barcelona: Agencia Mundial de Librería, 1926, p. 105.

43 CRESPO, Regina Aída. *Itinerarios intelectuales. Op. cit.*, p. 240.

passou a ser palavra de ordem, foi levado a cabo no programa cultural, visando o fortalecimento de uma "consciência nacional".[44]

Para que haja uma melhor compreensão da "teoria" de Vasconcelos, explicaremos sucintamente os argumentos defendidos em a *Raça cósmica*,[45] tese que lhe deu tanta notoriedade, mas que também gerou tantas polêmicas. Na elaboração de sua tese, José Vasconcelos misturou história e mito, recorrendo à "Civilização de Atlântida", dando sua interpretação sobre a origem e o futuro dos povos ibero-americanos. Adiantou-se às críticas, afirmando entender que a sua hipótese tratava de uma teoria "tão obscura quanto rica em sentido". Iniciou afirmando:

> Geólogos autorizados opinam que o continente americano contém algumas das mais antigas zonas do mundo. A massa dos Andes é, sem dúvida, tão velha como a mais velha do planeta. E se a terra é antiga, também os traços de vida e de cultura humana se remontam até onde não alcançam os cálculos (...). À medida que as investigações progridem, afirma-se a hipótese da Atlântida como berço de uma civilização que há milhares de anos

---

44 Molina Enríquez havia indicado: *(...) Melhor será quando, sempre que seja necessário, por razões utilitárias ou estéticas, reproduzir as formas humanas em nosso país, se imponha a obrigação de escolher as da nossa raça dominante (...). É claro que, quanto mais se aproximarem as formas ideais às dos mestiços, mais compreendidas serão pelo numeroso grupo destes e maior número de admiradores terão. Se nossos pintores, em lugar de pintar tipos exóticos como parisienses ou moças sevilhanas ou odaliscas turcas, indubitavelmente mal observadas (...) pintarem nossos tipos próprios (...), é seguro que alcançarão maior originalidade, que conseguirão maiores proveitos e que contribuirão para fixar bem os traços formosos de nosso tipo geral.* Cf. MOLINA ENRÍQUEZ, Andrés. *Op. cit.*, p. 317.

45 VASCONCELOS José. *La raza cósmica: misión de la raza iberoamericana. Op. cit.* Esta obra foi publicada simultaneamente, pela primeira vez, em Paris e Barcelona, no ano de 1925.

floresceu no continente desaparecido e em parte do que é hoje América.[46]

Tentando explicar sua teoria sobre a origem dos povos ibero-americanos, Vasconcelos buscou respaldo na ciência, citando os estudos de um contemporâneo, Alfred Wegener, que desenvolveu a teoria da deriva dos continentes. Wegener não foi o primeiro a sugerir que os continentes estiveram unidos (Pangeia), há trezentos milhões de anos, mas foi pioneiro ao apresentar provas com argumentos paleontológicos e geológicos.[47]

Segundo Vasconcelos, há milhões de anos, muito antes da deriva dos continentes, após um período de domínio cultural dos negros – que foram sucedidos pelos amarelos – os homens vermelhos, ou os "atlantes" teriam comandado a humanidade da época, com seu esplendor cultural. Após cumprir um ciclo de extraordinário florescimento, tendo concluída a sua missão particular, de forma inexplicável, caíram em declínio, para não mais voltar, reduzindo-se aos minguados impérios inca e asteca, "indignos totalmente daquela cultura superior".[48] Sem se preocupar em oferecer explicações pormenorizadas de como teria acontecido a decadência dos "atlantes", Vasconcelos afirmou que essa linha civilizadora teria cruzado mares e terras até o Egito, passado pela Índia e chegado finalmente à Grécia, berço da civilização ocidental ou europeia, a civilização branca, que, ao se expandir, chegou até as

---

46 Cf. *Ibidem*, p. 3-4. Citou as ruínas arquitetônicas legendárias dos maias, quéchuas e toltecas como vestígios de vida civilizada anterior a dos povos do Oriente e da Europa, e questionou: Se somos antigos geologicamente e também no que diz respeito à tradição, como poderemos seguir aceitando esta ficção inventada por nossos pais europeus, sabendo que nosso continente existia antes que aparecesse a terra, de onde vinham os descobridores e reconquistadores?

47 A primeira publicação de seus estudos ocorreu em 1915, seguida por outras edições em 1920, 1922 e 1929.

48 VASCONCELOS, José. *La raza cósmica*. Op. cit., p. 4.

praias esquecidas do continente americano, para consumar uma obra de recivilização e repovoamento.[49]

Também na obra citada, Vasconcelos sublinhou que foi em situação de "barbárie, fanatismo religioso e guerras intermináveis" que os europeus teriam encontrado os indígenas, iniciando então uma nova etapa civilizadora, por meio do trabalho dos missionários católicos ao difundir o catolicismo e a língua espanhola aos aborígenes. Afirmou ainda que mesmo sem saber, os europeus também estariam estabelecendo as bases de um período novo. Entretanto, apesar do papel de "recivilizador" atribuído ao homem branco, é necessário reconhecer que Vasconcelos buscou coerência em sua teoria que defendia a mestiçagem, ao afirmar que, embora o encontro entre brancos e os indígenas tivesse ocorrido em meio a um estado de "barbárie" por parte destes últimos, o predomínio dos brancos seria temporário, já que, segundo ele, após cumprir a sua missão, que seria mecanizar o mundo, os brancos dariam lugar a um novo e definitivo tipo humano, o miscigenado.[50]

---

[49] Na elaboração da tese da "raça cósmica", Vasconcelos propôs um ensaio com explicações, *não com fantasia de novelista, mas sim, com uma intuição que se apoia nos dados da história e da ciência*. Há muitos pontos obscuros e fantasiosos em sua teoria. Com respeito à linha civilizatória, que teria se encerrado com os "atlantes", atravessado oceanos e mares, José Vasconcelos afirmou apenas que tais preceitos de sabedoria dos homens vermelhos teriam sido gravados na pedra de esmeralda e levados até o Egito. Cf. *Ibidem*, p. 2-3.

[50] De sua formação positivista, Vasconcelos herdou alguns resquícios. Dividiu a história da humanidade em períodos: Material ou guerreiro; intelectual ou político e o espiritual ou estético. Durante o transcurso de superação dos "estágios primitivos da civilização", reconheceu a importância do papel do branco no processo, admitindo a importância da industrialização nas etapas. As divisões eram as seguintes: Período do soldado, quando prevaleceria a força e o governo estaria regulado pela vontade dos *caudillos*; Advogado, quando se organizariam as normas coletivas; do Economista, quando se ouviria, buscando resolver, os problemas das desigualdades pecuniárias e a justa retribuição do trabalho; do Engenheiro, momento de grande desenvolvimento industrial. Finalmente, tendo a humanidade superado todas as etapas, envolvendo problemas ligados à carne e à matéria, estaria preparada para entrar no quinto e último período, o dos Filósofos, quando poderiam atuar, dedicando-se também às

Em relação ao índio, vimos que Vasconcelos reproduziu uma ideia comum entre os intelectuais que o precederam na defesa da miscigenação. Mesmo quando a defendeu como um fator diferenciador para os povos da América Latina, a participação do índio permaneceu pífia. Ao pensar a mescla, tanto biológica quanto cultural, a participação do homem branco representou o fator contribuinte para a "elevação" do elemento indígena. Se por um lado, o branco não seria o tipo dominante, por outro, vemos que sua cultura seria a que triunfaria e se imporia.

Na configuração da *raça cósmica*, o papel dos indígenas deveu-se muito mais ao que teriam sido num passado não localizável historicamente do que pelo que eram naquele momento. Vasconcelos criou um passado mítico para os indígenas, mas o enterrou de forma definitiva quando excluiu qualquer possibilidade de um "retorno indígena" ou "retorno ao passado pré-hispânico".[51] Sobre os "atlantes", foi categórico:

> Os vermelhos, os ilustres atlantes de quem vem o índio, dormiram há milhares de anos para não mais despertar. Na história não há retornos, porque toda ela é transformação e novidade. Nenhuma raça volta: cada uma cumpre sua missão e se vai.[52]

Embora tenha afirmado que os brancos também deveriam fazer um esforço, buscando na alma de irmãos de outras castas elementos para o progresso e "redenção", não restam dúvidas de que caberia ao índio maiores sacrifícios na adaptação, já que, em sua concepção, o índio

---

questões transcendentais como a arte, a religião e a poesia. Cf. VASCONCELOS, José. *Indologia: uma interpretación de la cultura iberoamericana. Op. cit.*, p. 211-218.

51 Lembremos que, entre as décadas de 1920 e 1930, outros intelectuais na América Latina defendiam um papel de maior importância política para as populações indígenas. No Peru, por exemplo, Haya de la Torre e José Carlos Mariátegui foram nomes representativos do período.

52 VASCONCELOS, José. *Indologia. Op. cit.*, p. 12.

não teria outra porta para o futuro que a porta da cultura moderna.[53] Não podemos desconsiderar que a opinião de Vasconcelos não era isolada nesse sentido. Conforme o indicado até então, a partir do fim do século XIX, e especialmente durante as três primeiras décadas do XX, pensar em "aceitação" do índio contraditoriamente pressupunha também a necessidade de transformá-lo. Intelectuais e governantes se aproximavam – às vezes com perspectivas diferenciadas – no entendimento de que era necessário incorporar e oferecer oportunidades para que a população indígena se tornasse, efetivamente, parte daquela nação fundada sobre as bases da igualdade revolucionária e da modernidade, como único futuro possível.

Até aqui buscamos mostrar que havia elementos comuns nas ideias desenvolvidas pela intelectualidade que antecedeu e foi contemporânea a Vasconcelos na defesa da mestiçagem. Entre elas, a estratégia de apresentá-la como fórmula eficiente para unificar a sociedade mexicana e forjar uma nova nação. Vimos que, com o decorrer dos anos e dos acontecimentos, tais ideias foram sendo apropriadas, ampliadas ou modificadas. Se no início do processo histórico da construção da identidade nacional mexicana ficou evidente o uso do discurso que envolvia os encontros étnicos como projeto político de uma elite que visava interesses próprios, não podemos negar que, com o tempo, as coisas tomaram novas dimensões. Ao apontar resultados econômicos, políticos, culturais e sociais, advindos da miscigenação racial e cultural, acabaram destacando problemas e também valores ligados aos grupos excluídos que contribuíram para que mudanças substanciais ocorressem com o tempo.

Quanto ao que se infere sobre o indígena, pudemos notar algumas aproximações no pensamento dos intelectuais analisados. Ficou

---

53 VASCONCELOS, José. *La raza cósmica*. Op. cit., p. 13.

perceptível que, a partir de Sierra e, especialmente, após a Revolução, os intelectuais *mestiçófilos* passaram a demonstrar uma preocupação maior com a situação dos indígenas, procurando pensar em meios para promover o ingresso destes à nação. Percebemos que Vasconcelos não esteve sozinho na proposta de "elevar" os indígenas por meio da miscigenação ou da educação.

Ao se deterem sobre o tema da mestiçagem, os estudos, propostas e ações feitas por esses intelectuais sobre as populações indígenas e setores mais marginalizados da população mexicana terminaram evidenciando particularidades sociais, políticas, linguísticas, que, mais tarde, contribuíram para fortalecer o movimento indigenista na luta, junto aos governos, por iniciativas que atendessem às suas demandas. Especialmente, contribuíram para evidenciar aquilo que indicou Maria Ligia Prado: "(...) a identidade nacional estava construída de modo a mostrar que as sociedades não se compunham apenas de brancos, e que 'os outros' deveriam ser levados em conta na conformação da unidade nacional".[54]

América Latina como utopia
Conciliando mestiçagem e hispanismo na *Raça Cósmica*

Na *Raça Cósmica*, encontramos um vínculo estreito entre a defesa da mestiçagem e o hispanismo. Vasconcelos elaborou a interpretação da história recente da Europa e América como resultado da rivalidade de propósitos, instituições e ideais entre saxões e latinos. Segundo o autor, após o declínio do Império Romano, o bastião da cultura latina[55]

---

54 PRADO, Maria Ligia Coelho. "Identidades Latino-Americanas (1870-1930)". In: *Historia General de América Latina*, Unesco, vol. VII, p. 17.

55 Para Vasconcelos, a "latinidade" seria o reconhecimento pelos países hispano-americanos de suas raízes históricas e culturais. Entre os elementos definidores da "coesão

começou a ser ultrapassado pela Inglaterra. Salientou dois acontecimentos históricos que, segundo ele, teriam sido bastante relevantes na mudança de eixo: as derrotas da "Armada Invencível" e a "Batalha de Trafalgar".[56] De acordo com Vasconcelos, a partir de então, o conflito teria excedido os limites europeus, atravessado o oceano Atlântico e chegado à América, onde os povos ibéricos, herdeiros da tradição latina, devido à sua desunião, teriam passado a ceder cada vez mais espaço aos anglo-saxões. As derrotas de "Santiago de Cuba" e "Manila" foram interpretadas como os últimos e definitivos golpes à presença espanhola no Continente Americano. Essa é uma ideia-chave para Vasconcelos e esteve presente em outras obras - inclusive nas Memórias.

A partir dessa premissa, Vasconcelos ampliou o debate em torno da construção de discursos identitários, apontando a mestiçagem como o eixo da integração entre os povos da América Latina e conferindo à mesma um lugar de destaque na história mundial. Vasconcelos foi considerado por Leopoldo Zea um dos grandes ibero-americanistas que analisaram a "busca de identidade do homem da América".[57] Em *El pensamiento latino-americano*, Zea afirmou que os anos da década de 1920

---

latina", incluiu a língua, a religião católica e a colonização ibérica.

56 As duas derrotas sofridas pela Espanha - A derrota da "Armada Invencível", em 1588 e a "Batalha de Trafalgar", em 1805 foram apresentadas por Vasconcelos como determinantes nos novos direcionamentos políticos mundiais, favorecendo a Inglaterra, em detrimento do Império Espanhol. Especialmente, em relação às Américas.

57 Nesta obra, Zea colocou Vasconcelos como referência, ao lado de nomes como José Martí, José Henrique Rodó, Antonio Caso, chamando-os de "Construtores da Nova Ordem". Segundo Leopoldo Zea, diferente daqueles que negavam o passado histórico, entendido como expressão da dominação ibérica. Os chamados "construtores da nova ordem" interpretavam que a renúncia deveria ser, no máximo, relativa, visto que, para eles, o passado não era obstáculo e, sim, apoio para o futuro. Vasconcelos, reconhecidamente, hispanista católico, insistiu numa saída que buscasse a conciliação ou um retorno aos valores legados pela Espanha e fez disso sua bandeira política, até os últimos dias de sua vida. Cf. ZEA, Leopoldo. *El pensamento Latino-americano*. 3ª ed. Barcelona: Editora Ariel, 1976, p. 8-9.

representaram uma oportunidade para intelectuais levarem ao debate público temas externos que interferiam nas questões nacionais e também para apontarem novos caminhos para enfrentar a nova realidade:

> (...) a busca pela constituição de uma identidade Latino-americana foi uma preocupação ontológica, desde o momento de percepção da falência do Positivismo. Os acontecimentos ligados à Primeira Guerra Mundial acirraram ainda mais a discussão, que colocava em questão a dependência de modelos da América Latina em relação às suas antigas metrópoles, levando intelectuais a questionarem o estabelecido e buscarem apontar novos caminhos nessa configuração de identidade.[58]

Entre estes intelectuais havia um ponto em comum que era a necessidade de encontrar um referencial que refletisse a "autenticidade" da cultura latino-americana. A Europa, referência sempre presente na história mexicana e latino-americana, estava ainda envolta em uma série de conflitos e transformações. Recuperava-se das consequências da Primeira Guerra e das transformações advindas deste conflito. Por outro lado, nota-se o temor pelo expansionismo econômico, político e cultural dos Estados Unidos sobre países da América Central e do Sul. Quais seriam as melhores referências na construção de uma identidade latino-americana? Que papel a América Latina ocuparia no cenário cultural mundial?

Pretendemos desenvolver nesta parte do texto, que tal perspectiva, adotada por Vasconcelos, deve ser vista dentro de um contexto de embates intelectuais e políticos que se travavam naquele momento. Por mais discutível que sua tese possa parecer, as premissas da mesma

---

58 *Ibidem*, p. 9.

devem ser vistas dentro de uma tradição intelectual que buscou ressaltar a natureza peculiar da América em relação à Europa e ainda da América Latina em relação à América anglo-saxônica.[59] Optamos por refletir sobre o que Vasconcelos escreveu, estabelecendo diálogo com dois outros intelectuais latino-americanos que vivenciaram o mesmo momento histórico e também foram "contaminados" pelo estado de espírito da época que falava de união entre os povos latino-americanos em defesa de um espaço mais equânime no concerto internacional. Eles são o mexicano Alfonso Reyes[60] e o dominicano Pedro Henríquez Ureña.[61] Ambos foram membros do *Ateneo de la Juventud*, geração que se mostrou inconformada com a cultura porfiriana e que buscou destruir as bases culturais e educacionais do positivismo. Propunham-se a resgatar os valores do espírito humano, fazendo críticas ao materialismo reducionista, priorizando a busca pelo

---

59 Sobre os diferentes discursos identitários que circularam ao longo dos séculos XIX e início do XX, ver PRADO, Maria Ligia Coelho. "Identidades Latino-Americanas (1870-1930)". *Op. cit.*

60 Alfonso Reyes, como Vasconcelos, viveu boa parte de sua vida longe do México. Entre 1930 e 1938, foi representante do governo mexicano no Brasil. Sobre as relações culturais entre México e Brasil, envolvendo Vasconcelos e Reyes, Ver CRESPO, Regina Aída. "Cultura e Política: José Vasconcelos e Alfonso Reyes no Brasil (1922-1938)". In: *Revista Brasileira de História*. São Paulo: vol. 23, n. 45, jul. 2003. Apesar dos distanciamentos temperamentais e ideológicos que os marcaram, Reyes e Vasconcelos cultivaram uma longa amizade a partir do exílio, por meio de cartas. Parte dessas correspondências foi reunida, organizada e publicada. Ver VASCONCELOS, José. *La amistad en el dolor: correspondencia entre José Vasconcelos y Alfonso Reyes, 1916-1959.* México: El Colegio Nacional, 1995.

61 Apesar de não ser mexicano, Pedro Henríquez Ureña manteve uma relação pessoal (casou-se com Isabel Lombardo Toledano, irmã de Vicente Lombardo Toledano) e intelectual muito forte com o México. Chegou àquele país em 1906 e, a partir de 1907, participou da "Sociedade de Conferências", nome inicial do *Ateneo de la Juventud.* Participou também da criação da Universidade Popular. Em 1914, afastou-se do México, voltando em 1921, quando foi chamado por Vasconcelos para participar do seu projeto cultural, dinamizando a Universidade e no fomento da "Escola de Altos Estudos". Em 1922, fez parte da comitiva que representou o México em alguns países da América do Sul, sob a liderança de Vasconcelos.

retorno ao humanismo e aos clássicos.[62] Como José Vasconcelos, eles vivenciaram todas aquelas transformações locais, continentais e mundiais e alguns compartilharam a crença no futuro da América Latina. A defesa do hispanismo foi um elemento unificador entre eles. Em *Ulises Criollo*, Vasconcelos afirmou que, durante o tempo de existência do *Ateneo*, houve um esforço por parte de seus membros para descobrir os tesouros espirituais, procurando, assim, reabilitar os laços com a "nação de nossa origem". Fez referências a nomes de escritores espanhóis como Menéndez y Pelayo (1856-1912),[63] Blasco Ibánez (1867-1928),[64] Benito Pérez Galdós (1843-1920),[65] autores que fizeram parte das rodas de leituras e discussões nas reuniões ateneístas. De sua parte, mencionou, com orgulho, o esforço empreendido por estabelecer intercâmbios com a porção hispânica no continente latino-americano, que se concretizou na forma de convites ao argentino Manuel Ugarte e ao poeta peruano José Santos Chocano (1875-1934) para a realização de conferências, no ano em que ocupou a presidência daquela instituição.

Não é nosso propósito nem teríamos condições de nos aprofundar sobre o conjunto da obra de Ureña e Reyes. Faremos breves referências a dois ensaios, *La ultima tule*, de Reyes e *Utopia de América*, de Ureña. Ambos escritos ao longo da década de 1920, coincidindo com

---

62 MONSIVAIS, Carlos. "Notas sobre la cultura mexicana en el siglo XX". *Op. cit.*, p. 1394-1402.

63 Historiador espanhol, dedicado fundamentalmente à história das ideias, à crítica e história da literatura espanhola e hispano-americana.

64 Romancista e político espanhol. Participou de lutas políticas, caracterizando-se por sua oposição à monarquia. Manifestou seus ideais republicanos no periódico *El Pueblo*. Foi recebido no México pelo presidente Venustiano Carranza, em 1920. Ibañez publicou uma obra com um retrato bastante crítico da situação mexicana: *La revolución mexicana y la dictadura militar*.

65 Romancista e dramaturgo espanhol. Suas obras refletem sobre a vida espanhola no século XIX, nos aspectos civis e políticos.

o período de produção de *La raza cósmica* (1925)[66] de Vasconcelos, atendem ao nosso interesse de apontar elementos comuns entre o pensamento destes três intelectuais, que, influenciados por circunstâncias diversas, sentiram-se impulsionados a buscar internamente elementos culturais que pudessem ser apontados como "uma expressão própria" para a América Latina.

É patente o impacto da obra de Oswald Spengler,[67] *A decadência do ocidente*, publicada em 1918, sobre esses pensadores latino-americanos.[68] Sua análise pessimista sobre os acontecimentos europeus, interpretada como uma "crise de civilizações", criticando o pragmatismo e o tecnicismo levado à frente pelos países tidos como "desenvolvidos" na Europa, associada ao espiritualismo arielista[69] de José Enrique Rodó, encontrou terreno fértil, provocando resultados no que tange à defesa de uma identidade particular, e principalmente, um protagonismo para a América Latina.

Frente a todos esses acontecimentos citados, esses ex-ateneístas buscaram se posicionar em defesa da preservação de uma herança

---

66 Vasconcelos publicou esta obra em 1925, mas afirmou ter reunido argumentos para sua tese desde a viagem referida na nota acima, realizada em 1922. Reyes escreveu *La ultima tule* entre 1920 e 1921. Urenã iniciou a escrita de seus ensaios em 1922. Publicaria, em forma de livro, no ano de 1925.

67 Oswald Spengler (1880-1936), ensaísta e historiador alemão. Publicou "A decadência do Ocidente" em 1918. Spengler viu os eventos trágicos ligados à Primeira Guerra com muito pessimismo, fazendo duras críticas ao pragmatismo e ao tecnicismo reinantes que se voltaram contra o próprio homem no momento de beligerância. Interpretou a crise do Império alemão guilhermino como a crise da totalidade da civilização ocidental.

68 Num artigo publicado em 1923, no *El Universal*, do México, Ureña fez referência direta à "crise da civilização moderna, que iniciou em 1914 e se agrava a cada dia, deixando órfã, espiritualmente, a nossa América". Cf. UREÑA, Pedro Henríquez. "Orientaciones". *Pedro Henríquez Ureña*. Edição de Tomás Mallo, Cultura Hispânica. Instituto de Cooperación Iberoamericana, 1993, p. 57. O artigo foi publicado em *El Universal*, do México, em abril de 1923.

69 O *arielismo* de Rodó defendia a preservação das tradições hispânicas como marca da cultura latino-americana, que estaria ameaçada pelo materialismo.

cultural latina deixada pela pátria-mãe, a Espanha, defendendo a união da América hispânica em torno de projetos que falavam da preservação de uma "tradição" e busca de um "ideal" comum. Num momento que foi descrito por eles como sendo de "desorientação", falaram do desejo de enobrecer novamente a ideia clássica de utopia,[70] apresentando a América Latina como o lugar onde seria possível a realização da mesma. A proposta desses intelectuais relacionados era que os povos latino-americanos avaliassem a possibilidade de conciliar crise e utopia, vendo as circunstâncias como uma crise que poderia ser "salvadora e transformadora".

Defendiam que o conceito não deveria ser interpretado como um sonho, mas como uma realização histórica possível, vista, principalmente, como a inquietude do aperfeiçoamento constante por meio do esforço humano.[71] As citações seguintes são de Ureña e esclarecem parte do entusiasmo que então contaminava aquele segmento da intelectualidade: "Se na América não frutificarem as utopias, onde encontraremos asilo? (...) América começou sendo um ideal e segue sendo um ideal. A América é uma utopia".[72]

Reyes, por sua vez, também militou pela causa da integração ibero-americana de sua identidade cultural, posicionando-se em defesa de um novo papel para a América ao afirmar: "O continente se deixa envolver em uma nova esperança e se oferece à Europa como uma

---

70 A ideia de América como uma "utopia" é muito forte entre os três autores. Já vimos que Vasconcelos chegou a afirmar que o continente americano poderia ser o lugar onde teria existido a mítica Atlântida. Reyes não tentou provar nenhuma tese filosófica ou historiográfica, como fez Vasconcelos, mas fez inúmeras referências à República de Platão, enaltecendo o ressurgimento da utopia. Referiu-se à Atlântida de Platão como um "pressentimento científico e poético" e chamou a América de "Lugar da Promessa" e "maravilhosa utopia". REYES, Alfonso. *La ultima tule y otros ensaios*. Seleção e prólogo por Rafael Gutiérrez Gigardot. Caracas, Biblioteca Ayacucho, 1991, p. 203-204, 223-224.
71 UREÑA, Pedro Henríquez. "La utopia de América". *Op. cit.*, p. 51.
72 UREÑA, Pedro Henríquez. "Patria de la justicia". *Op. cit.*, p. 54.

reserva de humanidade".[73] Em *La ultima tule*, propôs uma "redescoberta" da América, afirmando que os erros europeus deram mais uma vez condições à América para voltar a representar o preenchimento de um espaço vazio, significando, mais uma vez, a possibilidade de equilíbrio para a humanidade.

> (...) Antes de ser descoberta, a América já era pressentida nos sonhos e nos vislumbres da ciência. A necessidade de completar a figura geográfica, respondia à necessidade de completar a figura política da terra.[74]

As propostas e utopias compartilhadas por esses pensadores, referentes ao papel da América Latina, indicam um momento de grande otimismo e também de posicionamentos políticos e ideológicos em relação ao futuro da América Latina, que não podem ser ignorados. Conferiram a ela uma "missão salvadora" que seria a "reumanização" do homem. Segundo eles, tal capacidade era a nova e importante contribuição que qualificava os latino-americanos a terem um lugar de preponderância, podendo, inclusive, apontar caminhos a serem seguidos.

Havia entre eles o consenso de que, diante da confusão reinante no continente europeu, a Espanha encontrava-se incapacitada para continuar indicando modelos, mas defendiam também que havia uma herança cultural a ser preservada. Pedro Henríquez Ureña afirmava que a América encontrava-se órfã e teria que buscar em si a solução para as suas lutas: "A Europa fracassou ante os olhos de sua discípula. A mestra perdeu a autoridade. (...) Temos que edificar. Temos que construir

---

73 REYES, Alfonso. *Op. cit.*, p. 225. Vasconcelos usa a mesma expressão em "La raza cósmica"

74 *Ibidem*, p. 225.

e só podemos confiar em *nós* mesmos."[75] Para tanto, após sugerirem a existência de "unidade" étnica e política, ressaltavam a necessidade de união de propósitos, como forma de negar a continuidade de imposições colonialistas, tanto europeias com estadunidenses, conquistando, assim, a emancipação política, econômica e espiritual.[76] De acordo com essa geração de intelectuais, que tomou partido da bandeira latino-americanista, se as circunstâncias daquele momento os obrigavam a reconhecer que a Espanha não poderia mais continuar oferecendo o modelo, a proposta era que também não se aceitasse outro, visto como "alheio" e distante daquilo que entendiam como proposta original da cultura "superior":[77] "E, fracassada a Europa, temos descoberto que os Estados Unidos têm pouco de si para nos ensinar".[78] Ureña justificou a exclusão dos Estados Unidos com a seguinte afirmação:

---

75 UREÑA, Pedro Henríquez. "Orientaciones". *Op. cit.*, p. 58.

76 Ver MONFORT, Ricardo Pérez. "Indigenismo, hispanismo y panamericanismo en la cultura popular mexicana de 1920-1940. In: BLANCARTE, Roberto. *Cultura y identidad nacional. Op. cit.*, p. 343-383.

77 Da Argentina, citamos dois intelectuais que compartilharam essa mesma tradição. Manuel Ugarte (1878-1951) enfatizou a necessidade da unidade latino-americana frente à penetração econômica, política e cultural dos Estados Unidos, resguardando a Europa da sua crítica nas obras *El porvenir de la América Latina* (1909) e *La Pátria grande* (1924). Por outro lado, José Ingenieros (1877-1925), em *El suicidio de los bárbaros* (1914), defendeu que a guerra indicava a caducidade da Europa como portadora dos ideais de progresso humano, que, agora, se aclimatavam na América. Citado por: ALIMONDA, Héctor. "A invenção da América Latina e outras obsessões". *Estudos Sociedade e Agricultura*, 2 jun. 1994, p. 23-40. Disponível em: <http://bibliotecavirtual.clacso.org.ar/ar/libros/brasil/cpda/estudos/dois/hector2.htm>. Acesso em: 07 ago. 2015.

78 UREÑA, Pedro Henríquez. *Op. cit.*, p. 58. Lembremos que o início do século XX foi marcado por uma série de intervenções por parte dos Estados Unidos, em países da América Central e Caribe. A República Dominicana, país de origem de Ureña, foi um dos alvos, em 1916. Ureña teve, inclusive, motivos pessoais para abandonar o apoio ao "pan-americanismo", defendido por ele em 1914, e sair em defesa da união dos países latino-americanos. Antes da intervenção norte-americana, seu pai ocupava a presidência provisória de seu país e, após a ocupação militar, foi destituído, sendo obrigado a partir para o exílio nos Estados Unidos.

> Depois de ter nascido da liberdade, sido escudo para as vítimas de todas as tiranias (...), tornou-se opulento e perdeu a cabeça. A matéria devorou o espírito e a democracia que haviam constituído para o bem de todos foi se convertendo na fábrica para o lucro de uns poucos. Hoje, o que foi arquétipo de liberdade é um dos países menos livres do mundo. Permitiremos que Nossa América siga caminho igual?[79]

Em relação a esses discursos, entendemos que representaram um momento histórico e se inseriram num contexto de disputas, debates políticos e ideológicos que passaram pela definição de identidades. De acordo com Maria Ligia Prado, "as identidades são construções do discurso, constituem o real, integram o jogo conflituoso dos imaginários e das representações e, ao mesmo tempo, tocam os corações e despertam a sensação de pertencimento do indivíduo a uma coletividade".[80] Prado afirma ainda que essas construções não representam apenas uma questão cultural, mas política, em que "indivíduos estão afirmando suas particularidades e, ao lado de afirmações positivas, ignoram, desdenham, discriminam, excluem e atacam o "outro".[81] Esses intelectuais fizeram questão de sinalizar a América como solução, mas ressaltando qual era a "nossa" e buscando diferenciá-la da "outra".

No desejo de indicar os distanciamentos entre as duas culturas, a latina e a saxônica, propunham que os Estados Unidos fossem vistos como o "anti-modelo", pois segundo eles, ao simplesmente reproduzir

---

79 UREÑA, Pedro Henríquez. *Op. cit.*, p. 54. Esse trecho é parte de um discurso pronunciado por Ureña, na Universidade de La Plata, por ocasião da viagem de Vasconcelos, por alguns países da América do Sul, em de 1922.

80 PRADO, Maria Ligia Coelho. "Identidades Latino-Americanas (1870-1930)". In: *Historia General de América Latina*, *Op. cit.*, p. 1.

81 *Ibidem*, p. 1.

José Vasconcelos – As *Memórias* de um "profeta rejeitado" 111

a norma utilitária da metrópole, aquele país havia perdido o seu encanto.[82] Numa alusão direta às obras de Spengler e Rodó, Ureña sublinhou que, nas "crises de civilizações", o espírito é que poderia salvar a América Latina. Apresentou-a como herdeira de uma tradição espiritualista, o que lhe conferia, segundo ele, condições de fazer frente à cultura saxônica, apresentada como uma cultura materialista, tecnicista, pragmática e imediatista.[83]

Na construção dos discursos desses intelectuais, fizeram referência direta ou indireta à miscigenação, apresentando a América Latina como o lugar onde "não prevalecera a crença exclusivista",[84] onde as simpatias com o "diferente" foram maiores do que entre os países de colonização saxônica. Esse fato conferiria à América Latina o direito de afirmar-se como original e diferente. Capaz de verdadeira fraternidade, em sua personalidade apaixonada, Vasconcelos foi o mais enfático. O trecho que citaremos a seguir demonstra o seu esforço em unir a mestiçagem com a sua devoção pela Espanha:

> Eles (Estados Unidos) (...) não têm no sangue os instintos contraditórios da mescla de raças, enquanto nós as assimilamos. Isso nos dá direitos novos e esperança de uma missão sem precedentes na história. Que os tropeços adversos não

---

82 Nos textos de Reyes escolhidos para análise, os posicionamentos não têm a mesma ênfase política que os de Ureña e Vasconcelos em relação aos Estados Unidos.

83 É notória a força da obra de Rodó sobre esses três intelectuais. Reyes é menos enfático no ensaio escolhido, preferindo a expressão "América", mas Ureña e Vasconcelos opõem fortemente as civilizações latina e saxônica, apresentando a primeira como símbolo do idealismo desinteressado, em contraposição à cultura saxônica, apontada como cultivadora do utilitarismo esvaziado de conteúdo ideal, materialismo e imediatismo. Cf. UREÑA, Pedro Henríquez. *Op. cit.*, p. 51.

84 *Ibidem*. Vasconcelos afirmava que a América Latina não surgiria a quinta ou sexta raça, mas a "definitiva, síntese ou integral", feita com o gênio e o sangue de todos os povos e, por isso mesmo, mais capaz de verdadeira fraternidade e de visão realmente universal.

nos inclinem a claudicar; vagamente sentimos que hão de nos servir para descobrir nossa rota. Precisamente nas diferenças encontramos o caminho; se só imitamos, perdemos. Se criamos, triunfaremos. A vantagem de nossa tradição é que possui maior facilidade de simpatia com os estranhos. Isso implica que nossa civilização, com todos os seus defeitos, pode ser a eleita para assimilar e se converter em um novo tipo a todos os homens (...). A colonização espanhola criou a mestiçagem. Isto assinala seu caráter, fixa sua responsabilidade e define seu futuro. O inglês seguiu cruzando-se só com o branco e exterminou o indígena. Segue exterminando, na surda luta econômica, mais eficaz que a conquista armada.[85]

Esse é um dos trechos emblemáticos da obra que conferiu notoriedade a Vasconcelos. Conforme vimos, ao defender a mistura de raças como algo original da América Latina, Vasconcelos extrapolou as fronteiras nacionais, elevando o mestiço à categoria universal, colocando-o como o tipo que prevaleceria no futuro da humanidade. Evidenciou as diferenças entre os norte-americanos e os latino-americanos, dando-nos um lugar de supremacia ou uma "missão sem precedentes na história", ao apresentar a mistura de raças como uma capacidade superior, que poderia oferecer à humanidade um "novo homem", com maiores capacidades de aceitação de diferenças.

Entendemos que o conteúdo produzido nesses discursos identitários teve o mérito e a especificidade de propor uma reversão da dicotomia "civilização e barbárie", ao apresentar a América Latina como o lugar de uma nova civilização que cultivava o espírito em detrimento da matéria. A perspectiva adotada por esses três intelectuais era de que

---

85 VASCONCELOS, José. *La raza cósmica. Op. cit.*, p. 14.

o momento deveria ser entendido como uma oportunidade para negar o papel de subalternidade conferido à América Latina até então, afirmando-se perante o mundo, confiando em sua força espiritual. Olhar para si, identificar seus próprios valores e percorrer um árduo caminho em busca de sua dignidade histórica era o percurso indicado por eles. Se, antes, o que tinha prevalecido era a cópia e a imitação da Europa, essa geração defendia que o momento pedia mudanças e a América Latina era finalmente o símbolo da civilização, lugar onde o espírito predominara.[86]

O otimismo que caracterizou o discurso latino-americanista e que alimentou projetos que insistiam na crença quanto à possibilidade da supremacia do "espírito" sobre a "matéria" terminou frustrado após evidências claras de que não era o modelo, baseado no pragmatismo e tecnicismo reinantes, apresentado por Spengler, que havia falido. Os anos seguintes vieram comprovar que o que houve não foi uma "decadência do Ocidente", mas, sim, uma transferência de hegemonia dentro de uma mesma civilização. Dessa forma, o discurso latino-americanista não conseguiu manter resistência durante muito tempo.[87] Após a

---

86 Segundo Ricardo Pérez Monfort, durante as décadas de 1920 e 1940, tanto na esfera nacional como latino-americana, houve três correntes de pensamento que disputavam a representação do "nacional". Segundo esse autor, além do discurso latino-americanista, que teve o seu auge na década de 1920 e se estendeu até os anos finais dos anos de 1930, havia ainda o indigenista e o hispanista. O indigenista, que se opunha claramente ao hispanismo, foi incorporado com muita força nos projetos oficiais. O latino-americanista reunia elementos desses dois que se opunham. O autor afirma ainda que, se por um lado, o discurso latino-americanista negava as "culturas paralisadas" do velho continente, também o fazia em relação ao "atraso" das culturas aborígenes. Monfort afirma ainda que o diferencial desse discurso esteve no fato de não reivindicar, como os dois outros, um passado – indígena ou hispânico – e, sim, apontar confiança no futuro. Cf. MONFORT, Ricardo Pérez. "Indigenismo, hispanismo y panamericanismo en la cultura popular mexicana de 1920-1940". In: BLANCARTE, Roberto (comp.). *Op. cit.*, p. 350-351.

87 Monfort ressalta que a "confiança no futuro", que havia sido defendida no discurso latino-americanista, foi aproveitada pelos Estados Unidos nos anos seguintes para

Primeira Guerra, os Estados Unidos – apresentados por Vasconcelos, uma das figuras proeminentes daquele discurso, como os continuadores da visão materialista dos saxões na América, abriam suas asas poderosas sobre a América Latina, ampliando, a cada dia, sua influência política, econômica e cultural e dificultando a manutenção de utopias baseadas em quimeras espiritualistas. De fato, algo mudara, mas não como o imaginado pelos defensores do espiritualismo arielista de Rodó.

Antes de concluirmos esta parte, sublinhamos que, embora tenhamos reconhecido que esses três intelectuais tenham feito um esforço para conferir à América Latina originalidade em relação ao mundo europeu e norte-americano, não podemos deixar de ressaltar que não deixaram de atribuir méritos à colonização espanhola, que, por sua vez, seria herdeira dos valores greco-romanos. Todos argumentaram que a história do domínio espanhol na América "não havia sido limpa de toda paixão", o que levava os latino-americanos a serem injustos no julgamento do legado cultural espanhol, simplesmente indicando os erros. Ainda que tenham defendido a necessidade de olhar e confiar em "nós mesmos", as referências voltavam-se constantemente para a Espanha.

No caso específico de Vasconcelos, quando apresentou a miscigenação como "própria" da América Latina, não deixou de afirmar que esta havia sido um legado da Espanha, "a mais humana das civilizações e, por isso, a melhor". A "superioridade" espiritual hispânica na colonização, ao

---

arregimentar alguns daqueles intelectuais em direção ao pan-americanismo, que priorizou romper com os "exclusivismos latinos", tentando apagar as diferenças entre América latina e saxônica, apoiados no argumento da "segurança continental". Após o enfraquecimento do "latino-americanismo", além dos rumos em direção à defesa do pan-americanismo, verificou-se que alguns passaram a enaltecer, com maior vigor, as raízes hispânicas, formando parte indiscutível do discurso conservador. Entre estes, Vasconcelos foi uma das figuras de maior destaque. Cf. MONFORT, Ricardo Pérez. "Indigenismo, hispanismo y panamericanismo en la cultura popular mexicana". In: BLANCARTE, Roberto. *Op. cit.*, p. 343-383.

superar as diferenças raciais, não deixou de ser exaltada. Como Rodó, a reversão da dicotomia não foi completa, pois os valores considerados "superiores" ainda apontavam para uma herança europeia.

Por meio dos diálogos intelectuais, procuramos mostrar que, no momento em que fez a defesa da mestiçagem, havia uma série de fatores políticos e culturais que o impulsionavam a levantar a bandeira em prol de uma identidade mestiça. Num momento particular, marcado pelo embate de construções de identidades, entendemos que esse intelectual deve ser visto como um elo da corrente que compartilhou projetos e utopias, próprios de sua época. O auge de sua atuação política e intelectual coincidiu com o período em que se dava ao mestiço um papel central na construção da identidade nacional, tanto no México quanto em outros países da América Latina.[88]

No próximo capítulo concentraremos nossa análise nas *Memórias*, discutindo a construção de identidade nacional em José Vasconcelos, onde continuaremos a analisar o papel exercido pela Espanha nos elementos que ele considerava como "genuinamente nacionais".

---

88 As décadas de 1920 e 1930 deram evidência a intelectuais que exaltaram a mestiçagem. Além dos citados, ligados à história mexicana, destacamos também Gilberto Freyre, no Brasil; José de la Riva Agüero, no Peru e Nicolás Palacios no Chile, entre outros.

Capítulo 3

A construção de identidade nacional nas *Memórias* de José Vasconcelos

Ao longo de seus relatos memorialísticos, Vasconcelos associou elementos de sua história pessoal com os da história nacional mexicana. Nossa análise contemplará a construção de identidade nacional mexicana que o memorialista elaborou em seus escritos, buscando responder algumas questões: Quais as suas referências sobre "o nacional"? Que motivos definiram sua escolha? Quem compõe o "panteão" dos heróis nacionais? Qual a sua visão sobre o passado recente, com as transformações políticas, sociais e culturais? Dedicaremos particular atenção à leitura que o memorialista fez sobre a mestiçagem na configuração da identidade nacional mexicana.

Ao identificar os elementos "nacionais", Vasconcelos também indica aqueles que representavam a "ameaça" aos valores "nacionais". Analisamos os argumentos e as estratégias do memorialista para construir e justificar a sua tese.

Analisamos os argumentos e as estratégias do memorialista para construir e justificar a sua tese observando o seu olhar com relação às mudanças em marcha no México, resultantes do processo revolucionário. Convém ressaltar que os acontecimentos ligados à Revolução trouxeram mudanças que evidenciavam uma sociedade plural, com expectativas e projetos distintos e que trouxeram inquietações, reações e resistências. O processo revolucionário deu visibilidade aos setores populares no campo e na cidade, e com isso, a consciência de que, a partir dali, os governantes necessitariam de fazer concessões, atendendo, também, às demandas dos mesmos, visando a integração da nação e a continuidade de um programa modernizante, nos moldes capitalistas de produção. Dentro desse cenário interno, acrescentamos o fato de que a influência dos Estados Unidos na política, economia e na cultura mexicana ficava cada vez mais evidente.

Nesse contexto de mudanças e definições, na busca por encontrar as caracterizações da identidade nacional, uma série de debates e enfrentamentos políticos e ideológicos agitaram o cenário intelectual e político do México. Por um lado, argumentos conservadores que defendiam a manutenção da tradição e, por outro, a defesa de que o México deveria renunciar ao que havia sido para adentrar outro momento histórico.[1]

As *Memórias* são ricas para análise devido ao fato de que o autor vivenciou essas notórias transformações na história mexicana e posicionou-se sobre boa parte delas.[2]

O momento histórico da definição da identidade mexicana: os heróis fundadores e os elementos formadores da nação

O título dado ao primeiro volume do conjunto memorialístico de Vasconcelos, *Ulises criollo*, antecipa parte do conteúdo e dos valores

---

1 ZEA, Leopoldo. *Op. cit.*

2 Lembremos que Vasconcelos viveu, acompanhou (mesmo no exílio) e escreveu sobre alguns dos momentos mais marcantes da história mexicana: parte do desenvolvimentismo porfirista e também o seu fim; a Revolução, as ações e a morte de alguns dos principais nomes do movimento revolucionário, o início da institucionalização do país, na década de 1920; o florescimento do Movimento Muralista, sob sua égide, e o surgimento do Partido Nacional Revolucionário mexicano, mais tarde, Partido Revolucionário Institucional.

presentes na sua construção da identidade nacional mexicana. O autor se propõe a narrar as desventuras do "Ulisses Americano", ou *criollo*, e consegue, não de forma organizada cronologicamente, mas em forma de lampejos, construir a sua versão sobre o caminho que o México percorrera até chegar ao momento em que se encontrava.

De acordo com Roberto Blancarte, na busca pela apropriação de valores e símbolos nacionais, "desde a Independência, todos os grupos sociais buscam identificar-se com uma pretendida identidade ou essência nacional, seja resgatando uma suposta tradição, seja constituindo uma nova."[3]

De uma forma ampla, Vasconcelos afirmava que o maior feito da Espanha teria sido o fato de ela ter legado à América Hispânica e, no caso que nos interessa, ao México, a extensão da "cultura latina". Tratando-se de um conceito vago e ambíguo,[4] o memorialista afirmava que os elementos considerados identitários da nação mexicana eram a língua espanhola e a religião católica. Construiu sua narrativa colocando, constantemente, passado e presente frente a frente, conferindo permanente superioridade ao período colonial, momento em que o México esteve sobre domínio hispânico: as melhores realizações, os

---

3   BLANCARTE, Roberto. *Op. cit.*, p. 17.
4   Diante da dificuldade própria de se definir o que seria o conceito de "civilização latina", Vasconcelos incluiu elementos culturais ligados à língua e a alimentação típica da região Mediterrânea, mas aferrou-se, principalmente à religião católica. Ao chamar atenção para o quanto este conceito é vago e ambíguo, Ruggiero Romano, apesar da nacionalidade italiana, afirma que nunca soube bem o que seria "latinidade". Afirma que, se fosse considerar a língua, pensaria em Itália, Portugal França, Espanha, Romênia. O autor questiona sobre quais outros entrariam no leque da "latinidade": países da América Latina? Os colonizados na África, pela França? Segundo esse autor, o conceito leva apenas a uma alteridade "lá" e "aqui". Apegando-se ao que escreveu Michel Chevalier sobre o tema, conclui que, no fim das contas, acredita que "latinidade" terminou, de fato, por representar *catolicidade*. Cf: ROMANO, Ruggiero. "Algunas consideraciones alredor de nación, Estado y América Centro-Meridional". In: BLANCARTE, Roberto. *Op. cit.*, p. 36-37.

governantes mais aptos e, especialmente, a fase em que os elementos essenciais da identidade nacional mexicana haviam sido definidos.[5] Num de seus discursos proferidos em 1932, Vasconcelos falou sobre uma imaginada homogeneidade cultural que Espanha havia conferido à América Latina, no momento da colonização, ao disseminar, "desde o Colorado até a Patagônia, os fatores de unidade e coesão: um Deus, uma cultura e uma língua. Naquele momento, defendeu a necessidade de os mexicanos reconhecerem suas origens hispânicas e a contribuição da Espanha na definição da identidade nacional.[6] Sabemos que os critérios escolhidos por Vasconcelos, especialmente a estreita relação estabelecida entre religião e identidade nacional, sustentam-se em bases nada sólidas. Tratando sobre os processos de construção de identidades nacionais, Eric Hobsbawm afirma que outros países, como o México, enfrentaram imensas dificuldades ao buscar estabelecer critérios "objetivos" para essa "autêntica nacionalidade". Em *Nações e Nacionalismos*, este historiador afirma que "critérios como língua, território comum, história comum, traços culturais ou população "homogênea", apesar de servirem como propósitos propagandísticos e programáticos, sempre falharam e foram bastante problemáticos. Um dos grandes problemas na construção da identidade de uma nação, utilizando critérios tão específicos, é que, ao eleger, por exemplo, uma crença ou um idioma num país com tanta diversidade nesses aspectos, escamoteiam-se inúmeras diferenças existentes.

Vasconcelos propôs uma revisão das interpretações correntes sobre a história nacional mexicana, escritas desde a Independência. Pretendia dar o lugar merecido aos "heróis injustiçados", que, sob seu

---

5 HOBSBAWM, Eric J. *Nações e nacionalismos: programa, mito e realidade.* Rio de Janeiro: Paz e Terra, 1990, p. 15.
6 Cf. VASCONCELOS, José. *Discursos. Op. cit.*, p. 158.

ponto de vista, teriam se esforçado para criar uma cultura e trabalharem em prol da unidade e coesão nacional.⁷ Sendo assim, foi buscar suas referências de "heróis" fundadores da nacionalidade no passado colonial. Entre eles, destacava-se a figura de Hernán Cortés.

Segundo Vasconcelos, a chegada de Cortés e dos missionários foi um acontecimento extraordinário. Argumentou que a colonização representava o início de uma obra colossal civilizadora ainda não superada,⁸ já que a Espanha, naquele período, congregava "os melhores homens, os maiores feitos, os maiores ideais". Não ignoremos que a valorização desses personagens por parte de Vasconcelos devia-se ao fato de que eles tinham trazido as sementes das quais nasceram os mexicanos. Cortés, por exemplo, foi chamado por Vasconcelos de "porta-bandeira do Deus cristão e, de certo modo, reivindicador de Quetzalcoatl *versus* Huitzilopochtli".⁹ Imputou a Hernán Cortés o título de "fundador da nacionalidade".¹⁰

---

7   Em 1924, Vasconcelos publica *Los ultimos 50 años*. Ali, o autor já propunha uma revisão da história nacional, tentando trazer à cena heróis nacionais "esquecidos" pela nação. Em 1938 publica *Breve História do México*, ampliando suas ideias e se afirmando como um "ideólogo de direita."

8   VASCONCELOS, José. *Memorias II. El desastre. Op. cit.*, p. 76 e 123.

9   VASCONCELOS, José. *Memorias II. El desastre. Op. cit.*, p. 725.

10 Consciente de que sua afirmação enfrentaria controvérsias, antecipou-se na defesa do colonizador: *Apontaremos seus crimes sem perdoá-los e ainda depois o chamaremos grande. Grande porque de reinos em disputas fez uma nação imensa. Grande porque fundou povos pelo norte e pelo sul, pelo ocidente e pelo oriente e por todos os confins de um vasto Império. Grande, porque pôs ao mar barcos para consumar a empresa surpreendente de descobrir e colonizar as duas Califórnias. Construtor, grande construtor. Que homem de nossa época possuiu seu impulso? Quem fez mais para a integração do que é hoje o México?* VASCONCELOS, José. "Discurso pronunciado el Dia del Maestro" (1924). In: *Discursos (1920-1950). Op. cit.*, p. 109. Nos discursos proferidos na década de 1920, Vasconcelos já enaltecia a figura de Cortés. Em 1941, ratificou seus posicionamentos em forma de livro, publicando *Hernán Cortés, creador de la nacionalidad*. Na busca por aumentar o grau de importância de Cortés na história nacional e diminuir o de Cuauhtémoc, Vasconcelos afirma que o "mito de Cuauhtémoc" fora criado por historiadores norte-americanos para apagar a marca da colonização espanhola, fazendo com que os mexicanos vissem o colonizador como um "estranho". Completou a argumentação dizendo que a figura de Cortés cobria a pátria do mexicano desde Sonora até

É importante registrar que, em seus posicionamentos, o memorialista não ignorou Cuauhtémoc, figura indígena preeminente na história nacional mexicana e maior símbolo da resistência indígena aos espanhóis no México. Entretanto, se na década de 1920 já havia feito ressalvas às interpretações sobre o líder indígena, nas *Memórias*, foi ainda mais enfático com relação à questão da sua "resistência".

Abriremos um parêntese para tratar brevemente do que escreveu sobre Cuauhtémoc, no texto sobre sua viagem ao Brasil. Em setembro de 1922, por ocasião nas comemorações do centenário de nossa independência,[11] Vasconcelos veio ao Brasil como principal representante da delegação mexicana. Cumpria uma missão importante, que era a de apresentar ao continente a mensagem de que a Revolução superara a fase violenta e entrara num momento "civilizador". Vasconcelos designou e liderou uma equipe de diplomatas profissionais, pintores e poetas que o acompanhou.[12] Referindo-se àquele momento nos seus

---

Yucatán e – provocando - também nos territórios "ganhos por Cortés e perdidos após a independência", enquanto a figura de Cuauhtémoc teria ficado restrita aos otomíes da chapada de Anáhuac. Segundo ele, "sem nenhuma relação com o resto do país." Cf. VASCONCELOS, José. *Breve historia de Mexico*. México, Companhia Editorial Continental, 1937, *Op. cit.*, p. 95.

11 Sobre a visita de Vasconcelos ao Brasil, Ver TENÓRIO, Mauricio. "Um Cuauhtémoc carioca: comemorando o Centenário da Independência do Brasil e a raça cósmica". *Estudos Históricos*. Rio de Janeiro, vol. 7, n. 14, 1994, p. 123-148.

12 Após passar pelo Brasil, Uruguai, Argentina e Chile, Vasconcelos concluiu sua missão diplomática fazendo uma conferência em Washington. No ano de 1922, o governo de Álvaro Obregón ainda buscava o reconhecimento por parte daquele país. No artigo, Maurício Tenório lembra que, com o assassinato de Carranza, os generais Obregón e Calles haviam conseguido vitórias políticas e militares sobre os numerosos grupos revolucionários, mas o México ainda carregava as marcas de anos de violência e de imprevisibilidade política e, em 1922, nada parecia indicar uma mudança de cenário. Segundo Tenório, à frente da presidência, Obregón havia conseguido certo nível de centralização econômica e política entre as facções revolucionárias. Por meio da política externa, buscava o reconhecimento do novo regime por parte dos Estados Unidos e a recuperação da reputação financeira internacional do México. "Buscava negociar, não apenas armas, dinheiro e palavras, mas as próprias noções de nacionalismo, cultura nacional e educação apresentavam fronteiras fluidas". TENÓRIO, Mauricio. *Op., cit.*, p. 127 e 130.

relatos memorialísticos, afirmou com orgulho que aquela havia sido a "primeira vez que o México mandava ao estrangeiro, não só soldados, mas também conferencistas e artistas, livros e obras de arte".[13]

Na ocasião da visita, presenteou o governo brasileiro com uma estátua de Cuauhtémoc, o líder asteca, para pôr na rua. No discurso proferido na época, não deixou de enaltecer a figura do "civilizador" Cortés como o "maior de todos os conquistadores, que vencia com a espada e convencia pela palavra". Apesar de não ter omitido o fato de Cuauhtémoc ter resistido à presença dos colonizadores espanhóis, Vasconcelos deu nova interpretação à atitude do herói indígena, passando por alto a resistência aos colonizadores e enfatizando o fato de Cuauhtémoc não ter "traído seus valores". Após louvar Cuauhtémoc como símbolo de uma "luta eterna e sagrada do débil que possui justiça contra o forte que a substitui por suas conveniências", ressaltou que, em seu "culto a Cuauhtémoc", o México não pretendia fechar as portas ao progresso e muito menos voltar à "idade da pedra dos astecas". Fez questão de ressaltar que a menção ao personagem deveria ser entendida por todos os latino-americanos, não como uma apologia ao "atraso indígena", mas como um símbolo da "rebeldia do coração" e referência de busca por originalidade e repúdio à vassalagem espiritual.[14]

Posteriormente, comentou em suas *Memórias* essa viagem ao Brasil. Em tom jocoso, chamou a estátua presenteada aos brasileiros de

---

13 VASCONCELOS, José. *Memórias II. El desastre, El proconsulado. Op. cit.*, p. 133. Entre alguns nomes que viajaram com Vasconcelos na época, destacamos Pedro Henríquez Ureña, Julio Torri, o poeta Carlos Pellicer e os pintores Roberto Montenegro e Gabriel Fernández Ledesma. Cf. TENÓRIO, Maurício. *Op. cit.*, p. 130.

14 Cf. VASCONCELOS, José. "En el ofrecimiento que Mexico hace al Brasil de una estatua de Cuauhtémoc". In: *Discursos. Op. cit.*, p. 92-97. Foi nessa viagem diplomática por alguns países da América do Sul que Vasconcelos encontrou elementos de inspiração para desenvolver suas ideias sobre a "raça cósmica".

"presente inoportuno", visto que, segundo ele, a figura de um indígena não tinha significado para os brasileiros, pela "pequena presença de indígenas".[15] Justificou-se, afirmando que não havia participado da escolha do presente e que, na ocasião, não conhecendo direito a história do índio, teria criado um Cuauhtémoc um "pouco fantástico":[16]

> Confesso que minhas ideias não andavam muito claras a respeito, nem tinha eu de Cuauhtémoc outra lembrança, além do texto que aquelas peregrinações, que na Capital organizava um pastor da América do Norte, o padre Hunt, lá pelos dias que eu era um preparatoriano (...). Fica, pois, em meu discurso, ainda o que eu disse de Cuauhtémoc e do *poisenttismo,* no meu livro de "História do México", onde aponto o perigo de um indigenismo que não se propõe a consolidar a obra da Espanha dentro da qual o índio conquistou uma pátria e, sim, a destruir, insultar a obra da Espanha, a fim de que fique outra vez à mercê de ideologias novas e estranhas que são antecedentes de uma nova e mais perigosa conquista.[17]

Por defender de forma incondicional e permanente a preponderância do papel da Espanha no continente americano, não fica difícil supor que Vasconcelos também sustentava argumentos em prol da atuação dos primeiros colonizadores. Buscando justificar a ação dos espanhóis e demarcar a "superioridade" dos mesmos no processo de colonização, em relação à colonização inglesa no continente americano, o autobiógrafo

---

15 VASCONCELOS, José. *Memórias II. El Desastre, El proconsulado. Op. cit.*, p. 131.

16 Descrevendo os comentários feitos pelos que participaram do evento e que lhe fizeram observar a "inconsequência", respondeu: "Não faço história; tento criar um mito". Cf. *Ibidem*, p. 132.

17 *Ibidem*, p. 132.

afirmou, por exemplo, que sem os missionários católicos os índios do continente teriam sido confinados em reservas – o que representaria a morte pelo isolamento e extermínio – como foi "em determinadas colônias europeias".[18] Segundo ele, no melhor dos casos, o índio estaria isolado. Porém não "teria pátria, não teria personalidade, não seria como é hoje: aliado e, às vezes, co-autor de uma grande cultura".[19]

De forma apaixonada, respondeu àqueles que questionavam e desprestigiavam a obra dos primeiros colonizadores ou apontavam os missionários como agentes de destruição da cultura das populações indígenas que habitavam a América:

> Os missionários foram acusados de destruir os monumentos da arte indígena e de extirparem as tradições, as crenças de um povo vencido. Se algo destruíram, foi a milícia ignorante e o fanatismo estreito. Tudo o que poderia ser salvo, os missionários salvaram. E os estudos que eles empreenderam das civilizações locais, são ainda o fundamento de quanto se afirma nessas questões. Além do mais, não passa de um mito esta suposta destruição violenta de uma cultura. Um conquistador que não traz mais que violência, ao ficar no povo submetido sofre seu influxo e é absorvido; mas, para isso, necessita-se de que o povo submetido possua cultura (...). Em nosso continente, a conquista material foi acompanhada da destruição da ideologia indígena, mas essa ideologia destruída foi substituída, e não creio que ninguém negue a sério, que se substituiu com vantagem.[20]

---

18 Ibidem, p. 145.
19 Ibidem, p. 145.
20 VASCONCELOS, José. Indología. Op. cit., p. 114. Em El Desastre, recupera a ideia. Cf. Memórias II. El Desastre, El proconsulado. Op. cit., p. 106-108.

Além do idioma espanhol, segundo ele, uma "das línguas mais ilustres do mundo", o outro elemento cultural, a religião católica, foi disseminada pelos primeiros povoadores, no México e por toda a América Latina, dando coesão aos povos. Quando relacionava religião e nacionalismo, Vasconcelos dava aos seus argumentos matizes antimperialista, afirmando que o catolicismo tinha o "poder de levantar muralha impenetrável" contra a cultura alheia.[21] Ainda, segundo o autor, "(...) a destruição do catolicismo tira à nossa raça o mais vigoroso aglutinante e a deixa à mercê de toda a conquista espiritual que é o antecedente da dominação política e econômica de todo o território".[22]

Em sua concepção, o marco do "desastre" da nação mexicana foi a Independência do México em relação à Espanha, evidenciada através da desintegração territorial, perda dos valores identitários e volta à "barbárie asteca".

Gostaríamos de esclarecer que pode-se ter a impressão de que Vasconcelos tenha se colocado abertamente contra a independência política do México em relação à Espanha. Isto não se confirma.[23] Além de aspectos mais pontuais, a grande crítica presente em seus escritos faz menção ao fato de que, após a independência política do México, ao deixar de ser colônia da Espanha, havia passado por um processo

---

21 Numa tentativa de conferir uma suposta "humanidade" como característica do catolicismo em relação ao protestantismo, Vasconcelos afirmou: "plasma as almas, imunizando os espíritos contra a varicela do protestantismo, pois este, uma vez terminado seu papel histórico, como campeão do livre arbítrio, por exagero individualista, produz o sistema capitalista contemporâneo". Cf. VASCONCELOS, José. *Memórias II. El desastre, El proconsulado. Op. cit.,* p. 748.

22 Cf. VASCONCELOS, José. *Memórias II. El desastre, El proconsulado. Op. cit.,* p. 585. Sobre a situação da irmã de Vasconcelos, Cf. SKIRIUS, John. *José Vasconcelos y la cruzada de 1929. Op. cit.,* p. 47.

23 Um de seus maiores heróis nacionais foi Lucas Alamán, que, como outros conservadores, acreditava numa restauração católica-monárquica. Cf. DONGHI, Tulio Halperin. *História da América Latina.* Tradução de Carlos Nelson Coutinho. Rio de Janeiro: Paz e Terra, 1975, p. 141.

de colonização espiritual por parte dos Estados Unidos, afastando-se, então, de valores culturais "superiores".

O tema da "emancipação mental" era um dos "pomos da discórdia", visto que, desde o início das independências políticas, o argumento discutido pelos principais ideólogos, tanto mexicanos quanto latino-americanos, girava em torno desse tema: O que fazer com a herança ibérica? Permanência, afirmação, prolongação ou renúncia relativa ou absoluta de seu passado?[24] Dialogando com os interlocutores "reformistas", que defendiam a necessidade de urgente emancipação mental do espírito herdado pela Espanha para se chegar ao progresso,[25] Vasconcelos preferiu os caminhos sugeridos por Rodó, Reyes, Antonio Caso e Ureña, entre outros, que defendiam – pelo menos no que se refere à cultura – uma continuidade com relação à Espanha.

Procurando ressaltar as "perdas" que o México havia tido após a independência, Vasconcelos apresentou dois elementos, em especial, que segundo ele, vinham ganhando cada vez mais espaço na sociedade mexica, contribuindo assim para a descaracterização da identidade nacional. Essa tese foi apresentada no prefácio de *Ulises Criollo*, quando justificou o título desse primeiro tomo das *Memórias*:

> O nome dado à obra inteira se explica por seu conteúdo. Um destino cometa que, de repente, resplandece e logo se apaga em longos trechos de sombra, o ambiente turvo do México atual justifica a analogia com a clássica Odisséia. Por sua

---

24 Ver ZEA, Leopoldo. *Op. cit.*

25 Entre os reformistas hispano-americanos que defendiam, além do rompimento político, a emancipação mental, entendida como o afastamento de certas tradições, Leopoldo Zea elenca José Maria Luis Mora, no México; Esteban Echeverría, Domingo F. Sarmiento na Argentina; no Chile, Francisco Bilbao e Andrés Bello, na Venezuela. Entre os valores defendidos, queriam a abolição de privilégios e educação pública para as classes populares.

> vez, o adjetivo *criollo*, o escolhi como símbolo de um ideal vencido em nossa pátria, desde os dias de Poinsett,[26] quando traímos Alamán,[27] colocado de lado para favorecer a um Morrow. O *criollismo*, ou seja, a cultura de tipo hispânica, em favor de sua luta desigual contra um indigenismo falsificado e um *saxonismo* que se disfarça com uma coloração de civilização mais deficiente que conhece a história. Tais são os elementos que têm travado combate na alma deste "Ulises *Criollo*", o mesmo que em cada um de seus compatriotas.[28]

Há algumas questões que merecem ser analisadas com especial atenção nesse trecho do prefácio de *Ulises Criollo*. Ali, Vasconcelos reafirmou seu posicionamento sobre as consequências do rompimento dos laços com a Espanha. Segundo ele, a partir dali, teria iniciado uma "luta desigual", tendo, de um lado, a cultura hispânica e de outro, os dois inimigos: um "indigenismo falsificado" e a civilização anglo-saxã, que, aos seus olhos, representava apenas um "verniz" de civilização. O "desastre nacional" era interpretado como resultado do protagonismo destes dois elementos nocivos na história do México.

Antes, porém, de analisarmos a visão de Vasconcelos sobre esses temas, sucintamente gostaríamos de tratar sobre sua interpretação sobre a "cultura *criolla*", produto da colonização espanhola e que continuava a vicejar em certas regiões do país. De acordo com a leitura das fontes, é possível afirmar que o memorialista incluía uma série de

---

26 Joel Roberts Poinsett foi o primeiro embaixador dos Estados Unidos no México, após a independência do México.

27 Lucas Alamán foi uma das figuras mais eminentes do México do grupo dos conservadores. Entre os anos de 1823 e 1853, ocupou o cargo de Ministro das Relações Exteriores por três vezes.

28 VASCONCELOS, José. *Ulises Criollo. Op. cit.*

elementos, que iam do tipo físico à forma de praticar a cultura. Nos escritos da década de 1930, Vasconcelos fez curtas citações idílicas sobre o modo de vida *criollo*. Sua ênfase foi muito mais no que os anos sucessivos de guerras e ações políticas haviam destruído daquele antigo esplendor. Em *La Flama*, porém, após prefaciar a obra, afirmando que ela trataria da prolongada "Tragédia" em que vivia o povo mexicano, passou a apresentar os acontecimentos do drama, descrevendo o cenário, os personagens e o modo de viver daqueles que seriam as "vítimas" dos acontecimentos posteriores. Escreveu:

> A população civilizada cultivou, construiu e hoje vive em pequenas cidades, orgulhosas de sua arquitetura colonial espanhola e seus costumes católicos. Comunica-se há algum tempo por uma estrada que vai de León a Guadalajara, passando por Lagos, Japoxtitlán e Tepatitlán (...). Penetrando por Lagos e até Tepatitlán, se observa uma população predominantemente branca, inteligente e afável.[29]

Após fazer referência a algumas regiões do México, onde havia prevalecido o tipo *criollo*, descreveu o modo de ser e de viver do mesmo:

> As portas e janelas das casas estão protegidas com grades de ferro, como o antigo costume, mas abertas quase todo ano, graças ao clima benigno. Por isso é que se torna fácil notar, pelos interiores, alguma silhueta feminina de doce olhar e enérgica distinção. Negras as pestanas e pálida a pele,

---

29 VASCONCELOS, José. *La Flama. Op. cit.*, p. 20-21. Esses elementos também aparecem nos escritos da década de 1930, porém de forma mais fragmentada e mais concentrada em afirmar o que estava destruído. Nas páginas iniciais de *La Flama*, definido pelo autor como "um drama sobre a nação", Vasconcelos recria literariamente o mundo *criollo*, como se estivesse descrevendo o cenário inicial de uma tragédia grega.

como algo do tipo racial da Extremadura ou da Andaluzia. Quem conhece a história recente não deixa de pensar, ao olhá-las, que são mães ou irmãs de heróis autênticos.[30]

Nos parágrafos seguintes, Vasconcelos utilizou-se de uma série de adjetivos para descrever os modos refinados na linguagem moderada e exata, na forma simples e elegante de vestir, no trato hospitaleiro e franco e na forma de habitar daquela população branca. Ainda sobre essas regiões de núcleo colonial espanhol, escreveu:

> Nas ruas centrais, abrem suas portas às bancas de comidas, junto com implementos agrícolas, ferramentas, chapéus de feltros e de penas, *rebozos*[31] e sapatos, mantas e telas de cores vivas para as damas. Nas estantes, brilham garrafas de vinhos e licores. Contra os muros se amontoam montes de grãos; Em vidros sobre o balcão, há conservas, queijos e *piloncillo*.[32] Há sempre, no lugar, uma farmácia bonita e sortida (...). Cada povoado tem a sua praça (...). Ao fundo, enchendo de toda a sua magnitude, a festa arquitetônica da igreja, com seus campanários, suas cúpulas e suas fachadas barrocas, que são causa de alegrias.[33]

Dito isso, voltaremos a apresentar o que Vasconcelos apresentou como as "perdas" que o México tivera após o rompimento com a Espanha e também sobre os principais descaracterizadores da cultura

---

30 *Ibidem*, p. 21.
31 Equivalente a xale ou mantilha.
32 *Piloncillo* é o nome que se dá no México para açúcar sólido de cana, não refinado. Na cozinha mexicana, tem muito uso, sobretudo para preparar a famosa "abóbora no tacho", servida no dia de finados.
33 VASCONCELOS, José. *La Flama. Op. cit.*, p. 21.

criolla. Primeiramente, o autobiógrafo afirmou que o estado de decadência se acentuava a cada dia pelo fato de que "falsos patriotas" vinham fazendo constantes alianças que favoreciam o vizinho forte do norte, trazendo prejuízos à nação. Em sua prédica anti-imperialista, propôs a releitura em relação a Alamán, atrelando a sua imagem ao *criollismo*,[34] ou à cultura de "tipo hispânica" e apresentando-o como um "herói injustiçado". Segundo ele, o ex-embaixador soubera defender interesses considerados "nossos" – tanto mexicanos como latino-americanos.[35] Em sua revisão dos heróis, conferiu a Alamán uma posição superior até mesmo a Bolívar, indicando que o primeiro havia avançado ao demonstrar que acreditava "na raça, no idioma e na comunidade

---

34 Em *Bolivarismo e Monroísmo*, Vasconcelos chama de "bolivarismo" ao ideal hispano-americano de criar uma federação com todos os povos de cultura espanhola, que deveria se opor ao "monroísmo", que representava o ideal anglo-saxão de incorporar as vinte nações ao império nórdico mediante a política do pan-americanismo. Vasconcelos preservou a imagem de Bolívar nos escritos posteriores à década de 1920. Entretanto afirmou que as ideias de Bolívar ainda não estavam "muito claras" quando propôs a criação de um organismo interamericano. Segundo ele, "a ideia de raça não pesava em uma época em que a intromissão do inglês havia substituído a influência do parente espanhol. A comunidade do idioma não despertava entusiasmo, acaso porque não se via a ameaça. Não era ainda o inglês idioma mundial de conquista. E, por último, o problema religioso ainda não surgira, porque todas as constituições dos países novos haviam garantido seus privilégios à Católica". VASCONCELOS, José. *Bolivarismo y Monroísmo*. In: VASCONCELOS, José. *José Vasconcelos. Série antalogias del pensamiento político, social e económico de América Latina* (Edición de Maria Justina Sarabia Viejo; Prólogo de António Lago Carballo). Madrid: Instituto de Cooperación Iberoamericana; Ediciones de Cultura Hispánica, 1989, p. 71 e 73.

35 Alamán tornou-se figura reverenciada por setores mais conservadores do México, especialmente Jose Vasconcelos. Os argumentos eram de que o ex Ministro havia enfrentado interesses dos Estados Unidos, ao defender a união de países latino-americanos e mostrar-se contra tentativas de formação de tratados de limites e de comércio entre Estados Unidos e México. Após tentativas de acordos, Alamán perdeu força política e renunciou, em 26/09/1825. Disponível em: <http://www.memoriapoliticademexico.org/Efemerides/8/25081829.html>. Acesso em: -jan. 2015.

religiosa", elementos que eram definidores da cultura nacional mexicana e ibero-americana.[36]

Refletindo sobre o México pós-revolucionário, Vasconcelos deixa muito claro que o aspecto que mais lhe tocava, era, sem dúvida, as leis anticlericais, assinadas pelos governantes, desde o período da Reforma Liberal, no século XIX. A constituição de 1917 ratificou disposições anticlericais da Constituição de 1857. Especialmente os artigos 3, 25, 27 e 130, trouxeram conflitos entre o governo e hierarquia da Igreja católica que consideravam os artigos lesivos à Igreja e aos fiéis. Os temas dos artigos referiam-se às restrições de direitos à propriedade das organizações religiosas, educação laica e à prática de cultos públicos fora da igreja. Uma verdadeira guerra de braço foi travada entre as duas partes.

Em 1915, Obregón expulsou um grupo de padres espanhóis da Cidade do México, acusando vários deles de estarem contaminados por doenças venéreas. Em resposta, foi criada a militante Associação Católica de Jovens Mexicanos, que organizou uma série de boicotes e manifestações. Em 1926, durante o seu governo, Calles ordenou o fechamento de conventos e igrejas, expulsou duzentos sacerdotes estrangeiros, reduziu a permissão para o número de sacerdotes em alguns Estados da República. Além disso, o bispo de Huejutla foi preso, julgado e condenado por emitir opiniões contra as leis do país. Naquele mesmo ano, eclodiu a guerra *Cristera*.[37]

---

36 Vasconcelos afirmava que a solução para a nação seria a construção de um "nacionalismo renovado e defensivo", que acabasse com o dualismo "liberal-conservador". Segundo ele, obra de "intenções inimigas e estranhas" e que tanto tinha prejudicado aos nacionais. Sugeria que os mexicanos deveriam adotar um "Liberalismo *criollo*", que não ferisse os valores nacionais, garantindo liberdade de culto como solução fraternal para os conflitos religiosos. VASCONCELOS, José. *Bolivarismo y Monroísmo. Op. cit.*, p. 78.

37 Cf. AGUILAR CAMÍN, Hector; MEYER, Lorenzo. *Op. cit.*, p.113-116.

Ao estabelecer essa relação complicada entre nacionalismo e catolicismo, Vasconcelos apresentou o presidente Plutarco Elias Calles (1924-1928) como um dos maiores traidores da Nação por ter colocado em prática, durante seu governo, diversas medidas anticlericais. Vasconcelos alimentava um ressentimento particular em relação àquele presidente. Sua irmã Carmem, que era freira, teve que se refugiar na Espanha, quando Plutarco Elias Calles ordenou que fosse fechado o convento onde a mesma vivia. Em referências constantes, Calles foi descrito pelo memorialista como um "pseudo-revolucionário", que estaria levando o México a aproximar-se de um "pseudo-socialismo", por meio de uma reforma agrária que prejudicava os "nacionais" e perseguia a "Igreja nacional", deixando incólumes os estrangeiros. Segundo ele, os governantes, especialmente Calles, estariam entregando a "alma da nação" ao estrangeiro e contribuindo para dissolver os elementos identitários do país ao defender o Estado laico e tirar da Igreja Católica a administração das escolas. Seu argumento era que o "genuinamente nacional" era perseguido, enquanto o "outro" era favorecido com medidas governamentais que davam liberdade de atuação para o "protestantismo ianque" e o "ateísmo socialista". No enredo da "tragédia nacional", afirmou acreditar que, além do rompimento dos laços com a Espanha após a Independência, a morte de Madero teria sido outra grande desgraça. Salvo aquele governante, Vasconcelos afirmava não ter apreço por nenhum outro que o havia sucedido. Segundo sua argumentação, Madero se diferenciava dos "velhos liberais" porque:

> (...) Pela primeira vez na história do México, havia dado à República um programa de acordo com suas necessidades e com a índole nacional, inclusive no religioso. Madero queria a reforma das leis da Reforma para deixar à Igreja católica,

que é mexicana, em condições de igualdade com as igrejas protestantes, que são estrangeiras.[38]

Reproduzindo princípios comuns do pensamento conservador, Vasconcelos ressaltou, em inúmeras páginas, a tristeza pelo rompimento do vínculo e ausência de reconhecimento das "raízes hispânicas" por parte dos mexicanos.

Segundo ele, as medidas anticlericalistas eram um "instrumento nefasto", utilizado pelo único inimigo, o ianque. Juntos, contrariavam os interesses da "Igreja Nacional", que há cinquenta anos já não oferecia perigo algum, e perseguiam os "nacionais", aos quais só restava partir para o exílio.[39]

Em *La Flama*, reafirmou o que já havia registrado nos tomos anteriores:

> Leal aos seus costumes castiços, a gente dos Altos[40] chegou até o *callismo* como uma reserva nacional étnica e política de melhor qualidade. Em destruir aquele tesouro humano, se empenhou o Governo, que, a sangue e fogo, com Calles à cabeça, desenraizava o catolicismo, segundo as exigências de um jacobinismo que parecia tresnoitado, mas resultou terrivelmente cruel.[41]

Numa de suas frequentes ambiguidades em relação aos Estados Unidos, utilizou-os como modelo de atitude correta, afirmando que o fato de não terem negado suas heranças culturais, no momento da

---

38 VASCONCELOS, José. *Memórias I. Ulisses Criollo, La tormenta. Op. cit.*, p. 541.

39 Sob um tom acusatório, Vasconcelos emitiu juízos, chamando os mexicanos de "raça diminuída, deformada pelos tontos da Reforma que aboliram Deus por decreto". Cf. VASCONCELOS, José. *Memórias II. El desastre, El proconsulado. Op. cit.*, p. 584.

40 Região de Jalisco.

41 VASCONCELOS, José. *La Flama. Op. cit.*, p. 20.

emancipação política, teria contribuído para que não se debilitassem. Pelo contrário, segundo ele, tal escolha os tornara ainda mais poderosos.[42] Torna-se importante registrar que o autor não dissociava os dois inimigos da "cultura *criolla*". Apresentou o indígena, personagem que "ressurgiu" na história nacional após os acontecimentos revolucionários, como um instrumento de manipulação por parte dos Estados Unidos, justificando, assim, o que entendia por "indigenismo falsificado". Insistiu na defesa sobre a reconsideração do papel dos grandes nomes da história nacional, apresentados como "heróis" pela história oficial, escrita após a independência. Deu a sua versão sobre os principais personagens que tinham origem ou o nome ligado às causas indígenas/camponesas, argumentando que as causas defendidas por essas personagens da história não eram próprias e, sim, estimuladas por uma influência externa, que tinha por objetivo uma nova "colonização" do México.

Assim como fez com Cuauhtémoc, quando afirmou que não passava de um "mito" criado por historiadores norte-americanos que visavam, em última instância, destruir a obra que a Espanha havia construído no México, fazendo com que os mexicanos vissem o colonizador como um "estranho", expandiu seus argumentos para definir outros dois nomes importantes que tinham origens indígenas: Benito Juárez e o líder camponês Emiliano Zapata.

---

42 Referiu-se aos norte-americanos como referência, inclusive para justificar a manutenção de privilégios ao catolicismo, apresentando as Universidades de Stanford e da Califórnia como modelos de instituições que não haviam abolido a religião do currículo, mantendo um Seminário Protestante em suas dependências.

Sobre Juárez, por exemplo, figura eminente da história nacional do México,[43] Vasconcelos referiu-se com ironias, afirmando que a história oficial, escrita após a Reforma Liberal e fortemente influenciada pelos interesses imperialistas anglo-saxões no México, havia criado o "mito de Juárez", colocando-o "como um salvador, mas que não fez outra coisa senão que entregar ao ianque a alma nacional".[44] Quanto a Zapata, personagem tão importante na luta pelas demandas camponesas/indígenas da história nacional mexicana, afirmou que, embora escritores mexicanos tentassem negar, historiadores norte-americanos teriam criado o mito de "Zapata *Land*", um reino semi-indígena, com a propriedade comunal da terra. A intenção, segundo ele, seria a destruição da influência hispânica, para melhor domínio do que, sem o espanhol, seria o México: "uma coleção de tribos incapazes de governo próprio".[45] Sobre Zapata escreveu: "Os escritores ianques foram todos parciais a Zapata. Sabiam que era um índio e sempre há neles a esperança de que o índio se volte contra a civilização espanhola no México, que tanto incomoda o imperialismo".[46]

---

43 Na década de 1920, Vasconcelos colocou Benito Juárez ao lado de Francisco Madero, apresentando-os como "homens puros e geniais", homens que haviam lutado contra injustiças agrárias, por meio das leis da Reforma e do Plano de San Luis. Cf. VASCONCELOS, José. *Indologia. Op. cit.*, p. 62.

44 Nos escritos, Vasconcelos afirma, inúmeras vezes, que a Independência do México teria sido fomentada artificialmente para prejudicar a coesão potencial do México e a perda de vínculos e espaços da Espanha. Cf. *Ulises criollo. Op. cit.*, p. 113 e 256. Os argentinos Sarmiento e Alberdi, referências para Vasconcelos na década de 1920, sofreram uma releitura por Vasconcelos nas *Memórias*. Assim como Benito Juárez, foram apresentados como "agentes gratuitos do sagaz imperialismo dos anglo-saxões". Cf. VASCONCELOS, José. *Memórias I. Ulisses Criollo, La tormenta*, p. 487; Idem. *La Flama. Op. cit.*, p. 20.

45 VASCONCELOS, José. *Memórias I. Ulisses Criollo, La tormenta. Op. cit.*, p. 531.

46 *Ibidem*, p. 531.

O "presente decrépito" e as memórias de infância

Vasconcelos construiu uma ponte entre o passado e o presente, fazendo frequentes referências ao período colonial, cristalizando a imagem de um "passado glorioso" e um "presente decrépito", que nos remetem à ideia da "perda". Associa-se uma visão de decadência ao observado ambiente de destruição: a arquitetura colonial destruída por anos seguidos de guerra, o remanescente de população *criolla*, prejudicado economicamente e culturalmente por perseguições políticas e religiosas veladas, "sob pretextos avançados".[47]

Fazendo referência às transformações observadas em seu estado natal, após a diminuição dos indivíduos brancos e a predominância do indígena e escreveu:

> Um dia, observando as casas antigas de nobres escudos e pátios de belas arcadas de pedra, em Oaxaca, notei a população branca escassa e os índios da serra próxima, invadindo ruas e calçadas, envoltos em suas mantas, silenciosos e impassíveis. Compreendi que todo o processo trágico da história do México está neste deslocamento, no esgotamento do sangue espanhol, conquistador e civilizador. Nos tempos da Reforma, Oaxaca continha, em sua capital, um núcleo de raça castelhana *criolla*, de qualidade que não podia ser melhor (...).[48]

Numa outra passagem, procurando apresentar a situação de decadência em que se encontravam os *criollos* no México, incluiu lembranças de um encontro com três velhinhas, amigas de sua mãe, durante sua passagem por um *pueblo*, também em Oaxaca, no período

---

47 VASCONCELOS, José. *Memórias II. El desastre, El proconsulado. Op. cit.*, p. 745.
48 *Ibidem*, p. 291.

da campanha presidencial de 1929. A imagem do estado de pobreza e abandono em que aquelas senhoras se encontravam foi apresentado como o símbolo nítido do estado de decadência daquilo que seria o "ocaso de toda uma estirpe". Segundo o memorialista, com o passar dos anos, o remanescente *criollo* foi vencido pelo "meio inclemente, absorvido por raças notoriamente inferiores, mas numerosas, e adaptáveis ao ambiente limitado. O presente era uma manifestação notória do drama da *derrota do branco* de raça espanhola, substituído gradualmente pelo mestiço, ameaçado pelo retorno do indígena (...)".[49]

Em *El desastre*, Vasconcelos nitidamente atribuiu superioridade às cidades de Guadalajara, Campeche e Veracruz, onde ainda havia prevalecido o elemento remanescente hispânico, o "tipo *criollo*":

> O tipo é alto e elegante, de origem Andaluz (...) numerosa população de raça branca prosperou pelo ocidente, desde os dias da Colônia, enquanto que o Bajío se deixou penetrar de sangue indígena.(...) Mas o clima destruiu lentamente o vigor da raça e os índios, os negros se mesclaram à seiva da Europa. Puebla é o tipo de mestiçagem: de habilidade sutil, mas dissimulado e fraco.[50]

Para desenvolver suas argumentações sobre as "ameaças" aos valores nacionais, e descrever o que entendia como "presente decrépito", Vasconcelos utilizou-se de descrições das suas memórias de infância. Narrou imagens sobre suas origens, família e os lugares onde passou os seus primeiros anos. As referências à Sásabe, pequeno povoado no deserto de Sonora, limite com o Arizona, direcionam o leitor a conhecer

---

49 *Ibidem*, p. 280.
50 *Ibidem*, p. 206.

algumas de suas preocupações pessoais, existentes, segundo ele, desde os seus primeiros anos de vida.

A intranquilidade vivida pela população fronteiriça, em razão da presença ameaçadora dos dois elementos, foram apresentados pelo memorialista como principais ameaças aos valores "nacionais": os indígenas e o "vizinho forte do Norte", os Estados Unidos. Ao descrever suas memórias de infância, o autobiógrafo assumiu, inicialmente, a impossibilidade de reconstituir aquilo que chamou de "memória objetiva", afirmando conseguir somente fazer girar o "rolo deteriorado", mas inesquecível, de sua "memória emocional": "Em vão trato de representar--me como era o *pueblo* de Sásabe primitivo. A memória objetiva nunca me foi fiel. Por outro lado, a memória emocional me revive facilmente. A emoção do deserto me envolvia".[51]

Essas lembranças mais distantes, mas também mais significativas para o memorialista, referiam-se, segundo ele, ao ano de "1885, talvez 1886". Nessa época, Vasconcelos tinha entre três e quatro anos, o que nos leva a inferir que essas primeiras reminiscências devam ser entendidas muito mais como resultado de uma "pós-memória",[52] ou seja, mais baseadas em comentários feitos por um de seus pais do que propriamente lembranças pessoais. Suas descrições mencionavam o medo sentido pela população branca que habitava a região, com a chegada repentina de grupos indígenas "bárbaros" e "ameaçadores", que apareciam fazendo assaltos, cometendo assassinatos, violando

---

51 VASCONCELOS, José. *Ulises criollo. Op. cit.*, p. 6-7.
52 Referimo-nos a um conceito desenvolvido por Marianne Hirsch. Essa autora chama de "pós-memória" o tipo de lembrança que traz consigo uma "dimensão afetiva, moral e, por que não dizer, identitária". Hirsch criou o termo para designar a memória da geração seguinte àquela que protagonizou os acontecimentos. Enfim, de acordo com Hirsch, "pós-memória" seria a "memória" dos filhos sobre a memória dos pais. Citado por SARLO, Beatriz. *Tempo passado: cultura da memória e guinada subjetiva*, p. 90 e 91.

mulheres e roubando crianças maiores para lhes servirem nas guerras.[53] Advertia sua mãe:

> Se vierem os apaches e te levarem consigo, tu nada temas. Vivas com eles e sirva-os. Aprendas sua língua e fala-lhes de Nosso Senhor Jesus Cristo, que morreu por nós, por eles e por todos os homens (...). Quando cresceres um pouco mais e aprenderes a reconhecer os caminhos, vá para o sul, chegues até o México, pergunte pelo teu avô. Chama-se Esteban... Esteban Calderón, de Oaxaca. (...) Conte-lhe como escapaste quando nos mataram... Agora, se não puderes escapar ou se passarem os anos e preferires ficar com os índios, podes fazê-lo; somente não te esqueças de que há um Deus pai e Jesus, seu único filho (...).[54]

A partir da advertência da mãe sobre o perigo de cair nas mãos daquela gente "cruel", elaborou a primeira representação de si, apontando para a "missão" à qual se sentia destinado a cumprir e que foi amplamente explorada ao longo dos demais volumes: como um missionário nos tempos modernos, a ele também caberia a tarefa de "dar a conhecer a doutrina entre os gentios, os selvagens: esta é a suprema missão".[55]

A segunda "ameaça" em suas recordações de infância, que provocava constantes tensões, era a presença rotineira das comissões norte-americanas de limites. Vasconcelos as descreveu como a chegada dos "invasores fortes" de uniformes azuis claros e com bandeiras de barras e estrelas. Referiu-se a um episódio especial que envolveu sua família e que sempre afetava outras mexicanas. Por estarem instalados em território

---

53 VASCONCELOS, José. *Ulises criollo. Op. cit.*, p. 5.
54 *Ibidem*, p. 8.
55 *Ibidem*, p. 8.

norte-americano – de acordo com o julgamento da comissão norte-americana de limites – como, "parte débil" os mexicanos não se viam em condições de resistir, sendo obrigados a praticar êxodos constantes. Essa imagem do vizinho do norte, "forte", "invasor" frente à fragilidade mexicana, foi explorada amplamente por Vasconcelos e sustentamos que não foi feita de forma ingênua. Vasconcelos sabia o quanto a imagem referida anteriormente tinha apelo entre os mexicanos, já que, de fato, a história nacional mexicana fora marcada, durante o século XIX e início do XX, por constantes guerras e tensões com os Estados Unidos.[56]

Ao buscar explorar essas questões, Vasconcelos descreveu seus primeiros anos escolares. Naquele momento, morando em Piedras Niegras, referiu-se ao período em que, por falta de escolas "aceitáveis" no lado mexicano, tinha que atravessar a fronteira para frequentar aulas na Escola de Eagle Pass, no Texas.

Além das dificuldades próprias do idioma, narrou a sensação de ver crescer seus primeiros conflitos raciais e patrióticos, ao se defrontar com a visão do norte-americano que olhava o mexicano como inferior. Segundo ele, suas "febres patrióticas" sentidas como "dor misturada à vergonha" eram comuns, especialmente durante as aulas de história do Texas, quando a professora apresentava a imagem do mapa antigo de Garcia Cubas, afirmando: *When* México *was the largest nation of the continent* e depois mostrava o mapa atual: *present* México.[57] Sua tristeza era constatar que o rechaço à Espanha levara o México a vivenciar um processo histórico inverso ao dos Estados Unidos: expansão norte-americana e declínio mexicano.

---

56   Basta lembrar que entre 1846 e 1848, o México esteve envolvido num grande conflito com os Estados Unidos, que representou um desastre para o México, tendo como resultado a morte de mais de 20 mil mexicanos e a perda de metade de seu território: Novo México, Califórnia, Texas e a Califórnia.

57   VASCONCELOS, José. *Ulises criollo. Op. cit.,* p. 46.

Não podemos perder de vista que as três primeiras décadas do século XX, momento de intensa atuação política e intelectual de José Vasconcelos, foram anos marcados por grandes transformações políticas, culturais e sociais no cenário mexicano. Segundo Beatriz Sarlo,[58] quando ocorrem grandes transformações numa determinada sociedade, afetando relações sociais e econômicas, além de perfis urbanos, a cultura elabora estratégias simbólicas e de representação que, convertidas em tópico, têm merecido o nome de "idade dourada", entendida como a configuração literária da estrutura ideológico-afetiva que emerge dos incômodos causados pelo novo. Por vezes, essas transformações em marcha, resultantes do processo de modernidade, são interpretadas como um cenário de "perda". Sarlo afirma que se trata de um período de incertezas, mas também de seguranças muito fortes, de releituras do passado, utopias e de fantasias reparadoras.[59]

Acompanhando Beatriz Sarlo, entendemos que os escritos de Vasconcelos são, de algum modo, "uma utopia em cujo tecido se mesclam desejos, projetos e, sem dúvida, também recordações coletivas". Em relação às transformações, referimo-nos mais especificamente à "novidade" que representou a Revolução e os anos seguintes a este evento histórico, no que tange à incorporação das camadas sociais populares, especialmente os indígenas e também à aproximação do México em relação dos Estados Unidos. Nossa interpretação é de que

---

58 Sarlo analisa o impacto ou a reação em parte dos intelectuais argentinos das décadas de 1920 e 1930, frente às transformações urbanas modernizadoras em Buenos Aires. Ver SARLO, Beatriz. *Una modernidad periférica: Buenos Aires 1920 y 1940*. Buenos Aires: Ediciones Nueva Visión, 1988.

59 *Ibidem*, p. 31. Ao falar sobre o tema, Sarlo baseia-se nos estudos de Raymond Williams (*The country and the city*). Referindo-se às conclusões de William, Sarlo lembra que esse tópico não trata de uma reconstituição realista nem histórica e, sim, uma pauta que, localizada no passado, é basicamente imaginativa, além de anacrônica e utópica. Cf. SARLO, Beatriz. *Una modernidad periférica. Op. cit.*, p. 29-32.

uma parcela da sociedade mexicana, que se sentia identificada com a "cultura *criolla*" por diferentes motivos, foi aquela que mais se ressentiu com as mudanças. Entendemos que esse autor materializou, por meio de suas *Memórias*, o pensamento e sentimentos de um setor da população mexicana que, por diferentes motivos, não se sentia identificado ou atendido com as transformações ocorridas na vida mexicana.

A literatura serviu como arma de denúncia de um "ideal vencido" e de "perda" das características nacionais.[60] Sobre essas reações da sociedade em relação às mudanças, Sarlo afirma:

> Essa configuração ideológico-cultural emerge de uma particular "estrutura do sentimento"[61] que articula reações e experiências de mudanças: nostalgia, transformação, lembranças, lamento são formas e atitudes que uma sociedade ou um setor dela adota frente a um passado cujo desaparecimento é vivido como irremediável. A idealização organiza essas reações: se idealiza uma ordem pas-

---

60 Fazendo uma análise dos três discursos que travaram embates pela imagem do "povo mexicano", Ricardo Pérez Monfort lista uma série de publicações periódicas que circularam de forma profusa na década de 1920 e que evidenciavam a defesa do hispanismo: *Don Quijote, El Día Español, La Raza, América Española, Acción Española, La Revista Española, España, El Diario Español*. Algumas tiveram duração efêmera e público bastante reduzido, como *Don Quijote* e *La Raza*. Outras seguiram sendo publicadas até a entrada dos anos 1930, gozando de boa aceitação entre a sociedade da Capital. Por meio do artigo de Monfort, concluímos que havia concordância entre o conteúdo dessas publicações e aquilo que Vasconcelos defendia como valores identitários nacionais. Cf. MONFORT, Ricardo Pérez. "Indigenismo, hispanismo y panamericanismo en la cultura popular mexicana de 1920 a 1940". In: BLANCARTE, Roberto. *Op. cit.*, p. 366.

61 O conceito de "estrutura do sentimento" foi desenvolvido por Raymond Williams para focalizar uma modalidade de relações históricas e sociais. "(...) trata-se de descrever a presença de elementos comuns em várias obras de arte do mesmo período histórico que não podem ser descritos apenas formalmente, ou parafraseados como afirmativas sobre o mundo: a estrutura de sentimento é a articulação de uma resposta a mudanças determinadas na organização social". Raymond Williams citado por CEVASCO, Maria Elisa. *Para ler Raymond Williams*. Rio de Janeiro: Editora Paz e Terra, 2001, p. 152-153.

sada à que se atribui os traços de uma sociedade mais integrada, orgânica, justa e solidária.⁶²

O choque frente às transformações ocorridas no México foi externado por Vasconcelos. Num dos primeiros capítulos do seu primeiro tomo, *Ulises Criollo*, sob o título de "Nostalgia", esboçou sua percepção sobre as transformações nas cidades mexicanas por onde passara quando ainda era adolescente. Ao longo de uma viagem de trem, indo de Piedras Negras até Campeche, descreveu paisagens, construções e costumes observados. Suas reminiscências procuraram transmitir um tom de tristeza pela constatação de uma "cultura decaída", por conta da invasão da cultura norte-americana, que alterava costumes e valores "nacionais".⁶³

A força dos valores norte-americanos na cultura nacional mexicana era algo preocupante e merecia, segundo ele, medidas urgentes para evitar tal penetração. No mesmo capítulo, citado anteriormente, afirmou:

> (...) No México mesmo, as pessoas vestem cada dia com mais uniformidade; as artes menores decaem, o estilo de comer se americaniza, o traje se torna mais uniforme e o viajante não olha pela janela; Afunda-se na partida de pôker ou, então, na revista recém publicada. ⁶⁴

---

62   *Ibidem*, p. 32.
63   Em seus volumes, especialmente em *El Proconsulado*, Vasconcelos escreve como um "profeta", condenando a "norte-americanização" dos costumes no México. John Skirius afirma que, em 1929, não era preciso olhar com uma bola de cristal para observar as mudanças que já estavam se produzindo, pois o México já estava no umbral de uma nova era: baseból, cheques de viagens da American Express, métodos educativos importados dos Estados Unidos, o National City Bank, a fábrica da Ford e outros projetos já assinalavam uma presença cada vez maior dos Estados Unidos na economia e na cultura do México. Cf. SKIRIUS, John. *Op. cit.*, p. 192-193.
64   VASCONCELOS, José. *Ulises Criollo. Op. cit.*, p. 73.

Em *El Desastre*, Vasconcelos reforçou o seu discurso nostálgico, apontando o desconsolo por ver o abandono da semente espanhola, sem cultivo, impedida de desenvolver, pela ingratidão do povo mexicano, que havia rejeitado o que era "autenticamente nosso" e incorporado os valores exteriores que estavam debilitando a nação.[65]

O "Ulisses *Criollo*" também relatou sobre suas andanças pela Europa durante seus exílios voluntários, especialmente, suas passagens pela Espanha.[66] Nesses relatos, procurou ressaltar o quanto eram fortes as semelhanças entre o México e a Espanha. Vasconcelos foi minucioso ao descrever as emoções sentidas ao ouvir o espanhol falado na "pátria--mãe". Segundo ele, o prazer que a beleza e a sonoridade da língua lhe proporcionava, dava-lhe uma sensação quase inenarrável. Nas imagens relatadas das cidades espanholas, fez descrições do impacto que o encanto pela cultura hispânica havia lhe provocado, ao passar pelas ruas, a beleza das construções, as pessoas, o som melodioso do sotaque da língua na Espanha, as músicas e comidas.

O valor que Vasconcelos dava à arquitetura colonial levou-o a ressaltar o que havia observado em suas viagens por cidades europeias, fazendo constantes comparações com o México. Descreveu a beleza de palácios, muros e catedrais, construídas desde os séculos XI ao XVII e que continuavam a impressionar, não dando sinais de decadência. Tais lembranças serviram-lhe para manifestar sua insatisfação em relação ao desaparecimento desta arquitetura no México, tanto pela destruição,

---

65 VASCONCELOS, José. *Memórias II, El desastre, El proconsulado. Op. cit.*, p. 182.

66 Aproximadamente metade dos capítulos de *El Desastre* é dedicada às descrições de lembranças de viagens realizadas por países da Europa, à "Terra Santa" e também ao Egito. Concentrou as maiores emoções nas descrições ligadas às cidades espanholas. Entre alguns dos títulos escolhidos, constam "Viagem à Espanha", "Minha Espanha", "A odisseia espanhola" e outros em que simplesmente citava o nome da cidade visitada. Cf. *Ibidem*, p. 298-559.

consequência dos anos revolucionários, como por conta do novo estilo arquitetônico que se fazia presente nas novas construções.

> O desejo de derrubar para substituir por algo inferior, não se percebe na Europa. Sempre me indignei com essa mania dos pseudo-revolucionários (...). Tanta casa colonial majestosa que destruíram com o pretexto de fazer coisa nova; no seu lugar não tem ficado senão, caricaturas de edifícios, quando não, lotes de ruínas (...). A mania de construir lançando abaixo, o antigo, é talvez, de procedência norte-americana e sua causa é óbvia; constroem tão mal, no país e de forma tão provisória, que preveem a duração curta de cada edifício.[67]

A influência de Rodó sobre Vasconcelos é notória, em muitos momentos, em seus escritos. O mexicano, que viveu o auge do pensamento *arielista*, criou imagens em suas *Memórias*, na qual buscou apresentar uma ligação do México com uma identidade hispânica carregada de elementos "civilizados" e, principalmente, "superiores".

Ao olhar para o presente, via, para desgraça da nação, todo legado espanhol perder força, permitindo uma "invasão anglo-saxônica-protestante", que se manifestava, segundo ele, em diversos setores da vida mexicana.

Desenvolveu contraposições entre a cultura norte-americana e a cultura espanhola, que, nas *Memórias*, chamou de "cultura de tipo hispânico" ou simplesmente *criolla*, colocando o estilo de vida dos norte-americanos como perverso. Identificou a ganância e o materialismo como características de um povo que "corre do trabalho para casa e não conversa com seus semelhantes". Nota-se, também, que o incomodava a

---

67 VASCONCELOS, José. *Memórias II. El desastre, El proconsulado*. Op. cit., p. 327.

avalanche de informações, costumes e modas provenientes dos Estados Unidos. Além dos aspectos já mencionados, reclamava da "invasão nas escolas do jazz, blues, tangos e rumbas do mercado norte-americano", argumentando que, para combater a anemia cultural, seria necessário um tônico capaz de nutrir o povo mexicano: a reafirmação dos valores culturais espanhóis.[68]

Descreveu, com desprezo, os salões de jogos de cartas e bilhares, "passatempos embrutecedores", em vez dos cafés europeus, locais que possibilitavam um estado civilizado de sociabilidade. Falou ainda com desprezo das gorduras industrializadas dos norte-americanos, frente ao azeite de oliva; do café, "bebida perversa, em vez do vinho". Escreveu sobre a diversidade de sabores da farinha de trigo, dos presuntos encontrados na Espanha, que se diferenciavam da uniformidade de sabores patenteados dos ianques. Em suas comparações, concluiu afirmando que a uniformidade existente nos Estados Unidos levava os visitantes à impressão de que, ao conhecerem uma aldeia, teriam conhecido o modo de vida de cento e trinta milhões de habitantes.[69] Em seus argumentos, defendia que o encantamento da cultura espanhola devia-se à possibilidade de surpresas de sabores, cores e formas, já que nada ali estava regulamentado. Cada região visitada apresentava particularidades e nisso estaria a força e o encanto de uma cultura que era rica, por ser diversa.[70]

Por outro lado, também destacamos que, em relação aos Estados Unidos, é bem verdade que Vasconcelos teve posições bastante ambíguas. Como Rodó, que afirmou não amá-los, mas reconheceu que os admirava, Vasconcelos teve com o vizinho do norte uma relação de admiração e

---

68 VASCONCELOS, José. *Memórias II. El desastre, El proconsulado. Op. cit.*, p. 169 e 747.
69 *Ibidem*, p. 334 e 360.
70 *Ibidem*, p. 329-336.

"ódio".[71] Mesmo colocando-os como opositores, reais inimigos da identidade nacional mexicana, usou-os, muitas vezes – também como Rodó – como exemplo de uma cultura que, embora longe de ser refinada ou espiritual, tinha uma eficácia admirável: autoridades eleitas regularmente e sujeitas às responsabilidades, civilidade, democracia, modelo em relação à organização e funcionamento de bibliotecas.[72]

Mestiçagem e *criollismo*. Ideais vencidos?

Nas *Memórias,* Vasconcelos se auto intitulou o "herói *criollo*", figura símbolo da identidade nacional mexicana e legítimo depositário de uma tradição histórica, cultural e racial do país.[73] Alicerçando-se em uma visão conservadora e tradicionalista, ofereceu uma versão do que entendia como o "naufrágio de uma civilização" ou a "catástrofe étnico--social", apontando o presente apenas como o lugar da decadência econômica, cultural e política.[74]

---

71 RODÓ, José Henrique. *Ariel.* 2ª ed. Cidade do México: Espasa-Calpe Mexicana S.A., 1961, p. 105.

72 Cf. VASCONCELOS, José. *Memórias I. Ulisses Criollo, La tormenta. Op. cit.,* p. 519.

73 Eric Hobsbawm já chamou a atenção para movimentos que ocorreram desde a época romântica, que também buscaram preservar um passado. Como Vasconcelos, o "herói *criollo*", Hobsbawm afirma que muitos desses movimentos são liderados por "repositários da continuidade histórica e da tradição." Entretanto este autor lembra que, apesar dos esforços, nunca poderão desenvolver, nem preservar um passado vivo: normalmente estão destinados a se transformarem em "tradições inventadas". Este autor lembra ainda que, "o próprio aparecimento de tais movimentos, que defendem a restauração das tradições, sejam eles "tradicionalistas" ou não, já indicam uma ruptura". Cf. HOBSBAWM, Eric J. & RANGER Terence (orgs.). *A invenção das tradições.* Rio de Janeiro: Paz e Terra, 1997, p. 15-16.

74 Vasconcelos fez referências a algumas medidas políticas que entendeu como "hispanófobas", empreendidas por alguns governantes pós-revolucionários. Nessas ocasiões, fez ataques diretos a Carranza e Calles, especialmente, acusando-os de terem realizado uma política de expropriações de terras que havia atingido muito mais os espanhóis que os norte-americanos, por exemplo. Dados fornecidos por John Skirius informam que, até o ano de 1927, a reforma agrária se aplicou, de fato, muito mais contra os

Enfatizamos que o mestiço foi, indubitavelmente, apontado pelo intelectual mexicano como o "ser nacional" durante seus "anos revolucionários". Entretanto, uma leitura mais cuidadosa de sua tese de "A raça cósmica" e das *Memórias* nos permite afirmar que em relação ao tema da mestiçagem, o intelectual foi muito mais ambíguo que contraditório. Essas ambiguidades já estavam presentes, antes mesmo de sua escrita memorialística.

Vasconcelos buscou instrumentos retóricos para responder aos que pudessem taxá-lo de "contraditório". A questão não era, segundo ele, que a "receita" estivesse errada e, sim, porque, ao longo da execução da mesma, algo teria fugido do estabelecido. Como já ressaltamos, além do fato de que o seu hispanismo já era evidente na década de 1920, como em muitos outros "mestiçófilos", Vasconcelos defendeu que a mescla de raças seria eficiente porque atuaria como um processo de "aperfeiçoamento", "transformação" ou "elevação" das características da outra parte envolvida, no caso, o elemento indígena. Enfim, sustentamos que, de certa forma, havia uma condicional imposta para que a miscigenação resultasse em algo definitivamente positivo e não apenas uma esperança. A condição era que o índio fosse completamente assimilado pela parte espanhola da união.

> Esvaziou-se a cidade de seus brancos e as casas ficaram vazias, foram ocupadas lentamente pelos índios. E faltou o laço de união, a tarefa educativa necessária para que a mudança de raça não significasse uma demolição. A obra da mestiçagem, obra

---

espanhóis que possuíam terras mexicanas do que contra os norte-americanos. Citando um informe de 07/07/1929, p. 15 do *NY Times*, Skirius afirma que, nas estatísticas até o fim de 1927, das terras em mãos de estrangeiros, 51.7% eram de norte-americanos e 19.5% de espanhóis. Das terras expropriadas, durante a reforma agrária, 27% foram de norte-americanos e 53% de espanhóis. Cf. SKIRIUS, John. *Op. cit.*, p. 75.

indispensável e salvadora, não teve tempo ainda de frutificar.[75]

Num momento onde o tom era de pesar, por diversas expectativas frustradas, a mestiçagem foi apenas mais uma. Ele, que chamou o México de "terra de abortos",[76] sublinhou que a mestiçagem tinha sido mais um destes, já que a condição colocada - a prevalência dos valores brancos, "civilizados" - não se confirmara, fazendo com que as propostas originalmente imaginadas não frutificassem. Em seus relatos memorialísticos, o mestiço praticamente desapareceu e, nos momentos em que se referiu à sua "raça cósmica", chamou-a de "tese derrotada".[77]

Além daquilo que é próprio da escrita autobiográfica, que é a busca pela construção de uma identidade, contraditoriamente manifesta em alguns momentos em forma de "crise existencial", os tomos memorialísticos de José Vasconcelos trouxeram à cena outra questão em debate ainda candente no México, também na década de 1930: a disputa pela definição do nacional. Vasconcelos acirrou ânimos, ao reacender ou evidenciar o embate ideológico que não era recente.

A "crise existencial" do "ser mexicano" foi novamente discutida; porém, levando um antigo "mestiçófilo" a tomar partido aparentemente distinto. O sentimento de ser um "deslocado" ou um "pária", que havia caracterizado o elemento *criollo* no período colonial, ao se sentir desgarrado do indígena e não aceito pelos peninsulares, foi reapropriado por Vasconcelos no presente.[78] Ao tomar a figura do *criollo* como uma imagem de si, Vasconcelos evidenciou um sentimento próprio daquela figura "desajustada" do período colonial, que não se sentia identi-

---

75 VASCONCELOS, José. *Memórias II. El Desastre, El proconsulado. Op. cit.*, p. 291.
76 *Ibidem*, p. 613.
77 *Ibidem*, p. 1075.
78 *Ibidem*, p. 37 e 97.

ficado com os indígenas e, ao mesmo tempo, não se sentia inteiramente aceito pelos espanhóis. Para tentarmos mostrar uma das estratégias utilizadas por Vasconcelos para colocar essa questão, faremos referência a um relato de um episódio vivido durante seu primeiro exílio.[79] Vasconcelos mencionou um encontro que tivera com o escritor e ministro equatoriano Gonzalo Zaldidumbre (1884-1965), segundo ele um *"criollo* puro". Referiu-se às discrepâncias ideológicas entre ambos e ressaltou o aspecto comum, que era o fato de ambos se sentirem como "desajustados na América". A citação completa:

> Mas a primeira coisa que me desarmou foi a simplicidade perfeita daquele desajustado da América e seu sincero americanismo. Era fácil ver que sua tese tinha um lado de razão: pelo que temos todos da Europa, prova que a amamos apenas ao colocar um pé em seu solo. Mas, como na Europa não somos senão deslocados e metecos, resulta que, em seguida, o instinto nos devolve ao americano e nossa tragédia consiste em não acabar de nos definir de tudo no sentido autóctone. O maior obstáculo para fazê-lo é a tendência de confundir o autóctone com o aborígene. Tudo nos liga à Europa e tudo nos separa do aborígene.[80]

Na íntegra dessa passagem, Vasconcelos afirma categoricamente que acreditava que o recurso mais eficiente fora o adotado pelos argentinos que fizeram da nação uma "sucursal europeia", com "supressão

---

79 Ao longo dos três exílios, além de passagens curtas por países das Américas Central e do Sul e também pela França, Vasconcelos permaneceu por períodos um pouco mais longos na Espanha e na Argentina. Entretanto foi nos Estados Unidos que viveu temporadas mais extensas, até poder voltar ao México.

80 VASCONCELOS, José. *Memórias II. El Desastre, El proconsulado. Op. cit.*, p. 455-456.

calculada de todo o indígena". Entretanto reconhecia que países como México e Equador, pelo grande número da população indígena, nunca poderiam adotar medidas tão radicais. Diante de tal realidade, "cheia de complicações", mas que a fazia também mais interessante, Vasconcelos conclui que não bastava edificar a cidade "à moda europeia". Segundo ele, seria indispensável uma tarefa que enraizasse a "moralidade europeia no seio das consciências indígenas", parcela mais vulnerável às influências e interesses alheios.

Defendemos a ideia de que alguns dos argumentos de Vasconcelos, sem retoques e disfarces, representavam o pensamento e as preocupações de setores amplos da sociedade mexicana da época. Especificamente no que tange à sua visão sobre o índio, pensamos que Vasconcelos falou em voz alta o que muitos falavam nas entrelinhas ou cochichavam. Ou seja, bradou que reconhecer a participação indígena como um dos elementos nacionais não pressupunha aceitá-la tal como era: com suas crenças, hábitos e idiomas. E foi além. Defendeu abertamente a necessidade de "reabilitá-los", levando-os a superar a sua condição de "atraso".

Em sua preocupação em reconciliar "os mexicanos" com "suas" origens, defendia a necessidade de conhecer e se orgulhar do seu passado. Porém devemos ressaltar que "conhecer o seu passado", seus heróis e sua cultura, esbarrava em problemas sérios. O passado dos grupos indígenas não era incorporado à história da pátria, visto que Vasconcelos não via em seu passado algo que devesse ser preservado.

Os escritos memorialísticos de Vasconcelos, especialmente pela sua negativa em aceitar as transformações políticas e sociais que aconteciam no México, nos levam a estabelecer aproximações com o herói

Okonkwo, criado pelo escritor nigeriano Chinua Achebe, em *O mundo se despedaça*.[81] Achebe apresenta em seu romance a consternação de seu personagem principal ao ver o seu mundo permeado de tradições, se despedaçando, após a chegada dos missionários cristãos à sua aldeia natal. A religião, alguns valores e instituições formais do homem branco já se encontravam totalmente instalados e dominando o espaço. Antigas crenças e velhas tradições daquela sociedade começavam, naquele momento, a ser abandonadas. Em vão, juntamente com alguns poucos, Okonkwo tenta resistir às novas concepções de mundo, apresentadas pelos missionários aos aldeões. Decepcionado, percebe a sua solidão na luta ao ver que até o seu primogênito, Nwoye, era um dos "traidores" que abandonara os valores, ritos e crenças para abraçar a fé dos brancos. Com o passar do tempo, até mesmo a resistência por parte daqueles que o acompanhavam na luta pela preservação da tradição se esvai, ao concluírem que era melhor ceder do que combater os forasteiros, pois isso poderia representar o derramamento de sangue de irmãos.

O apego às tradições levou o personagem de Achebe a não conseguir ver as fissuras e contradições existentes naquela sociedade que faziam com que houvesse tantos grupos insatisfeitos. Os novos valores trazidos pelos missionários fizeram com que mulheres, párias, gêmeos e outros que não eram completamente incorporados passassem a questionar, secretamente, se aquelas leis ditadas pelos seus ancestrais eram, de fato, benéficas para eles. Okonkwo não conseguiu compreender o quanto toda a sociedade era corresponsável pela desestruturação do seu mundo, optando por colocar a culpa no "outro" como os causadores da desfiguração cultural daquele povo.

---

81 ACHEBE, Chinua. *O mundo se despedaça*. Tradução de Vera Queiroz da Costa e Silva. São Paulo: Ática, 1983 (Coleção de autores africanos; 17).

Vasconcelos, o personagem-narrador, que se intitulou o *Ulises Criollo*, incorreu nessa mesma questão presente no romance de Chinua Achebe. O amor aos valores tradicionais, legados ao México pela Espanha, fez com que o memorialista os apresentasse com qualidades e virtudes tão superiores que ele não concebia a ideia de substituição ou da perda dos mesmos. Sua mágoa foi manifestada em inúmeros momentos ao relatar sua luta inglória em tentar fazer o povo mexicano valorizar suas raízes culturais e a voltar a sentir orgulho pela tradição interrompida. Tristeza, cólera e desencanto foram manifestações constantes em seus escritos quando se referiu ao passado colonial: idealizado, tradicional, católico e *criollo*, que, aos seus olhos, havia se perdido. Localizou, ali, o lugar hierárquico dos "melhores", quando o tipo nacional civilizado, o elemento branco e a Igreja "nacional" tinham o seu espaço e direitos garantidos.

Em *El Desastre*, reafirmando sua inconformidade pela constatação de um "ideal vencido", devido ao declínio da "cultura de tipo hispânico", expressou-se em forma de interrogação introspectiva, mas, ao mesmo tempo, inquiriu os mexicanos: "que estamos fazendo para sermos dignos da herança gloriosa de nossos pais?" [82]

Ao utilizar suas reminiscências para fazer um retrospecto do que teria sido o passado "áureo" mexicano, sob domínio da Espanha e o que teria se tornado, ao se distanciar dos "valores superiores", substituindo-os pelos valores materialistas e imediatistas do vizinho do Norte, não há dúvida de que o fez idealizando o passado colonial. Os erros cometidos durante o período foram alvo de justificativas, evasões e silêncios. Com uma típica personalidade apaixonada, Vasconcelos apresentou, em suas páginas, uma percepção desistoricizada dos eventos históricos, preferindo, conforme salientou o mexicano Castro Leal, explicar "todos os fatos

---

82 VASCONCELOS, José. *Memórias II. El desastre, El proconsulado. Op. cit.*, p. 29.

da nossa história como dirigidos a facilitar ou opor-se à penetração ianque, como se não houvessem existido problemas nacionais".[83]

Os tons de sua narrativa oscilam entre nostalgias e duras acusações àqueles que, em seu discurso, haviam levado a pátria ao estado de descaracterização da identidade nacional. Seus escritos são o registro da busca de uma origem e apontam um destino nada promissor para uma nação que abrira mão daquilo que representava "o nosso", ou seja, os "valores superiores, belos", legados pela Espanha, para substituí-los pelos valores do "outro", da cultura ianque: "materialista, agressiva e homogeneizadora".[84]

Seu anti-imperialismo e a visão sobre a identidade foram marcados por um "nacionalismo *criollo*", caracterizado pelo evidente desconforto, pela preocupação e pela reação às mudanças que ocorriam no momento histórico em que viveu e atuou. Demonstrou uma postura típica do pensamento conservador o qual compactua com uma posição que imagina haver somente uma coisa a defender: o passado.

As aproximações entre Okonkwo, personagem criado por Chinua Achebe, e o nosso herói *criollo* são muitas. Ambos preferiram atribuir a um "outro" a culpa pela decadência dos valores tradicionais arduamente defendidos. O apego a tais tradições fez com que, nos dois casos, os personagens, por manterem os olhos fixos no passado, se

---

[83] Citado por Samuel Ramos. In: RAMOS, Samuel. *História de la filosofia en México*. v. X. México: UNAM Biblioteca de Filosofia Mexicana - Imprenta Universitaria, 1943, p. 143-144.

[84] Importante salientar que, durante o período em que as *Memórias* de Vasconcelos foram escritas, Alemanha e Itália tinham governos Fascistas no poder. Vindo de um histórico de ressentimentos, a ideologia presente nos dois regimes explorava a ideia de um "passado glorioso e presente decadente", reivindicando um "nacionalismo regenerador" – que também aparece com muita frequência nos escritos de Vasconcelos. Sobre simpatias de Vasconcelos com o regime de Hitler, Ver I. BAR- LEWAW, I. "La revista *Timón* y Jose Vasconcelos". México: Casa Edimex, 1971. Disponível em: <: http://cvc.cervantes.es/obref/aih/pdf/04/aih_04_1_018.pdf>. Acesso em: 27 jan. 2010.

mostrassem insensíveis aos desejos e necessidades de mudanças por parte de uma parcela mais representativa, nas respectivas sociedades, que já não encontrava resposta e satisfação às suas necessidades na simples manutenção da tradição. As mudanças levaram os dois personagens a não verem mais sentido na realidade que ora se instalava, levando-os a condenarem o presente e todas as mudanças.

Okonkwo, após tirar a vida de um guarda branco que fora até o local desfazer uma reunião tribal, que discutia ações para a manutenção dos valores leais aos antepassados, preferiu cometer um ato abominável para aquele clã, o suicídio, perdendo, assim, até o direito de ter um enterro com as honras que lhe caberiam em situação normal.

Vasconcelos também não aceitou a nova realidade. Ficou fora do México durante dez longos anos e, nos seguintes,[85] abriu mão de projetos, limitando-se a emitir juízos condenatórios ao povo mexicano.

Nossa interpretação é de que a construção empreendida no testemunho memorialístico de José Vasconcelos não deve ser entendida como uma visão particularista de um fenômeno, marcada por expectativas frustradas. Defendemos que seus escritos podem ser interpretados como representativo de uma construção de um grupo social e político que assistiu ou/e viveu uma série de transformações culturais, políticas e sociais, ocorridas naquele momento histórico, e esboçou reações em relação às mesmas.

Seus relatos memorialísticos denotam o quanto os projetos de modernização dos governos pós-revolucionários sofreram fortes resistências por parte de uma ala conservadora da sociedade mexicana. Seja por motivações econômicas ou ideológicas, naqueles que tinham como referência um México ligado ao passado colonial, católico, aristocrático e *criollo*, as mudanças geraram desconforto. Apontavam para

---

85 Aqui fazemos referência apenas ao último de seus três autoexílios.

a desintegração de um mundo conhecido, portanto, seguro, e a emergência de outro que foi entendido e representado como símbolo de decadência, desordem e nostalgias.

As imagens presentes em seus tomos memorialísticos falam de um México que, ao longo de sua história, ao virar as costas para uma grande tradição e para os "valores superiores" legados pela "mãe pátria", paulatinamente foi perdendo a "essência" das características que lhe davam uma identidade. Ao descrever todo o processo de "decadência", o memorialista colocou num grande caldeirão fatos do passado recente e distante, tanto da história nacional quanto da história pessoal para nomear aqueles que, segundo ele, seriam os causadores de toda a desgraça nacional.

Um dos grandes méritos de Vasconcelos deve-se ao fato de ele ter conseguido, por meio de seu exercício autobiográfico, fundir memória pessoal com memória coletiva, interpretando e comunicando uma série de sentimentos e experiências de um segmento daquela sociedade. Não aceitando a realidade estabelecida ou inconformado por se sentir à margem da mesma, colocou-se como superior em relação àquele mundo social de "caudilhos" analfabetos, mestiços e indígenas "bárbaros" que assumiam os destinos da nação. Ao se referir à situação da nação, falava de si, deixando o registro heroico da tentativa de "salvar" a nação da influência de valores "alheios" à nacionalidade. Sua habilidade na escrita permitiu-lhe transpor para a literatura o testemunho de que um mundo *criollo* - harmônico, belo, "superior", e idealizado – ficara no passado. Nas páginas de sua autobiografia, ficava o registro de que não era somente ele que recordava e que perdia.

Capítulo 4

Escrita como arma de combate pela memória
As imagens de si nos escritos autobiográficos de Vasconcelos

Elegemos concentrar a análise a seguir em duas experiências presentes na narrativa de José Vasconcelos, que foram apresentadas como significativas ou singulares em sua ação política: sua atuação como ministro da Educação e a derrota na campanha presidencial de 1929. Em torno das recordações ligadas a esses dois fatos, Vasconcelos reordenou, estruturou e reconstituiu o seu passado, entendendo que tais fatos representavam o que havia de mais importante para falar de si. Criou fortes imagens que constituem sua identidade: o "herói civilizador" e o "profeta rejeitado".

A reencarnação de Quetzalcóatl, o deus civilizador

Uma das principais imagens de si construídas por Vasconcelos é aquela que o liga à lenda do deus civilizador asteca Quetzalcóatl, figura importante na história, desde os toltecas.[1] Defendemos que o

---

1 Há muitos textos e livros nativos escritos em náhuatl que falam do nascimento, vida e feitos de Quetzalcóatl. As versões existentes não coincidem em alguns aspectos. Conta-se numa delas que, ainda na juventude, Quetzalcóatl – a Serpente emplumada – retirou-se para Huapalcalco, uma antiga aldeia dos teotihuacanos, para dedicar-se à meditação. Lá, foi convidado pelos toltecas a tornar-se seu governante e sumo sacerdote. Palácios e templos foram construídos e muitas cidades aceitaram o seu domínio. Cronistas narram que, durante a administração do deus "civilizador", cessaram os sacrifícios humanos, desenvolveram-se as artes e ciência. Também existem versões sobre o desaparecimento de Quetzalcóatl. Grosso modo, fala-se que foi vencido (uns dizem

autobiógrafo considerou ser esta uma estratégia eficiente para compor sua imagem como a figura de um grande realizador, na cultura mexicana.

Em 1920, quando Vasconcelos assumiu a reitoria da Universidade Nacional do México e começava o seu empenho na luta para que o Governo Federal passasse a coordenar a educação naquele país, mostrava-se bastante motivado.[2] Numa carta enviada a Alfonso Reyes, em julho de 1920, quando Vasconcelos ainda era Reitor, ao tocar no tema da criação da Secretaria de Educação Pública e Belas Artes, escreveu: "Estou agoniado pelo que tenho a fazer, mas descobri o segredo de não sentir o cansaço. Tal como você pode supor, estou livre de monstros e serpentes e animado somente pelo impulso das águias".

Entretanto, quando elaborou suas lembranças referentes aos seus feitos civilizadores e as lançou em forma de narrativa escrita, fez questão de apresentá-los como a "Odisseia", mas, principalmente, como o fracasso do "Ulisses americano", ou *Criollo*, que, movido por uma "ilusão", um dia acreditara ser possível "civilizar" o México.[3]

No prefácio de *El desastre*, tomo onde concentrou a maior parte da narrativa sobre seu projeto cultural, escreveu:

> A presente narração abarca um período de maturidade em que, apagada a chama erótica, o anseio

---

que teria morrido e ressuscitado e, outros ainda, que teria fugido em direção ao golfo, deixando a promessa de retorno para reclamar sua terra). Na nova fase, sob domínio de Huitzilopochtli, divindade titular dos mexicas, deus da guerra e representado pelo colibri, teria havido um retorno ao canibalismo e sacrifícios humanos. Cf. BETHEL, Leslie (org.). Trad. Maria Clara Cescato. *História da América Latina: A América Colonial*. 2ª ed. São Paulo: Edusp; Brasília: Fundação Alexandre Gusmão, v. 1, 1988, p. 37-40.

2 Cf. VASCONCELOS, José. *La amistad en el dolor. Correspondencias entre José Vasconcelos y Alfonso Reyes, 1916-1959. Op. cit.*, p. 44.

3 Cf. VASCONCELOS, José. *Memórias I. Ulisses Criollo, La Tormenta. Op. cit.*, p. 95.

se concentra na obra social. Breves anos em que foi minha paixão a multidão, suas dores e suas potencialidades.[4]

Em sua autobiografia, Vasconcelos conseguiu mesclar elementos típicos de uma biografia histórica, lapidando sua imagem como homem público, mas, especialmente, como veremos a seguir, incluiu também elementos da biografia literária, permitindo que seu temperamento, virtudes, vícios e situações anedóticas fossem incorporados, indo além de uma "máscara conveniente".[5]

Se, em *Ulises Criollo* e *La tormenta*, o memorialista não demonstrou pudores em descrever inúmeros encontros íntimos ardentes, resultado de relações extraconjugais, a partir de *El desastre* trabalhou firmemente em prol de sua automodelagem, estabelecendo uma separação nítida entre seu comportamento ligado à vida pessoal e outro, como administrador público, após assumir as responsabilidades como reitor e, depois, como ministro. Não apenas silenciou-se em relação ao tema de alcova como buscou construir a imagem de uma figura pública que se dedicou inteiramente à SEP (Secretaria de Educação Pública),

---

4 VASCONCELOS, José. "Prefácio". *Memórias II. El desastre, El proconsulado. Op. cit.*, p. 10. Observação: Todas as referências à atuação de Vasconcelos junto à Secretaria de Educação Pública encontram-se no terceiro tomo de seus escritos, *El desastre*. Desta forma, nos limitaremos a informar apenas o número da página.

5 A expressão é de Philippe Levillain. Esse autor cita a obra *Aspects de la bigraphie*, publicada em 1928 por André Maurois, onde o autor, de formação positivista, demarcou que a distinção entre as biografias histórica e literária seria o fato de a primeira ser consagrada a um protagonista da história, seguir regras rigorosas que demonstravam preocupação com a "verdade" documental; enquanto a segunda seria consagrada a um escritor, incluindo elementos de fantasia, sem postular a "expressão de verdade". A distinção incluía também a quantidade, o tipo de fatos que convinha ser narrado, o estilo empregado. Cf. LEVILLAIN, Philippe. "Os protagonistas: da biografia". In: RÉMOND, René. *Op. cit.*, p 152.

sua "amada exclusiva",[6] cumprindo diariamente o seu dever, em detrimento do prazer.[7] Ao longo de muitos capítulos de *El desastre*, Vasconcelos descreveu a sua "aventura de regenerar um povo pela escola." Narrou ainda seu empenho em construir, reformar e elaborar estratégias que pudessem difundir e democratizar a cultura no México, apresentando a organização do Ministério e sua permanência à frente da Secretaria como sendo de "tempos de simpatias e entusiasmo pela cultura".[8] Deu grande ênfase a seu empenho pessoal, fazendo longas viagens a cavalo, visitando regiões do país pouco prestigiadas por autoridades de sua magnitude, até aquele momento. Ali, buscando angariar apoio à empreitada que tinha pela frente, expunha aos governantes locais o conteúdo do projeto de lei que propunha que o Governo Federal tivesse jurisdição sobre a educação em todo o território nacional,[9] e não apenas sobre a capital e alguns poucos territórios, como havia sido desde os dias de Justo Sierra.[10]

---

6 VASCONCELOS, José. *Memórias II. El Desastre, El proconsulado. Op. cit.*, p. 79.

7 No capítulo "Las tentativas del oficio", Vasconcelos narrou ocorrências em que se absteve de ceder favores em troca de "serviços galantes", desafiando seus críticos a indicarem o nome de alguma mulher que pudesse se ufanar de algum gasto desonesto ou indecoroso de fundos do Governo, estando em sua companhia. Cf: *Ibidem*, p. 110-111.

8 VASCONCELOS, José. *Memórias II. El desastre, El proconsulado. Op. cit.*, p. 12, 54-55.

9 De acordo com a proposta de "federalização" do ensino, o Governo deveria agir conjuntamente e paralelamente com as autoridades locais. As instituições atuariam com autonomia, mas seguindo diretrizes gerais estabelecidas por um conselho federal. O projeto propunha o fim do "regionalismo", que até então era considerado o principal obstáculo para a unidade nacional e erradicaria os "vícios" que condenavam o povo à apatia e à ignorância (alcoolismo, falta de higiene). Cf: Boletim da SEP, I, 3 jan. 1921, p. 71-84. Citado FELL, Claude. *Op. cit.*, p. 63.

10 Diante do fato que algumas regiões do México eram caracterizadas por um verdadeiro vazio educativo, entre os grandes eixos do projeto educativo de Vasconcelos devem ser destacados a prioridade ao ensino primário, tornando-o acessível ao setor mais numeroso e humilde da população mexicana; fazer com que o ensino tivesse um caráter mais prático, e trabalhar pela uniformidade aos métodos de ensino e dos programas. Cf.

Descrevendo uma dessas viagens realizadas com uma equipe de artistas e intelectuais, entre eles Diego Rivera, Adolfo Best e Pedro Henríquez Ureña, para buscar o apoio de autoridades regionais à aprovação de projeto, registrou a ênfase que empregou para convencer a todos quanto à necessidade de unir esforços naquela fase de reconstrução, visto que os Estados, em completa desordem após os anos armados da Revolução, não teriam condições de enfrentar os desafios de forma isolada.

Dentre as virtudes que atribuiu a si, Vasconcelos soube reconhecer que a oratória não constava entre elas. Entretanto, diferentemente do que possa parecer, esse "deslize" de humildade lhe serviu para afirmar a seus leitores que a participação dos envolvidos não se devia a discursos inflamados e, sim, à constatação da necessidade da colaboração de toda a sociedade. Fez alusão ao discurso que pronunciou em 1920, no teatro de Mérida, quando estavam presentes, na época, além dos membros da equipe, as "melhores famílias" e o povo:

> (...) Os de cima deveriam contribuir, ensinando o que sabem ao que não sabe. A democracia não poderia existir sem certo nivelamento econômico e cultural dos habitantes. A melhor maneira de evitar represálias futuras era educar as massas, convertendo-as às comodidades da vida civilizada (...). Em toda a sala houve resposta favorável. Cada um sentia-se colaborador potencial da empresa patriótica que se desenvolvia.[11]

FELL, Claude. *Op. cit.*, p.158-159. Além da integração cultural dos não alfabetizados, para que o México pudesse se estruturar como uma "nação poderosa e moderna", o projeto propunha que o ensino devia "aumentar a capacidade produtora de cada mão que trabalha e a potência de cada cérebro que pensa". Cf. VASCONCELOS, José. "Discurso con motivo de la toma de la podesion del cargo de rector de la Universidad Nacional de México". In: VASCONCELOS, José. *Discursos (1920-1950)*. México: Editora Botas, 1950.

11 VASCONCELOS, José. El Desastre. *Op. Cit.*, p 67.

O trecho selecionado demonstra o esforço em tornar clara a necessidade de esforços conjuntos, tanto por parte de governantes e intelectuais, como também de outros setores da sociedade, na luta "contra a ignorância". A preocupação e os ataques contundentes à ignorância, tanto em relação ao povo quanto aos chefes militares que ocupavam o poder, pode parecer, a princípio, uma postura jactanciosa ou ressentida por parte de Vasconcelos. Entretanto é necessário ressaltar que não se tratava de um posicionamento isolado.

Parte do conteúdo presente em sua fala reproduz o pensamento que moveu uma geração de intelectuais inspirada ideologicamente em José Enríque Rodó, que defendia que um dos principais problemas a ser enfrentado era a crise moral a que os povos latino-americanos estavam submetidos, visto que a minoria seleta, mais apta e dotada de idoneidade moral e de qualidades superiores, estava ausente do poder. O clima de otimismo e sede de heroísmo, que atingiu também a intelectualidade mexicana na década de 1920, deve ser interpretado dentro dessa perspectiva, que envolvia o sentimento de responsabilidade por parte de uma minoria seleta de "guiar os espíritos", anunciar, "elevar" e "redimir" as massas tanto materialmente como culturalmente.[12]

Carlos Monsiváis acrescenta que havia, num primeiro momento, em parte da intelectualidade, uma visão que entendia a Revolução como um "monólito, um todo homogêneo, uma entidade indivisível", compreendendo o processo de uma forma que buscava apagar ideologicamente qualquer efeito da violência e sua capacidade de produzir mudanças positivas, o que equivalia a negar as causas materiais da Revolução. Para esta parcela da intelectualidade o problema do México era a corrupção moral, problema de natureza eminentemente

---

12 Sobre a relação de intelectuais e a Revolução, Ver KRAUZE, Enrique. 5ª ed. *Caudillos culturales en la Revolución mexicana*. México: Siglo XXI Editores, 1995.

espiritual, crendo que a desordem econômica persistiria enquanto o ambiente espiritual não mudasse. Assim, insistiam que a verdadeira Revolução estava no "desenvolvimento coerente do espírito", que produziria a autonomia intelectual. Havia uma crença comum quanto à necessidade de se travar uma guerra contra a ignorância, entendendo que a vitória, nesse sentido, seria o fruto maior do processo revolucionário, entendido como a "Revolução dos espíritos."
Martín Luís Guzmán é um dos maiores porta-vozes desta visão. Em obras como *La querella de México, El águila y la serpiente* (1928) e *La sombra del caudillo* (1929), este intelectual registra uma visão que aparece em outros "romances da Revolução", marcada pelo idealismo, desencanto e pessimismo em relação aos rumos que a Revolução havia tomado no decorrer dos anos. Muitas das chaves interpretativas que aparecem nas *Memórias* de Vasconcelos constam também nas obras de Guzmán: queixas e denúncias políticas, ênfase numa interpretação caricatural dos personagens envolvidos na Revolução, sublinhando, preferencialmente, a violência e a corrupção como "espetáculos do cotidiano". Em grau maior ou menor, o tom de desilusão faz com que nesses romances o México seja apresentado como uma nação que "não tinha remédio". Devido à forma como foi composta a narrativa e também pelos argumentos e interpretação da história mexicana, os quatro primeiros tomos memorialísticos de José Vasconcelos são incluídos na categoria de "romances da Revolução" por alguns críticos literários.[13]

Retomando às *Memórias*, após descrever o seu empenho em conquistar o apoio da população e de governantes dos Estados mexicanos, Vasconcelos passou a narrar as estratégias para conseguir no Congresso a provação da lei e de verbas. Escreveu que foi muito incisivo nos argumentos, afirmando entender que, sendo o projeto "bom",

---
13 Ver MONSIVAIS, Carlos. *Op. cit.*, p. 1409-1412.

deveria ser aprovado na íntegra. Assumiu que se comprometeu em fazer com que aqueles que discordassem da proposta de reforma ficassem marcados como "inimigos da cultura".[14]

Além do êxito obtido junto a uma parcela representativa da intelectualidade mexicana, que atendeu de forma motivada ao chamado para uma "missão civilizadora",[15] Vasconcelos não deixou de reconhecer e mencionar o apoio recebido por parte da imprensa, setor ao qual fez ataques contundentes ao longo das *Memórias*, reclamando da falta de espaço dado aos que se opunham ao "Chefe Máximo", Plutarco Elias Calles.[16] Afirmou que os diários locais foram um de seus melhores aliados, rendendo-se, também, "à sua boa administração" e exercendo pressão favorável para a aprovação do projeto de lei que lutava pela democratização da educação.[17]

---

14 VASCONCELOS, José. *Memórias II. El desastre, El proconsulado. Op. cit.*, p. 14.

15 Sobre o envolvimento de intelectuais durante a efervescência política nos anos revolucionários no México, Ver MONSIVÁIS, Carlos. *Op. cit.*, p. 1377-1477. Krauze destaca nomes como Rui Barbosa, no Brasil; Justo Sierra, no México; Enrique José Varona, em Cuba; Manuel González Prada, no Peru; Eugenio Maria Hostos, em Porto Rico Latina. Cf. KRAUZE, Enrique. *Op. cit.*, p. 150-153.

16 O Partido Nacional Revolucionário mostrou-se uma máquina partidária eficiente para dar os rumos na política mexicana, por meio da figura de Calles. O "Chefe Máximo" comandou a política no México, "por trás do trono", de 1928, após a morte de Álvaro Obregón, até a gestão de Lázaro Cárdenas. Ver AGUILLAR CAMÍN; MEYER, Lorenzo. *Op. cit.*, p. 97-198.

17 VASCONCELOS, José. *Memórias II. El desastre, El proconsulado. Op. cit.*, p. 75, 122-123. Claude Fell afirma que o apoio da imprensa e de outros setores da população mexicana ao projeto de Vasconcelos obteve um entusiasmo incontestável, até o fim de 1921. Num artigo de *El Universal* (11/10/1921), possivelmente escrito por Félix Palavincini, um dos alvos de ataques por parte de Vasconcelos nas *Memórias*, ("Plagianini"), foi publicado: "Suas ideias, todo mundo sabe, são radicais. Mas, mesmo dentro de seu radicalismo revolucionário, é um espírito eminentemente construtor. Para ele, a Revolução deve ser o mais possível criadora e o menos possível destruidora (...)." A partir de 1922, os jornais começam a publicar críticas ao caráter filantrópico do programa e apontam reservas em relação ao alcance e eficácia da empresa, devido às carências evidentes dos meios e de pessoal. Cf. FELL, Claude. *Op. cit.*, p. 39 e 68. Também em 1922, parte da intelectualidade que havia apoiado Vasconcelos começou

Antes de tratar sobre o andamento do projeto cultural, após a aprovação, Vasconcelos reservou um espaço nas páginas de *El desastre* para esclarecer aos leitores como havia surgido a ideia do projeto. Colocou-o como resultado de inspiração quase instantânea. No entanto, não deixou de reconhecer a influência que o russo Anatoly Lunacharsky lhe inspirara:[18]

> Nunca tive fé na ação de assembleias e corpo de colegiados e mais ainda me impacienta tratar com eles. Servem, em geral, para dar alguma sugestão, mas, na essência, para ratificar, legalizar a obra de um cérebro que, no momento de criar, necessita sentir-se só, saber que é responsável,

---

a levantar questionamentos quanto às reais possibilidades de resultados concretos do programa cultural de Vasconcelos, argumentando que, para aquele intelectual político, "não faltavam intenções, mas também método, planos consistentes, objetivos claramente definidos, obtenção de crédito e oferta educativa apoiada através de uma propaganda visual". Ver carta de Manuel Gomez Morín a Alberto Vázquez del Mercado em 12 jan 1922. Citado por KRAUZE, Enrique. *Op. cit.*, p. 139-140.

18 Em 1917, quando assumiu funções na Secretaria de Educação, o russo Anatoly Lunacharsky tinha problemas muito próximos aos que Vasconcelos enfrentava no México: existia um número preocupante de analfabetos, aproximadamente 65% da população. Lunacharsky liderou um projeto com campanhas de alfabetização, enfatizando o fomento das bibliotecas circulantes. Nas artes, é notória sua influência sobre o mexicano, ao combater o que considerava como "tendências artísticas elitistas", defendendo que as artes não deveriam servir apenas para recrear os gostos de uns poucos ociosos e, sim, para levantar o nível espiritual dos homens. É preciso ressaltar que, no que se refere à arte e à formação da "alma nacional", havia, entre Lunacharsky e Vasconcelos, diferenças que mereceriam ser pensadas de forma mais aprofundada. Entretanto sabe-se que ambos concordavam quanto à eficiência que a imagem poderia atingir na integração de uma nação formada por uma parcela considerável de analfabetos. Os dois Ministros buscaram o compromisso de artistas que aceitassem tornar a nova cultura acessível às massas, implementando a prática de concertos clássicos gratuitos, festivais de danças e teatros públicos ao ar livre. Também concordavam que os abismos entre o mundo do saber e o mundo do trabalho deveriam ser diminuídos, entendendo que o primeiro deveria revisitar seus métodos e o conteúdo de sua mensagem para poder satisfazer o mundo do trabalho. Por uma série de fatores, Lunacharsky conseguiu resultados mais efetivos que Vasconcelos. Ver também: FELL, Claude. *Op. cit.*, p. 80-85.

> individualmente. Por respeito ao trâmite, convoquei o Conselho e o coloquei a discutir. (...) Mas eu já tinha minha lei na cabeça, desde meu desterro de Los Angeles,[19] antes que pudesse sonhar em ser Ministro da Educação e enquanto lia o que Lunacharsky estava fazendo na Rússia. A ele deve meu plano e mais a nenhum outro estranho. Mas creio que o meu resultou mais simples e mais orgânico; simples na estrutura, vasto e complicadíssimo na realização, por não deixar um tema sem abarcar (...). Redigi-o em umas horas e o corrigi várias vezes, mas o esquema completo me apareceu em um só instante, como um relâmpago que ilumina toda uma arquitetura já pronta.[20]

Entendemos que o desejo demonstrado pelo memorialista em atribuir para si os méritos do programa cultural não se deve apenas ao seu lado "ególatra", como poderíamos pensar num primeiro momento. Como já deixamos claro, durante as primeiras décadas do século XX, a influência dos Estados Unidos mostrava-se cada vez mais crescente sobre a América Latina. Levando em consideração que Vasconcelos foi um dos grandes porta-vozes do hispanismo, pensamos que esta constatação o influenciava consideravelmente no momento da escrita, quando buscou construir um discurso "anti-imperialista", procurando assinalar distanciamentos em relação à influência da cultura norte-americana, que via apenas como um "verniz de civilização".

Nesse trecho, indiretamente, negava qualquer crédito ao educador norte-americano John Dewey, idealizador da "Escola Ativa" e fazia ataques aos ministros da Educação Pública que o sucederam, Moisés

---

19 Vasconcelos refere-se ao seu primeiro exílio, ocorrido durante todo o governo de Venustiano Carranza (1915-1920).

20 VASCONCELOS, José. *Memórias II. El desastre, El proconsulado. Op. cit.*, p. 19.

Sáenz (1928) e Narciso Bassols (1931-1935),[21] sobre os quais as teorias de Dewey tiveram maior impacto de fato.[22] Ao longo de seus escritos, construiu um discurso em que desafiou e, em outras vezes, condenou os mexicanos por cultivarem um sentimento de subalternidade. Em seu entendimento, se os demais países da América Latina optassem por trazer métodos importados dos Estados Unidos, talvez fosse aceitável, mas considerava absolutamente injustificável essa escolha por parte dos ministros que o sucederam: "Mas o caso do México não era o mesmo. México teve universidades antes de Boston e bibliotecas, museus, jornais e teatros antes que Nova Iorque e Filadélfia (...)".[23]

Na argumentação de Vasconcelos, ao adotar a estratégia de ir buscar referências para a educação mexicana nos Estados Unidos, estes administradores demonstravam desconhecer ou, no mínimo, desvalorizar o seu rico passado e a contribuição cultural da Espanha no mesmo. Os ataques de Vasconcelos se expandiram e respingaram em personalidades, além das fronteiras nacionais. O argentino Sarmiento, antiga referência de "civilizador", e o peruano Leguía, também foram acusados de terem se deixado seduzir pela "sereia do norte", ao contratarem professores e diretores norte-americanos para dar as diretrizes da educação, em seus respectivos países.

---

21   Cf: VASCONCELOS, José. *Memórias II. El desastre, El proconsulado. Op. cit.*, p. 58.

22   Claude Fell afirma que, embora tenha negado, e de fato a influência foi pequena, sabe-se que Eulália Guzmán, diretora da campanha contra o analfabetismo da SEP, na gestão de Vasconcelos, visitou estabelecimentos nos Estados Unidos e Europa, informando-se sobre as novas propostas pedagógicas de Dewey e Ferreiére. Pelo menos na capital, Guzmán, com a participação de pedagogos reunidos em torno da Revista *Educación*, implantou, no ensino primário, as orientações gerais da "Escola Ativa". Quando Ministro, como Dewey, Vasconcelos defendeu a democratização da educação pública, acreditando que esta facilitaria o acesso de todos os cidadãos na vida social e econômica. Cf: FELL, Claude. *Op. cit.*, p. 180-182.

23   VASCONCELOS, José. *Memórias II. El desastre, El proconsulado. Op. cit.*, p. 58.

Deixando de lado a discussão sobre o que ou quem inspirou o projeto de Vasconcelos, sejam eles Dewey, Lunacharsky, "inspiração divina" ou sua singular "capacidade para manejar ideias",[24] o fato é que, após a aprovação do projeto cultural, desafios colossais estavam postos, tanto que, em suas rememorações, ressaltou que, quando os trabalhos se iniciaram, a primeira campanha colocada em prática não foi, como se poderia imaginar, de alfabetização, mas de banho e corte de cabelo. Extirpar piolhos, curar sarnas, lavar roupas dos pequenos e dar merenda, eram atividades que os professores tiveram que cumprir antes de ensinar a ler e escrever.[25]

Outra lembrança que Vasconcelos selecionou refere-se ao desafio enfrentado de formar a equipe de profissionais que o assessorou enquanto ocupou o cargo de Ministro da Educação Pública. Por afirmar insistentemente que "sempre sobra boa gente quando o que manda sabe buscá-la e a utiliza com honra" e que a "corrupção não vem do ambiente e, sim, do mau governante", o memorialista elaborou um modelo de probidade administrativa, atribuindo a si capacidades moral, intelectual e administrativa para as escolhas e ações.

Segundo ele, os critérios observados para se obter o emprego na SEP eram competência e honestidade.[26] Assim sendo, uma das medidas iniciais teria sido eliminar todos os considerados não qualificados, procurando aproveitar alguns nomes do "velho regime", conciliando com

24 VASCONCELOS, José. *Ulises Criollo. Op. cit.*, p. 44.
25 VASCONCELOS, José. *Memórias II. El desastre, El proconsulado. Op. cit.*, p. 54. A proposta inicial do projeto era que as crianças ficassem em tempo integral, seguido o seguinte programa: das 8h-9h asseio pessoal; 9h-10h escrita e leitura; 10h-10:30 recreio; 10:30-11h aritmética; 11h-11:30 cultura física e jogos; 11:30- 12h composição oral; 15h-16h desenho e exercício de observação; 16h-16:20 recreio; 16:20- 17h cultura física ou biografias mexicanas. In: Boletim da SEP, I, 1 maio 1922, p. 101. Citado por FELL, Claude. *Op. cit.*, p. 40.
26 "Todos os nossos saíram pobres". Cf: VASCONCELOS, José. *Memórias II. El desastre, El proconsulado. Op. cit.*, p. 67.

jovens de extraordinários talentos criadores.[27] A figura do governante austero que evitava favoritismos, protegidos e parentes na administração foi exaustivamente realçada pelo autobiógrafo. Referindo-se à resposta que dava "às bonitinhas recomendadas por personagens", escreveu: "Tenho postos para feias; postos mal pagos e com muito trabalho. Você não necessita. E as despedia sem cerimônias".[28]

Ao buscar lapidar sua imagem por meio da sua construção autobiográfica, é visível a alteridade construída em relação aos políticos que ocuparam e ocupavam o poder até o momento em que escrevia. Afirmou que cumpria uma rotina que fora marcada por uma disciplina "quase monástica", segundo ele indispensável a todo político, escritor e profissional: trabalhava das sete da manhã às sete da noite, exigindo pontualidade daqueles que estavam sob sua autoridade, não tendo tempo para compromissos sociais, festividades, recepções diplomáticas e banquetes.[29]

A ideia de sacrifício em prol da função pública foi bastante explorada, afirmando que o tempo gasto com o trabalho terminava minando possibilidades de convívio com os filhos.[30] O autobiógrafo também escreveu que, enquanto foi, ministro, não aceitou ser favorecido, fazendo menção a uma ocasião em que Obregón havia lhe oferecido dinheiro para "gastos com instalação", justificando que outros ministros eram be-

---

27 Cf. *Ibidem*, p. 70-83. Na ânsia por demarcar os critérios de escolha, Vasconcelos fez menção a uma conversa com o Presidente Obregón, que o procurou para falar sobre uma funcionária da Escola Industrial de Mulheres que fora demitida porque não tinha título de professora normalista. Na conversa, informou-a que não poderia desfazer a ação, pois estaria passando por cima da autoridade do Ministro. Informou a Vasconcelos que, com o salário, sustentava as filhas e o marido paralítico. De acordo com o relato, Obregón terminou acatando a decisão e Vasconcelos defendeu-se argumentando os leitores "Mas eu pergunto ao leitor: um marido paralítico é desculpa para que uma escola fique em mãos pouco aptas?"
28 VASCONCELOS, José. *Memórias II. El desastre, El proconsulado. Op. cit.*, p. 70.
29 *Ibidem*, p. 73.
30 *Ibidem*, p. 76.

neficiados com a medida. Afirmou ter ficado "repugnado pela ideia de receber um subsídio que não considerava correto, por entender ser um abuso com o uso do dinheiro público". Ao presidente teria respondido: "Muito obrigado, General, mas acontece que já tenho casa. Comprei minha casinha em Tabucaya, antes da Revolução, e ela me basta".[31]

Vasconcelos procurou descrever sua atuação como o que entendia ser um modelo de "ação técnica ilustrada".[32] Assim, dedicou muitos capítulos num tema que possivelmente acreditava ser um de seus maiores trunfos para fazer de sua memória um monumento – os três grandes departamentos da SEP: o Departamento Escolar, Bibliotecas e Belas Artes.[33] Segundo ele, um programa "simples, mas coerente e completo."[34]

O Departamento Escolar era composto de dois "auxiliares": o de alfabetização e educação indígena. Este último foi tema de muitas discussões, e, até o último minuto, Vasconcelos mostrou-se contra sua criação, por defender que o maior problema do México não era a "questão indígena", mas, sim, a "ignorância".[35] Ele afirmava que os índios deveriam ser vistos, primeiramente, como "mexicanos" e, somente depois,

---

31 VASCONCELOS, José. *Memórias II. El desastre, El proconsulado. Op. cit.*, p. 69.

32 Por "ação técnica ilustrada", afirmava ser a prática de governar, procurando compor um quadro de profissionais qualificados para as funções, que fugisse de improvisações e favoritismos praticados até então.

33 Não é nosso propósito fazer uma descrição detalhada do projeto cultural de Vasconcelos. Tal tarefa foi muito bem desempenhada pelo historiador francês Claude Fell. Limitar-nos-emos a analisar aquilo que Vasconcelos considerou relevante ponderar. Especialmente em relação a algumas polêmicas geradas, ligadas ao momento em que atuou como ministro. Sobre a análise do projeto cultural de Vasconcelos, realizado de forma comparada ao de Monteiro Lobato, ver CRESPO, Regina Aída. *Itinerarios intelectuales... Op. cit.*

34 VASCONCELOS, José. *Memórias II. El desastre, El proconsulado. Op. cit.*, p. 45.

35 Quanto a este posicionamento, Vasconcelos não estava isolado. Dois importantes educadores mexicanos, Abraham Castellanos e Gregório Torres Quintero, combatiam, há muitos anos, a instauração de uma escola especificamente destinada aos indígenas. FELL, Claude. *Op. cit.*, p. 204.

como "índios". Sempre em defesa do modelo deixado pela Espanha, insistia em que, tal como fizeram os missionários católicos espanhóis do século XVI e fugindo da imitação da "prática norte-americana e protestante",[36] o índio deveria frequentar escolas especiais somente o tempo suficiente para aprender noções do idioma espanhol e os primeiros elementos do saber, inscrevendo-se, depois, na escola rural, educados com mestiços, brancos e negros.[37] Em sua perspectiva, adotar o "sistema norte-americano" equivaleria a desfazer a grande obra social, mais profunda e eficaz que a Colônia havia deixado: a mestiçagem.

O memorialista justificou seu empenho em difundir o idioma espanhol enquanto foi ministro, afirmando crer que o idioma tinha poder maior para "nacionalizar" do que o sangue.[38] Sabemos também que, para os governantes, naquele momento, a unificação linguística era uma preocupação de ordem pragmática e urgente para que outras etapas fossem atingidas, dentro das necessidades que o Estado tinha de integração da população. Vasconcelos, no entanto, preferiu oferecer uma justificativa ideológica para defender as razões pelas quais a educação dos "mexicanos" não deveria valorizar as diferenças linguísticas e culturais dos indígenas:

> (...) Sistema fundado na etnografia positivista, que exagera nas diferenças de raças e faz do selvagem um ser separado, uma espécie de elo perdido entre o macaco e o homem. Os educadores espanhóis, antes que aparecesse a etnologia, por intuição genial e também por experiência, haviam abandonado, depois de tentá-lo, o sistema de aplicar aos índios métodos especiais e educação

---
36 VASCONCELOS, José. *Memórias II. El desastre, El proconsulado. Op. cit.*, p. 20.
37 *Ibidem*, p. 20.
38 *Ibidem*, p. 368.

separada. No lugar da separação escolar, estabeleceram a fusão das castas na escola e no culto. Dessa fusão, resultou a homogeneidade de nossa raça nacional, a relativa coesão de castas.[39]

Essa forma de lidar com a situação indígena levou-o a receber críticas por parte de alguns de seus contemporâneos e por estudiosos que avaliaram posteriormente sua atuação. Guillermo Bonfil Batalla, ao fazer referência à obra de Vasconcelos, em *México profundo una civilización renegada*, destaca que essa "descoberta" por parte da intelectualidade e dos governantes não fez com que os valores positivos do "México profundo" fizessem parte dos projetos. A linha dos projetos foi traçada de forma a dotar as comunidades da técnica necessária para adequar-se às novas necessidades do país e, consequentemente, o processo de integração pressupôs uma "desindianização". "Elevar" essa população representou, também, para este autor citado, a tentativa de fazê-la perder sua especificidade cultural e histórica.[40]

---

39 VASCONCELOS, José. *Memórias II. El desastre, El proconsulado. Op. cit.*, p. 123.

40 Ao comentar sobre programas colocados em prática, após a Revolução, e fazendo referência direta a Vasconcelos, Bonfil Batalla afirma: "Levam escolas ao campo e às comunidades índias, mas não para que nelas se estimule e sistematize o conhecimento de sua própria cultura e, sim, para que aprendam os elementos da cultura dominante. (...) Valorizam algumas manifestações das culturas indígenas e camponesas (artesanato, expressões artísticas), mas como atividades isoladas, fora de seu contexto e sem que o apoio que lhes dão pretenda ser estímulo ao desenvolvimento cultural próprio e integral das comunidades. Reconhecem os direitos de igualdade, mas negam o direito à diferença. Uma vez mais, a civilização do México Profundo fica excluída do projeto nacional. "BATALLA, Guillermo Bonfil. *México profundo: Una civilización renegada*. México: SEP, 1987, p. 169-171. Não temos por objetivo, neste trabalho, destruir ou enaltecer a obra de Vasconcelos. Concordamos em parte com Bonfil Batalla quando afirma que, na trajetória modernizante, governantes priorizaram uma política homogeneizante da cultura. Sem dúvida, as políticas nacionalistas visavam a incorporação desta parcela da sociedade à nova nação que se construía e isso pressupunha iniciativas, defendidas não apenas por Vasconcelos, que entendiam que o caminho era, de fato, a "desindianização".

Levar a educação básica até os rincões do México era um dos grandes desafios. Sobre as ações empreendidas, Vasconcelos sublinhou sua intenção ambiciosa de formar equipes de professores e artistas que pudessem oferecer às comunidades rurais uma formação mais completa, inspirando a população mais carente para o gosto da beleza, "único caminho que resta ao laico para aproximar-se das coisas de Deus",[41] e outras mais que incitassem à ação social e ao trabalho na "empresa patriótica".[42] Apontando números, não se esqueceu de afirmar que os "professores missionários" eram os mais bem pagos da SEP.[43]

Na descrição de suas lembranças, ressaltou que, em "tempos de falta de livros e prédios",[44] que caracterizou o período pós-armado da Revolução, também conseguiu imprimir a sua marca. Demarcou sua passagem pela SEP como um divisor de águas, numa etapa construtiva para o México. Relembrou ainda a importância que teve outro departamento auxiliar, o de Construções Escolares, que tinha como objetivo adaptar velhos edifícios e construir novos locais para dar lugar tanto à educação quanto à difusão da cultura. Nas páginas de seus relatos, salientou sua relevância recordando as inúmeras inaugurações de escolas e bibliotecas: "Nunca fiz uma viagem que não tivesse por objetivo inaugurar uma escola já construída, reformar uma já pronta. (...) Por

---

41 A missão da escola primária moderna deveria, segundo a proposta do projeto cultural, não apenas ensinar a ler, escrever e contar, mas ensinar a fazer isso "bem". O professor também deveria trabalhar para que o aluno desenvolvesse simpatia pelo "bom", pelo "útil" e pelo "belo". Cf. FELL, Claude. *Op. cit.*, p. 170-171.

42 VASCONCELOS, José. *Memórias II. El desastre, El proconsulado. Op. cit.*, p. 93 e 125.

43 Além da presença de intelectuais mexicanos no projeto, Vasconcelos conseguiu o envolvimento de nomes importantes de outros países da América Latina: o dominicano Pedro Henríquez Ureña, fazendo conferências de literatura espanhola; a poetisa chilena Gabriela Mistral, e o peruano Haya de la Torre, na época, exilado político, que trabalhou na tradução dos clássicos.

44 Cf. VASCONCELOS, José. *La Flama. Op. cit.*, p. 151.

onde íamos fazia-se patente o fruto de dois ou três anos de trabalho sincero."[45] O memorialista não se esqueceu, também, de ressaltar o seu papel, não apenas como alguém que se empenhou em levantar obras, mas que foi além, ao implantar no México um estilo que se converteu em "doutrina arquitetônica" do Governo pós-revolucionário, apresentado como "nacional": o "neocolonial", estilo que pretendia fazer a síntese de elementos artísticos pré-hispânicos e coloniais.[46]

Nos escritos, Vasconcelos não fez referência direta a Manuel Gamio, mas somos levados a crer que ele esteve atento à orientação daquele "mestiçófilo", quando defendeu, conforme já apontamos no capítulo anterior, a necessidade de uma "arte nacional" – que em sua concepção, deveria ser "mestiça" – como instrumento eficiente para integrar a nação.

De acordo com Enrique X. de Anda Alanís, a escolha pelo neocolonial como proposta de "arquitetura nacional" recebeu críticas por parte de arquitetos que lutavam pelo rompimento com a dominação acadêmica neoclássica e argumentavam que não estavam de acordo que um estilo pretérito lhes identificasse no presente.[47]

---

45 VASCONCELOS, José. *Memórias II. El desastre, El proconsulado. Op. cit.*, p. 136.
46 Cf. DE ANDA ALANÍS, Enrique X. *La arquitectura de la Revolución mexicana*. México: Unam, 1990, p. 69-70. O propósito de enaltecer e oficializar o estilo neocolonial como a "arquitetura propriamente mexicana", foi amadurecido por Vasconcelos quando visitou o Pavilhão do México, na Exposição Internacional do Rio de Janeiro, por ocasião das comemorações de nossa Independência. O prédio que representou o México foi idealizado por dois jovens arquitetos: Carlos Obregón Santacilia e Carlos Traditi. Vasconcelos fez de Obregón Santacilia o responsável pela elaboração e reformulação de boa parte das obras realizadas durante sua gestão na SEP. Entre construções e adaptações, este autor lista 16 obras, entre elas, A Biblioteca Cervantes, o Centro Escolar Morelos, o Estádio Nacional, o Instituto Técnico Industrial, a Escola Gabriela Mistral, o Centro Escolar Benito Juárez, entre outras. Sobre demais construções ligadas a SEP na gestão de Vasconcelos, ver também: FELL, Claude. *Op. cit.*, p. 106-109.
47 DE ANDA ALANÍS, Enrique Xavier. "Tradición y nacionalismo como alternativas de identidad en la arquitectura moderna mexicana". In: AMARAL, Aracy (coord.).

Entre nostalgias, ressentimentos e o desejo de lapidar sua imagem, Vasconcelos apresentou como "períodos destruidores", tanto os anos armados da Revolução, anteriores à sua atuação, que colocaram abaixo grandes obras que via como símbolos da beleza arquitetônica do período colonial, como também emitiu seus juízos negativos em relação ao novo estilo, que se impôs após a sua saída, definindo-o como um "miserável estilo utilitário, mesquinho e feio".[48] Independentemente das discordâncias, não se pode negar que a grandiosidade da produção, tanto em quantidade quanto em beleza arquitetônica fez com que Vasconcelos fosse reconhecido como o "Ministro Construtor."

Como temos procurado mostrar, além de reforçar o que entendia que não merecia ser esquecido, Vasconcelos utilizou seus escritos como uma oportunidade para se defender de alguns ataques que envolviam algumas de suas escolhas no projeto cultural. Dando continuidade às lembranças sobre suas ações políticas, fez questão de dedicar um capítulo para falar de outro Departamento da Secretaria: o de Bibliotecas. Tinha consciência do quanto algumas questões ligadas ao mesmo haviam lhe dado notoriedade, mas também gerado críticas e polêmicas.[49]

Arquitectura neocolonial. América Latina, Caribe, Estados Unidos. México: FCE, 1994, p. 259-269.

48 *Ibidem*, p. 177.

49 À frente do Departamento de Bibliotecas estiveram Julio Torri e Jaime Torres Bodet. Daniel Cosío Villegas, Eduardo Villaseñor e Samuel Ramos trabalharam no departamento, fazendo traduções e editando obras de Homero, Ésquilo, Platão, Eurípedes, Dante Alighieri, Plotino, Cervantes, entre outros. Enrique Krauze afirma que "o contato destes jovens com essas obras lhes parecia, radical, novo e revolucionário". Cf: KRAUZE, Enrique. *Op. cit.*, p. 106. De acordo com Claude Fell, não existem estatísticas globais sobre o número de bibliotecas criadas nem a quantidade de livros distribuídos entre 1920 e 1924. Entre os diferentes informes anuais que circularam, o que se considera mais coerente, é o apresentado por Jaime Torres Bodet, diretor do Departamento. De acordo com esses dados, em 1920, havia cerca de setenta bibliotecas no país. Até 1924, próximo à saída de Vasconcelos, foram criadas

Vasconcelos ainda ressaltou sua "missão" de integrar o índio, tirando-o do isolamento cultural e socioeconômico por meio da alfabetização. Salientou, também, a dificuldade para atingir a meta, devido à escassez de livros e bibliotecas e argumentou que, para "chegar a obter ambos, seria necessário despertar o interesse do povo pela leitura".[50] A partir da apresentação dos desafios, respondeu a seus críticos, justificando a escolha de traduzir, editar e distribuir os "clássicos da literatura". Apresentou as críticas como resultado de um "escândalo perverso de 'jornalistas malvados'", "intelectuaizinhos despachados" e a "porção idiota do povo" que classificou como ineficácia e disparate editar clássicos para um povo que não sabia ler.[51] Dirigiu uma pergunta direta aos leitores: "Há, no mundo, pessoa ilustrada que negue que o melhor começo de toda leitura culta está nos Clássicos da Humanidade?" Denotando ignorar os problemas sociais e as necessidades mais imediatas da parcela mais pobre da população mexicana e esboçando todo o

---

1916 bibliotecas infantis, técnicas e literárias que constavam de 297.103 volumes, o que representaria um esforço financeiro e editorial considerável. Um dos destaques, conforme já assinalamos, foram as sessenta e oito bibliotecas ambulantes que fizeram circular, ao todo, 4.161 volumes, pelas regiões mais remotas do México. Cf. FELL, Claude. *Op. cit.*, p. 513-520.

50 VASCONCELOS, José. *Memórias II. El desastre, El proconsulado. Op. cit.*, p. 46.

51 *Ibidem*, p. 47. Os críticos de Vasconcelos enfatizaram muito a edição e distribuição dos "clássicos" a uma população que não sabia ler. Entretanto é necessário ressaltar que o Departamento de Bibliotecas não ficou restrito a edição dos clássicos da literatura. Em *Indologia*, Vasconcelos escreveu que adquiriram dos Estados Unidos uma relação de livros indicados para compor uma biblioteca, composta das seguintes obras e autores: *Ilíada* e *Odisseia*; Ésquilo e Eurípedes; três tomos de Platão; *Os Evangelhos*; dois tomos de Plutarco; a *Divina Comédia*; *Fausto*, de Goethe; *Seleções Fundamentais*, do indiano Rabindranath Tagore; *As vidas*, de Romain Rolland; Plotino; uma *Antologia ibero-americana*; um tomo do dramaturgo e poeta espanhol Lope de Vega; uma coleção de contos infantis, em dois volumes. Também foram produzidos 50 mil exemplares de *História de México*, de Justo Sierra, 20 mil de *História Universal, Leitura para mulheres*, de Gabriela Mistral, livros técnicos, sobre higiene, cartilhas e obras científicas de autores locais. Cf. *Indologia. Op. cit.*, p. 165-169.

seu idealismo, concluiu de forma categórica: "O que este país necessita é pôr-se a ler a *Ilíada*":[52]

> Não se reflete que não se pode ensinar a ler, sem dar o que ler. E ninguém explica porque há de se privar ao povo do México, a título de que é um povo humilde, dos tesouros do saber humano que estão ao alcance dos mais humildes nas nações civilizadas. Meus detratores não têm desejado inteirar-se de que as mais humildes bibliotecas da América do Norte contam com sua coleção de Clássicos. Nem levam em conta que, onde não há, tem que se criar.[53]

Fazendo uso do ataque como estratégia eficiente para se defender de acusações que considerava injustas, ao longo de vários capítulos procurou elaborar uma memória que o ajudasse na tarefa de impedir que os mexicanos esquecessem o papel que ele acreditava ter desempenhado como grande civilizador, trabalhando em prol do acesso democrático à cultura no México. É visível a sua preocupação em deixar seus leitores inteirados de sua versão dos fatos, para que o julgassem. Ressaltou sua "ação criadora", em oposição à atuação dos governos "ignorantes e militaróides", que nada faziam para evitar o saque da maior parte dos tesouros nacionais mexicanos. Referiu-se diretamente à saída clandestina de livros do país, atacando:

> Isto não falam os que escrevem, porque é mais fácil disfarçar suas inquietações, caluniando a um que está desterrado porque soube enfrentar o mal. Em todo o caso, há razão para que o homem honrado se desencoraje em nosso meio. E tudo isso eu

---

52 VASCONCELOS, José. *Memórias II. El desastre, El proconsulado. Op. cit.*, p. 46.
53 VASCONCELOS, José. *Memórias II. El desastre, El proconsulado. Op. cit.*, p. 47-48.

grito porque o silêncio é outra forma de cumplicidade e porque, no exame de consciência desta autobiografia, é necessário estudar as acusações justas e as infames.[54]

Na busca pela identificação de sua imagem como a de um Quetzalcóatl moderno, que trabalhou arduamente pela cultura, Vasconcelos relembrou a importância que teve, também, o Departamento de Belas Artes. Enalteceu a importância, a grandiosidade, a beleza e o objetivo do projeto, afirmando o quanto trabalharam para descentralizar a cultura sem perder a qualidade, estabelecendo centros de criação e de difusão.[55] Um dos grandes objetivos do Departamento era a integração da nação por meio da arte e isso ocorreu por diferentes estratégias: música, arquitetura, desenho, pintura e outras manifestações.

É interessante notar o quanto Vasconcelos, como memorialista, fez questão de distanciar-se ou minimizar um dos aspectos e algumas das figuras que mais se destacaram durante seu empreendimento cultural. Um dos grandes méritos do projeto foi o fato de indígenas, operários e camponeses terem tido oportunidade de um contato maior com as artes, não apenas de forma passiva, mas, principalmente, como sujeitos históricos que, além de fazer parte da temática, também tiveram condições de manifestar a sua criatividade.[56] Imaginava-se que, favorecendo as manifestações e também possibilitando ao povo ver-se retratado, seria mais fácil fazê-lo se sentir integrado à nação.[57]

---

54   *Ibidem*, p. 50.
55   VASCONCELOS, José. *Memórias II. El desastre, El proconsulado. Op. cit.*, p. 66.
56   Nas aulas de desenho, por exemplo, os artistas deveriam ensinar os sete elementos básicos, permitindo que os alunos desenvolvessem sua criatividade.
57   DE ANDA ALANÍS, Enrique Xavier. "Tradición y nacionalismo como alternativas de identidad en la arquitectura moderna mexicana". In: AMARAL, Aracy (Coord.).

Essa proposta do projeto obteve atenção de Vasconcelos nas *Memórias*. Entretanto dois aspectos ficam bastante evidenciados. Primeiro, a preferência em afirmar sua grande preocupação em promover o contato da população mais pobre com o clássico. Justificou que, apesar de terem estimulado e organizado manifestações folclóricas, reabilitando, por exemplo, o canto popular, essa era uma estratégia que não visava transformar o "popular em fetiche", muito menos ser apresentado como único exercício de arte e, sim, despertar, por aquele caminho, o "gosto superior".[58]

O segundo aspecto tem a ver com uma ausência perceptível a qualquer leitor que conheça minimamente o muralismo mexicano em sua fase de maior apelo popular – a década de 1920, tendo Vasconcelos como o maior promotor das artes - quando a arte ultrapassou a academia e chegou aos muros de instituições públicas do México. Ao enaltecer as realizações e nomes ligados ao Departamento de Belas Artes, o autobiógrafo fez referências a nomes de artistas que atuaram como maestros, diretores de orquestras, criadores de orfeões, incluindo, também, o corpo de bailes folclóricos, ressaltando que eram figuras que estiveram envolvidas em "elevar o nível espiritual dos homens".

Arquitectura neocolonial. América Latina, Caribe, Estados Unidos. México, FCE, 1994, *Op. cit.*, p. 67. De Anda Alanís afirma que o nacionalismo na arquitetura e na pintura muralista não nasceu nem morreu durante o Obregonismo, mas, sem dúvida, adquiriu vigor como parte da teoria geral do novo país em revolução, que tinham os governantes a partir de Álvaro Obregón.

58 Cf. VASCONCELOS, José. *Memórias II. El desastre, El proconsulado*. *Op. cit.*, p. 66. Foram realizadas ao ar livre, em distintas regiões do país, apresentações de orquestras e orfeões, festas típicas regionais, peças teatrais, espetáculos de danças e cantos populares. No capítulo "Hispanoamérica asoma", Vasconcelos relembrou a visita da renomada Companhia de drama e comédia de Camila Quiroga ao México.

Entretanto a grande lacuna ficou por conta da falta de referências aos "Três Grandes", Rivera, Orozco e Siqueiros, que iniciaram suas atividades como "muralistas", durante a gestão de Vasconcelos à frente da SEP.[59] A pouca importância que deu às manifestações artísticas populares e a ênfase ao "povo" como protagonista de muitas obras nos murais poderiam ser explicadas pelo fato de que, no momento em que escrevia as *Memórias*, Vasconcelos parecia não mais acreditar na possibilidade da arte como "redenção" dos "de baixo"? Ou pelo fato de a arte dos muralistas ter se encaminhado por rumos "não desejados"? Talvez um pouco de cada uma dessas hipóteses, mas também gostaríamos de incluir o fato de que, naquele momento, as relações de José Vasconcelos com os principais nomes do muralismo já se encontravam há muito tempo abaladas.

Em capítulos posteriores, afirmou o quanto se sentia injustiçado pelos grandes nomes do Muralismo, já que o Estado, na sua pessoa como ministro, havia sido o grande mecenas de suas obras. Em resposta, à "ingratidão" dos artistas, procurou omiti-los ou desqualificá-los. Referiu-se a Diego Rivera como "antigo pensionista da ditadura porfirista", acusando-o de "mudar de lado para tirar vantagens".[60]

---

59 Embora aquele movimento tenha se concentrado, cada vez mais, nas mãos dos "Três Grandes", David Alfaro Siqueiros, Diego Rivera – que voltaram da Europa para participar do projeto – e José Clemente Orozco, Vasconcelos entregou as paredes de prédios públicos a outros artistas como Xavier Guerrero, Roberto Montenegro, Adolfo Best Maugard e Carlos Mérida. Jovens artistas como Jean Charlot, Fermín Revueltas, Ramón Alva de la Canal, Emílio García Cahero e Fernando Leal. Sobre as fases, nomes e temáticas do Muralismo no México, Ver ADES, Dawn. *A arte na América Latina: A era moderna (1820-1980)*. *Op. cit.*, p. 151-180.

60 Com relação a Diego Rivera, Vasconcelos parece ter guardado ressentimentos maiores. Nas páginas das *Memórias*, manifestou as mágoas por saber que Rivera o taxava de "ministro burguês" e ainda se referiu a um episódio especial, por ocasião da publicação dos dois primeiros tomos. Segundo Vasconcelos, "no prédio que ele havia levantado", Rivera o havia pintado numa "posição infame, molhando a pena em esterco". Cf. VASCONCELOS, José. *Memórias II. El desastre, El proconsulado*. *Op. cit.*, p. 261.

Sobre Siqueiros, afirmou o quanto havia dispensado de paciência, defendido e suportado as críticas da imprensa àquele artista, que achava um "despropósito" os seus murais, além do fato de que "nunca terminava uns caracóis misteriosos na escada do pátio pequeno da Preparatória."[61] Também não omitiu dois grandes pontos de discordâncias que teve com alguns artistas do muralismo, especialmente os três mais famosos, fato que terminou culminando com o afastamento entre as partes: a proposta das temáticas, por parte do então ministro, e a decisão, por parte dos artistas em formar um sindicato. Sobre a sindicalização dos artistas pronunciou-se da seguinte forma:

> Enquanto estive na Secretaria, todos esses intelectuais de sindicatos (pintores...) me enalteciam como um grande revolucionário. (...) Sempre me pareceu que o intelectual que recorre a esses meios é porque se sente fraco individualmente. A arte é individual e unicamente os medíocres se amparam no gregarismo de associações. (...) A arte é luxo; não necessidade proletária.

Em torno da "temática" e estilos colocados em ação por pintores e arquitetos, pensamos ser importante um aprofundamento de algumas questões que são colocadas por segmentos de estudiosos que se interessaram pela obra de Vasconcelos.

O arquiteto Enrique X. de Anda Alanís considera que, assim como o foi para os arquitetos, Vasconcelos impôs aos artistas do Movimento Muralista, *arbitrariamente*,[62] as ideias e o estilo, não

---

61 Ibidem, p. 261.
62 Grifo nosso.

permitindo que sobressaísse a capacidade criativa dos mesmos.[63] Claude Fell e Enrique Krauze, historiadores que desenvolveram estudos importantíssimos sobre Vasconcelos, também chamaram a atenção para o comportamento do então ministro. Fell foi mais sutil. Ainda assim, qualificou a sua administração como "partidária do dirigismo", afirmando que Vasconcelos privilegiou, no terreno educativo e cultural – tanto ideológico quanto prático – a ação do Estado e do poder central.[64] Enrique Krauze, que investigou casos significativos de integração entre o intelectual mexicano ao Estado revolucionário, deu título à sua obra de *Los caudillos culturales de la Revolución*.[65]

Ressaltamos que reconhecemos o mérito do trabalho realizado por estes pesquisadores. Seus estudos são fontes importantes neste livro. Entretanto defendemos que as expressões utilizadas merecem uma reflexão maior, visto que tais conceitos carregam em si uma carga de autoritarismo que, se formos observar a fundo, não correspondem aos resultados alcançados pelo projeto cultural da SEP.[66] Dawn Ades,

---

63 Cf: DE ANA ALANÍS, Enrique X. "Tradición y nacionalismo como alternativas de identidad en la arquitectura moderna mexicana". *Op. cit.*, p. 259-269.

64 Além de fazer referência ao fato de que, em relação aos muralistas, Vasconcelos elaborou e promoveu um "modelo cultural de Estado". Fell também mencionou as discordâncias e conflitos que Vasconcelos enfrentou com Antonio Caso e Pedro Henríquez Ureña, na questão da discussão em torno da autonomia universitária; Com Lombardo Toledano, na reforma da Escola Nacional Preparatória e com as Federações Estudantis e suas relações com a Confederação Regional Operária Mexicana. Cf. FELL, Claude. *Op. cit.*, p. 12, 20 e 663-665.

65 Krauze se detém de forma mais aprofundada sobre o papel de Vicente Lombardo Toledano e Manuel Gómez Morín, mas dá uma atenção especial para Vasconcelos, chamando-o de "guia moral" daquele momento de "consciência social gerado pela Revolução", que impulsionou vários intelectuais a se envolverem na obra de reconstituição da nação mexicana, nas primeiras décadas do século XX. Em sua obra, o autor contempla o conflito ocorrido entre Vasconcelos e alunos da ENP, em 1923, e seu posterior rompimento com Toledano e Caso, que travaram luta aberta contra o "autoritarismo" de Vasconcelos. Cf. KRAUZE, Enrique. *Op. cit.*, p. 176-178.

66 Sobre a versão de Vasconcelos, Cf. VASCONCELOS, José. *Memórias II. El desastre, El proconsulado. Op. cit.*, p. 151- 164.

autora de *A arte na América Latina,* ao privilegiar um capítulo sobre Movimento Muralista no México, escreveu:

> O que havia de extraordinário nesse projeto, quando comparado com outros lançados sob as mesmas condições revolucionárias, era a ausência de qualquer imposição concernente à temática e ao estilo. Vasconcelos deixava os artistas livres para escolher seus temas, com imprevisíveis consequências.[67]

Quanto ao ponto de vista de Dawn Ades, sustentamos que sua afirmação também merece ser relativizada, pois consideramos que ela dá margem a uma interpretação que aponta para uma completa liberdade conferida por Vasconcelos aos artistas. A análise das fontes nos permite afirmar que de fato, não houve *imposição*[68] aos artistas e que estes tiveram, sim, liberdade na escolha de temáticas e estilos. Entretanto sustentamos que o posicionamento de Ades pode levar o leitor a imaginar que os pintores não teriam sofrido coerção, o que não se confirma. Tanto que os motivos do rompimento dos artistas com Vasconcelos explicam-se, em parte, por discordâncias neste sentido. Nas fontes, o próprio memorialista reconheceu que indicou temáticas em determinado muro público, mas também afirmou que Rivera havia "rompido o plano geral da obra, pintando umas alegorias em homenagem a Zapata e Felipe Carrillo Puerto".[69]

Uma breve pesquisa sobre o conteúdo das obras nas paredes de instituições públicas ligadas à SEP, realizadas durante aquele período,

---

67 ADES, Dawn. *A arte na América Latina. Op. cit.,* p 151-152.
68 Grifo nosso.
69 Cf. VASCONCELOS, José. *Memórias II. El desastre, El proconsulado. Op. cit.,* p. 260-261. Felipe Carrillo Puerto foi governador do Estado de Yucatán, fazendo uma administração com orientação socialista.

nos leva a concluir os artistas tiveram liberdade para expor a sua interpretação ideológica e estética, que certamente divergiam, muitas vezes, da visão e das indicações de Vasconcelos.[70] Se o desejo inicial do então ministro foi que os pintores registrassem cenas de mulheres com trajes típicos e personagens heroicos da história nacional – e isso também ocorreu – também é necessário afirmar que tiveram condições de expandir horizontes com relação à temática e à estética.[71] Em vez de simbólicas e decorativas figuras, os artistas também puderam pintar cenas do cotidiano, painéis dedicados ao tema da distribuição de terra, ritos, festejos de rua, o dia dos mortos, e alguns rituais pré-colombianos.[72]

Vasconcelos tinha consciência da sua fama de "intransigente". Deste modo, privilegiou explicar alguns episódios ligados a essa questão, procurando, é claro, apresentar as suas justificativas para tal comportamento. Deu atenção ao conflito com os estudantes da Escola Nacional Preparatória que terminou por marcar o seu afastamento dos ex ateneístas Antonio Caso, na época, reitor da Universidade Nacional do México e Pedro Henríquez Ureña. Naquela ocasião, após uma série de manifestações que passaram por uma greve de estudantes, desconsiderando a autoridade de Caso e Vicente Lombardo Toledano, diretor da Preparatória, Vasconcelos advertiu o então professor Alfonso Caso, acusando-o de agitar os alunos. Também expulsou (mais tarde a situação foi revertida para uma suspensão de oito dias) os principais envolvidos,

---

70 Na primeira fase do movimento, durante a gestão de Vasconcelos como ministro, os principais nomes do Muralismo registraram a sua arte no andar térreo e no pátio principal da Escola Nacional Preparatória, no andar térreo, no anfiteatro e auditório da SEP, na nave da Igreja de San Pablo e San Pedro.

71 Sem nos informar o prédio público onde se localizou a obra, Claude Fell afirma que Diego Rivera pintou, a pedido de Vasconcelos, José Maria Morelos, Benito Juárez, Francisco Madero, apresentando-os como "As figuras ilustres do patriotismo nacional", criadores e mártires da nacionalidade mexicana.

72 Ver imagens dos murais em: ADES, Dawn. *Op. cit.*

entre eles, Salvador Azuela (durante a campanha presidencial, em 1929, Azuela foi um dos membros da "juventude Vasconcelista") e um irmão de Toledano. Em sua versão, o memorialista optou por justificar que não aceitava que a Instituição se tornasse espaço para politizações e agitações da "CROM Callista" (Confederação Regional Operária Mexicana). Quanto à postura de Ureña e Antonio Caso, acusou Caso de debilidade administrativa e ambos de não serem justos no julgamento, pois, ao tomarem as dores de Toledano e Alfonso Caso, agiram pela "debilidade do parentesco". (Ureña e um irmão de Caso se casaram com uma irmã de Vicente Lombardo Toledano).

Fechando o parêntese, ressaltamos que concordamos que a administração de Vasconcelos estava distante do modelo que poderíamos considerar democrático. No entanto preferimos afirmar que ela foi, indubitavelmente, centralizadora e não exatamente dirigista ou arbitrária, visto que entendemos que houve margem para manifestações contrárias ao estabelecido e desejado por Vasconcelos. Acrescentamos ainda que, além de uma característica pessoal, temos que levar em conta que, no papel de ministro, Vasconcelos usou das prerrogativas que lhe cabiam naquele momento, para sistematizar, unificar programas, definir propostas e parâmetros obrigatórios para toda República, visando, primordialmente, a formação da "alma nacional".

É importante avaliar também que foi, naquele período, apesar das diversas divergências e restrições existentes, que aqueles profissionais tiveram a porta aberta para expor à nação e ao mundo, uma arte – tanto na arquitetura quanto na pintura – que juntou os "dois Méxicos", o branco e o indígena, aproximando-se bastante daquilo que Manuel Gamio, Molina Enríquez e outros *mestiçófilos* haviam indicado.

O fato é que, quando se investiga o papel de Vasconcelos na educação e cultura do México daquele período, não há dúvidas quanto ao seu protagonismo. Os desafios foram grandes, passando, como vimos, pela luta em defesa da federalização do ensino, ausência de recursos materiais e humanos, a existência de quase uma maioria considerável da população excluída do mundo letrado. Em seu trabalho sobre a atuação de Vasconcelos como ministro da Educação Pública no México, Claude Fell afirma que, quando se comparam friamente os resultados reais, presentes nos boletins da SEP e o que Vasconcelos descreveu nas *Memórias*, fica evidente que o personagem-narrador superdimensionou seus resultados. Como temos apresentado em nossa perspectiva de abordagem, cremos que é compreensível que Vasconcelos assim o tenha feito, visto que seus escritos buscavam a construção e a reafirmação de uma imagem positiva.

Claude Fell ressalta – e concordamos com sua avaliação – que embora os avanços na alfabetização possam se mostrar aparentemente modestos, não foram, de forma nenhuma, desprezíveis, visto que, frente às dificuldades daquele momento, havia "quase tudo por fazer". Fell afirma:

> Entretanto, estes resultados não são, em absoluto, insignificantes se se tem em conta os limitados meios de que se dispunha e a imensidão da tarefa a realizar. Era um terreno completamente inexplorado e é evidente que o grau de eficácia da campanha reflete a carência de um modelo e de técnicas de comprovada eficácia. Surgem algumas constatações, que poderão ser aproveitadas mais tarde; uma campanha semelhante, ainda que conseguisse a mobilização nacional, não poderia se desenvolver sobre as bases de uma só participação de voluntários; era necessária a intervenção dos poderes públicos para dispor de fundos, material e pessoal.[73]

---

73 FELL, Claude. *Op. cit.*, p. 47.

Esse mesmo autor sublinha que, em linhas gerais, a reafirmação do caráter "gratuito, laico e obrigatório" do ensino primário, constante do projeto colocado em prática por Vasconcelos, não diferia grandemente da proposta iniciada por Justo Sierra, ainda durante o porfiriato. Entretanto sublinha que, embora os resultados concretos e duráveis do projeto tenham ficado aquém do desejado, não há dúvida de que, naquilo que se refere ao consumo cultural, ele foi "revolucionário" ou no mínimo inovador. Especialmente, por incorporar no texto do programa a existência de um "tempo livre" para os setores populares terem oportunidade de contato com as artes. Fell afirma:

> Com algumas limitações evidentes, este texto é o primeiro que instaura no México um verdadeiro "consumo cultural". Antes de tudo, mediante a multiplicação dos "objetos culturais": o livro, o concerto, a pintura, a escultura, a dança, serão relativamente acessíveis, pelo menos enquanto a SEP dispunha de um orçamento suficiente (quer dizer, até 1923).[74]

Mesmo antes de encerrar as descrições de suas lembranças dos anos como ministro, Vasconcelos rompeu o ritmo cronológico da narrativa e reforçou uma ideia que apareceria até 1959, em seu último tomo memorialístico: o quanto os mexicanos tinham perdido ao abrirem mão de não apoiarem a possibilidade da vitória da "civilização" sobre a "barbárie":

> O que relato aqui é minimamente a história de um belo despertar que, em seguida, se apagou na sombra. A angústia de um aborto. Tudo foi tarefa

---

74   *Ibidem*, p. 19 e 56. A proposta do projeto era que arte e conhecimento deveriam servir para melhorar as condições sociais das pessoas.

de uns três anos e tarefa de um Ministro e não de um Presidente. E o poder de um Ministro em nosso regime constitucional é quase nulo (...).[75]

Encerrou o terceiro tomo, *El desastre*, relembrando sua candidatura e posterior derrota ao governo de Oaxaca, seu estado natal, em 1924, mas foi em *El Proconsulado* que concentrou a carga maior de emoção na busca pela continuidade de sua "obra civilizadora", recordando com pesar os seus esforços, esperanças e desilusões, quando imaginou ser possível "civilizar" o México, estabelecendo um "governo ilustrado".

A alma dividida: a contemplação como prazer e a política como sacrifício

A análise da obra memorialística de José Vasconcelos deixa claro o fascínio que a política exerceu nele, embora também seja perceptível em seu discurso o desejo de reiterar sua preferência pelas bibliotecas, igrejas, museus ou outro lugar que pudesse elevar o seu espírito.

Em momentos diversos e em diferentes volumes, o autor-narrador esforçou-se para convencer seus leitores que se sentia um filósofo que havia se envolvido com a política por obrigação moral, aceitando o desafio por entender que o momento não lhe permitia opinar, exigindo-lhe um "dever patriótico".[76] Sua vida e seus relatos de vida confirmam que foi, inquestionavelmente, um homem de alma dividida.[77]

---

75 VASCONCELOS, José. *Memórias II. El desastre, El proconsulado. Op. cit.*, p. 171.
76 VASCONCELOS, José. *Memórias II. El desastre, El proconsulado. Op. cit.*, p. 779.
77 Ver ROBLES, Martha. *Op. cit.* Em *El Proconsulado*, Vasconcelos respondeu aos colegas intelectuais que foram críticos à sua conduta política após a derrota, aconselhando-o a encerrar o assunto, não incitar a violência e voltar às suas atividades intelectuais. Afirmou que não aceitava a separação e as homenagens que insistiam em fazer

Uma das propostas mais evidentes na narrativa de Vasconcelos é a necessidade de querer testemunhar sobre o seu ato de sacrifício pessoal, ao optar pelo caminho da política, para conseguir, numa instância superior do executivo, ir além do que havia sido possível realizar – sendo apenas um ministro. O último volume escrito na década de 1930, *El Proconsulado*,[78] além de discorrer sobre os acontecimentos ligados à política mexicana durante o "maximato",[79] anos em que o autobiógrafo havia estado fora do México, descreveu sobre as recordações ligadas à sua tentativa de chegada à presidência, nas eleições de 1929.

As lembranças passadas sempre vêm selecionadas e elaboradas. Segundo Ecléa Bosi, ao recordar, o passado é "trabalhado qualitativamente, da forma que for mais apropriada ao que descreve os fatos dignos de serem descritos".[80] Tal referência nos ajuda na interpretação das representações criadas pelo intelectual-político. Fazendo uso de sua habilidade literária, trabalhou no sentido de construir um cenário em que o leitor, ao ler descrições das lembranças relacionadas à sua volta

---

ao Vasconcelos "intelectual", "com reservas ao político", e que seus colegas teriam que aceitar a sua "posição intransigente ou renegá-lo para sempre". Cf.: VASCONCELOS, José. *Memórias II. El desastre, El proconsulado. Op. cit.*, p. 779-780.

78 Com um discurso antimperialista, Vasconcelos faz da escolha do título de seu quarto tomo memorialístico, *El Proconsulado*, uma denúncia às ingerências dos Estados Unidos nas questões políticas e econômicas no México. O Embaixador norte-americano Dwight Morrow foi chamado de "pró-cônsul", o representante do Império norte-americano no México, à maneira dos romanos. Nas décadas de 1940 e 1950, Vasconcelos não repetiu o mesmo discurso, demonstrando simpatias pelo nazismo e, nos anos de Guerra Fria, afirmou-se a favor da adesão aos Estados Unidos contra a "ameaça" do "socialismo ateu."

79 Foi chamado de "Maximato" o período de governo dos presidentes Portes Gil, Ortiz Rubio e Abelardo Rodríguez, que governaram à sombra de Plutarco Elias Calles, chamado por seus bajuladores como "Chefe Máximo da Revolução". O Maximato chegou ao fim somente em 1935, após a eleição de Lázaro Cárdenas, que, com habilidade política, conseguiu livrar-se da influência daquele governante. Cf. AGUILLAR CAMÍN, Héctor; MEYER, Lorenzo. *Op. cit.*, p. 97-170.

80 BOSI, Ecléa. *Op. cit.*, p. 29.

ao México no final de 1928 para disputar a campanha à presidência, interpretasse o fato como a chegada de um "herói civilizador" que se dispunha a sacrificar sua vida pessoal em prol da nação. Ao construir uma imagem de si, procurou não afirmar suas virtudes de forma pessoal e direta. Fez uso de um recurso bastante recorrente, que era reproduzir diálogos que teriam ocorrido. Também reuniu trechos ou crônicas escritas e publicadas por amigos próximos. Especialmente as de sua maior apoiadora, Antonieta Rivas Mercado, a "Valéria". Uma, em especial, foi reproduzida na íntegra: "José Vasconcelos, em nome do povo mexicano, aceita o desafio". Por meio daquele texto, Vasconcelos buscou convencer seus leitores do quanto a disputa pela presidência, em 1929, era dispensável em sua trajetória, tendo muito mais a perder do que a ganhar ao aceitar a empreitada de prosseguir na política. Ali, Antonieta Rivas Mercado escreveu:

> Há dois anos (Vasconcelos) ocupava a cátedra de Sociologia hispano-americana. Primeiro na Universidade de Chicago e, subsequentemente, em uma da Califórnia. Anteriormente, soube-se que o governo brasileiro lhe convidara, na qualidade de "conselheiro de educação". O que impulsionava esse homem, consagrado como educador, para abandonar o curso sereno que tinha ante si e preferir disputar a presidência de sua pátria? Era ambição? Era desequilíbrio? Há quatro anos não pisava seu solo. Desterrado voluntário do país, ao qual sua tarefa havia lhe dado fama continental (...). Esse homem ia se comprometer em uma aventura, que parecia descabelada, sua boa reputação. Que traço profundo do espírito seguia para lançar por terra todo o conquistado? Que força o movia?[81]

---

81 VASCONCELOS, José. *Memórias II. El desastre, El proconsulado. Op. cit.*, p. 616 e 617.

Na íntegra, a cronista apresentou a situação confortável, em termos de prestígio, que Vasconcelos se encontrava antes da disputa. A ideia de sacrifício fica muito ressaltada em sua retórica. Num dado momento, depois de apresentar argumentos, mostrando que aquele intelectual só teria a perder ao aceitar o desafio, a cronista interroga: "quem o levaria a sério?" (...) Reforçando a tese de sacrifício, a autora mesma responde: "Só o louco Vasconcelos". Destacou ainda que se tratava de uma batalha política em condições extremamente desiguais, pois, sem dinheiro, não contando com "influências ocultas" na América do Norte, nem militares de alta graduação dispostos ao quartelaço, restava a Vasconcelos somente o fato de ser um candidato movido pela "fé inquebrantável no povo mexicano e o imperativo do próprio destino a cumprir."[82]

Entendemos que, ao se auto-representar nas *Memórias* como o "Ulises *Criollo*", Vasconcelos não se esforçou em esconder os valores culturais que acreditava serem "superiores" e "nacionais". Assim, também não omitiu que alguns mexicanos em especial, se sentiram entusiasmados com o seu retorno e com a sua candidatura. Referiu-se a um grupo grande de exilados que, sentindo-se prejudicado por ações tomadas pelos governos pós-revolucionários, ligadas às expropriações e a medidas de cunho anticlerical, havia se refugiado nos Estados Unidos e que, naquele momento, se via em condições de retornar à pátria. Assim expressou: "De um extremo a outro dos Estados Unidos, de Chicago ao Texas e do Texas à Califórnia, sopravam hálitos de esperança" ou

---

82 *Ibidem*, p. 618. Ao longo dos últimos volumes, Vasconcelos foi exacerbando um argumento de teoria conspiratória. Em *La Flama*, ganha dimensões delirantes a ideia de que o México era controlado por um "plano internacional", dominado por grupos de "maçons judeus, comunistas e ianques". Cf. VASCONCELOS, José. *La Flama. Op. cit.*, p. 325 e 419.

"faíscas de ilusão" de que a Revolução "degenerada" pudesse tomar novos rumos.[83] Escreveu:

> Congregar aos mexicanos sob a bandeira do trabalho e da cultura (...). Havia chegado o momento da união nacional. Rapidamente se unificavam os bons da Revolução e contra nós iam ficando os patifes, os assassinos, os desqualificados que, segundo o texto de qualquer lei civilizada, merecia forca ou presídio.[84]

Esta citação é significativa porque nos leva a pensar em algumas questões bastante claras ligadas a esse sujeito histórico complexo, múltiplo e intrigante que foi José Vasconcelos. Embora ainda estivesse relatando lembranças de um momento que, segundo ele, teria despertado tantas expectativas de esperança de "civilização" para o México, as impressões do presente – marcadas pelo sentimento de tristeza e frustração, por não ter podido realizar as ações políticas que acreditava serem imprescindíveis para tirar o México da "barbárie" – ficaram muito mais evidenciadas nas descrições.

Utilizando-se de um instrumento que entendia ser o mais adequado para colocar suas verdades, um dos múltiplos Vasconcelos terminou por produzir uma narrativa marcada por um discurso dicotômico, onde dois lados antagônicos, o bem e o mal, apareciam em conflito intermitente. Reconstruindo lembranças ligadas à disputa presidencial,

---

83 VASCONCELOS, José. *Memórias II. El desastre, El proconsulado. Op. cit.*, p. 607. Em inúmeros trechos, o "Ulises Criollo" demonstrou-se identificado com as "dores e perseguições" de um grupo que se sentia prejudicado por medidas políticas praticadas por Calles, interpretadas por aqueles como "hispanófabas". Por conta de tais medidas, esses expatriados "saíam do país para adorar a Deus, à sua maneira", fazendo com que a pátria perdesse "uma verdadeira seleção de sua própria raça", vivendo, assim, uma "catástrofe étnico-social". Cf. *Ibidem*, p. 621 e 94-95.

84 *Ibidem*, p. 607.

insistiu em afirmar que a campanha de 1929 havia representado um "momento de união nacional", quando o México se dividira em dois "bandos irreconciliáveis: do seu lado, os "bons da Revolução", os "civilizados", "honrados e patriotas", "trabalhadores autênticos", enquanto, do outro lado, estava a "barbárie": os "corruptos, ineficientes, violentos, ignorantes" e também "os obedientes a Morrow, apoiada em sua maioria pelo exército".[85] Não se esqueceu de registrar o quanto sua candidatura despertou simpatia junto a um grupo representativo da juventude mexicana[86] e também de mulheres, que até então pouco participavam de forma tão ativa da política.[87] Procurando afirmar que os "bons" estavam ao seu lado, afirmou: "Em nenhum dos comícios que celebráva-

85 VASCONCELOS, José. *Memórias II. El desastre, El proconsulado. Op. cit.*, p. 779. Também foi muito forte a guerra de adjetivos pejorativos durante a campanha. Se por um lado, os vasconcelistas acusavam o PNR de "bando de salteadores capitaneados por analfabetos", "gangsters" e "bárbaros", por outro lado, aos vasconcelistas, cabia o título de "reacionários", "snobs cultos" e "almofadinhas". Cf. SKIRIUS, John. *Op. cit.*, p. 137-138.

86 Maurício Magdaleno, um dos membros da "juventude vasconcelista", analisou sua experiência e de outros jovens que abraçaram a campanha à presidência da República, em 1929. Mesmo sem qualquer carisma, a figura de Vasconcelos conseguiu mover uma parcela generosa de sua geração, entre 17 e 25 anos, por acreditar que ele significava renovação na política mexicana e que representaria possibilidades mais efetivas da construção de uma "sociedade nova", sem derramamento de sangue. O autor descreve o significado do "sentimento embriagante" daquela experiência, a violência imposta sobre alguns e o desfecho frustrante. Vasconcelos. Cf. MAGDALENO, Mauricio. *Las palabras perdidas*. México: Fondo de Cultura Económica, 1985. Vasconcelos não se esqueceu de prestar sua homenagem aos principais estudantes que trabalharam em sua campanha, dando especial atenção aos nomes de Germán de Campo e Nacho Lizárraga, assassinados durante a campanha. Cf. VASCONCELOS, José. *Memórias II. El desastre, El proconsulado. Op. cit.*, p. 690, 832. Segundo John Skirius, a violência se manifestou com maior vigor nos dois meses antes e três depois das eleições. Na semana que precedeu as eleições, as cidades de León, Veracruz, Mérida, Mazatlán, Tampico, nas fazendas de Tanta Engracia, Tamaulipas e outras não comunicadas, vivenciaram cenas de grande violência. Cf: SKIRIUS, John. *Op. cit.*, p. 101-103 e174.

87 Vasconcelos contou com o apoio de professoras que trabalharam na SEP quando fora Ministro. É importante sublinhar, também, que o apoio deveu-se inclusive ao fato de que um dos poucos pontos inovadores no programa do partido de Vasconcelos, em relação ao programa do PNR, era a promessa de propor o voto feminino.

mos apareciam opositores; só quando passávamos pela prisão, ouvia-se o sombrio grito: Viva Sáenz! Morra a reação!"[88]

Para contrapor a "barbárie" que representava a continuidade no poder do grupo liderado por Calles, Vasconcelos elaborou sua narrativa priorizando evidenciar as características que acreditava serem aspectos diferenciadores entre o seu partido e o Partido Nacional Revolucionário. Buscando reforçar a imagem do "herói civilizador" derrotado, ressaltou práticas de sua campanha que foram apresentadas como exemplares.

Assim, evidenciou que grande parte de sua campanha havia sido financiada por recursos obtidos em inúmeras conferências pagas por "desinteressados" que apoiavam sua candidatura, acrescentando ainda que os que o acompanhavam assumiram todos os custos com gastos pessoais.[89]

Ao citá-las, Vasconcelos denunciava as condições de extrema desvantagem em que se encontrava, em relação ao seu principal oponente, o candidato Ortiz Rubio, do Partido Nacional Revolucionário, que contou com a ajuda da máquina estatal financiando a campanha. Também descreveu as dificuldades que os comitês orientadores de seu partido enfrentaram para realizar os comícios em cidades comandadas por "*caudillos callistas*", devido à violência imposta.

Reforçando a dicotomia popularizada por Sarmiento, na qual campo e cidade foram apresentados como lugares da "barbárie" e da "civilização" respectivamente,[90] Vasconcelos utilizou-se de todo o seu

---

88 VASCONCELOS, José. *Memórias II. El desastre, El proconsulado*. Op. cit., p. 630. Aarón Sáenz foi o primeiro nome indicado pelo PNR para disputar com o partido de Vasconcelos. Entretanto, durante a convenção, seu nome foi substituído por Ortiz Rubio, no último momento.

89 *Ibidem*, p. 626 e 636. Sabe-se que Vasconcelos omitiu que também contou com a ajuda financeira da empresa petrolífera *Huasteca Petroleum Company*. Cf: SKIRIUS, John. Op. cit., p. 163.

90 SARMIENTO, Domingo Faustino. *Facundo: Civilización y barbárie*. Petrópolis: Editora Vozes, 1996. Maristela Svampa analisa a forma como a construção do mito do "bárbaro" e do "civilizado" não é de forma alguma inocente, podendo ter alcances

poder de argumentação para afirmar que sua campanha conseguiu maiores e melhores respostas na capital, lugar onde se concentrava a parcela mais ilustrada:

> (...) Em compensação, os do Comitê dedicaram seu tempo, seu talento e seu fervor à causa, com um resultado brilhante, contemplado na metrópole e seus povoados vizinhos. No México, celebravam-se diariamente comícios ou conferências, atividades democráticas inusitadas e que não deixaram penetrar o inimigo no Distrito Federal. Quando os de Ortiz Rubio quiseram falar na capital, tiveram que trazer gente das fazendas vizinhas que foi enganada e paga, pobres peões dos novos ricos da Revolução, que desfilaram desconcertados, gritando "vivas", segundo o sinal do capataz.[91]

A força da influência religiosa em sua vida, no momento em que escrevia, ficou evidente nas representações que construiu para si, especialmente nos últimos volumes memorialísticos. As descrições de sua chegada à capital do México e do discurso realizado naquela ocasião induzem o leitor a relacionar sua imagem, tanto à figura da divindade indígena, Quetzalcóatl, que procurou "redimir" os toltecas e depois sofreu as consequências, como também, à figura de Jesus. A começar por sua chegada à capital, comparada por Antonieta Rivas Mercado numa crônica e reproduzida nas *Memórias*, com a chegada de Jesus a

---

políticos e culturais. Segundo Svampa, na construção do discurso, a ideia de "bárbaro" não é senão um vocábulo por meio do qual se estigmatiza e se define a alteridade, ocorrendo sempre sob a forma da "auréola sagrada" da civilização. Ver SVAMPA, Maristela. *El dilema argentino: Civilización o barbárie*. Buenos Aires: El Cielo por Asalto, 1994.

91 VASCONCELOS, José. *Memórias II. El desastre, El proconsulado*. Op. cit., p. 775.

Jerusalém no "Domingos de Ramos".⁹² Numa de suas poucas demonstrações de humor, ou talvez muito mais de sarcasmo, Vasconcelos escreveu que, naquela ocasião viu-se contagiado pelo clima eufórico da multidão. Afirmando ter se sentido, na época, hipnotizado, mas também consciente da repercussão de suas palavras sobre seus adversários políticos, descreveu que fez um discurso que inflamou os ouvintes, ligando sua figura a de Quetzalcóatl. Em suas palavras:

> (...) A cidade inteira vibrava. A cidade, que é a síntese da alma mexicana e também sua porção mais ilustrada e mais livre (...). O dia em que a cidade se armar para não se deixar dominar pelo campo, nossa história tomará outro rumo. Algo assim me agitava a mente e comecei me proclamando audazmente a viva encarnação do Quetzalcóatl da lenda. Sem rubores adotava esses desplantes porque eles são necessários para o mito indispensável às grandes transformações e, além do mais, porque a irritação que tudo aquilo provocaria em meus inimigos me divertia extraordinariamente. Rindo de antemão ao imaginar os artigos em que me acusariam de paranoico, afirmei-me o eleito da Providência pela via do plebiscito nacional para tirar a nação de sua vergonha de seus últimos anos (...).⁹³

Embora José Vasconcelos apresente o discurso pronunciado na Cidade do México como resultado de empolgação, do fervor das multidões e como provocação aos seus opositores, o que prevalece, de fato em seu discurso, ao longo de seus relatos memorialísticos, é a construção de

---

92 Segundo a Bíblia, a acolhida calorosa que Jesus recebera em Jerusalém fora o único momento "glorioso" que tivera entre os judeus, que, não muito tempo depois, o traíram, entregando-o para ser morto na cruz.
93 VASCONCELOS, José. *Memórias II. El desastre, El proconsulado. Op. cit.*, p. 726.

representações que ligam sua imagem com a luta em favor da "civilização" para destruir a "barbárie". O memorialista cria uma versão em que a história mexicana é apresentada numa permanente oposição desde a época mitológica, quando o rei sacerdote dos toltecas, a serpente emplumada, ao atrair artistas e artesãos, terminou enfrentando a ira dos que queriam a volta dos sacrifícios humanos. Entre as imagens de personagens que lutaram pela vitória da "civilização", não relacionou apenas à de Quetzalcóatl, mas também a outro personagem da história contemporânea mexicana, considerado por Vasconcelos a "reencarnação" daquela divindade: Francisco Madero, que, por sinal, também foi apresentado como um "mártir", vítima da "barbárie" intermitente no México. Chama atenção o fato de que Vasconcelos, apesar de em vários momentos parecer estar enaltecendo a memória de Madero, ao fim, parece muito mais buscar projetar as virtudes que seriam daquele político para si mesmo.[94] Como "civilizador", não ousou ultrapassar as virtudes da figura mítica de Quetzalcóatl, mas em relação a Madero, figura política que mais admirava, não se absteve de se auto-afirmar como superior. Descrevendo um episódio ocorrido durante a campanha, afirmou ter ouvido o grito de um anônimo na multidão: "Viva o Madero culto".[95]

Para reforçar a veracidade de seu relato, Vasconcelos desafiou frequentemente seus possíveis leitores a recorrerem à imprensa da época, de forma a verificarem o que afirmava. As evidências nos levam a pensar que, ao optar pela estratégia de incluir tais notas em seus relatos, Vasconcelos buscava, incessantemente, convencer seus leitores

---

[94] Um dos *slogans* da campanha de Vasconcelos era "Com Madero ontem, com Vasconcelos hoje!"
[95] Vasconcelos referiu-se à sua passagem por Hermosillo, quando um anônimo teria gritado no meio da multidão. Cf. VASCONCELOS, José. *Memórias II. El desastre, El proconsulado. Op. cit.*, p. 633.

do quanto "as evidências mostravam que ele contava com a adesão das massas", mostrando que sua campanha dava sinais de que seria vitoriosa. Como estratégia descreveu "diálogos", nos quais procurou afirmar "garantias" por parte de seus apoiadores de que estariam lutando com ele pela "causa justa, até o fim".

As descrições sobre os últimos meses e semanas de campanha focam em esclarecer a seus leitores o quanto o Partido Revolucionário teria abusado do poder que detinha para corromper eleitores e intimidar Vasconcelistas, ao fazer uso da violência. Um verdadeiro cenário de "barbárie" foi construído por Vasconcelos para descrever a forma como as eleições foram definidas: prisões e morte de apoiadores, fraudes e intimidações.

De acordo com as apurações oficiais, o candidato indicado pelo PNR às eleições de 1929, Pascual Ortiz Rubio, venceu Vasconcelos com uma margem folgada de votos.[96] Ao concluir as descrições das

---

96 Sobre os acontecimentos ligados à campanha presidencial mexicana de 1929, ver: SKIRIUS, John. *Op. cit*. Skirius fornece os dados oficiais dos resultados das eleições de 1929: Ortiz Rubio (Partido Nacional Revolucionário): 93,58%; Vasconcelos (Partido Nacional *Anti-reeleccionista*): 5,42% e R. Traiana (Partido Comunista): 1,01%. Além de fraudes e violências, deve-se considerar a habilidade política de Plutarco Elias Calles, ao negociar demandas de dois setores importantes no jogo político, conseguindo afastar a possibilidade de uma reação à derrota de Vasconcelos. Aos estudantes universitários, prometeu atender a reivindicação referente à autonomia universitária, que se oficializou pouco depois, em 5 de fevereiro de 1930, sob o governo de Ortiz Rubio. Nas *Memórias*, Vasconcelos afirmou ver a autonomia como "daninha e ridícula", e atribuiu o ato de Ortiz Rubio como um "brinquedo novo para entreter aos estudantes". Cf. VASCONCELOS, José. *Memórias II. El desastre, El proconsulado. Op. cit*., p. 856/7. Também, em 1929, o Governo negociou com a alta hierarquia da Igreja Católica o fim do movimento armado, abrindo concessões no que se refere à liberdade de culto. Com respeito aos *Cristeros*, seria precipitado afirmar que tivessem ligações com Vasconcelos, naquela época. Nos relatos, o autobiógrafo afirmou que havia sido convidado para estar com o líder, Gorostieta, que havia prometido apoio armado e proteção a Vasconcelos, numa eventual fraude. Por diversos motivos, Vasconcelos preferiu não estabelecer aliança com grupo armado, não efetivando o encontro, afirmando preferir o caminho da legalidade. O próprio Vasconcelos registrou nas *Memórias* que a rendição dos *Cristeros* lhes causara um calafrio na espinha, pois lhes "privava de toda base para a rebelião que o desconhecimento do resultado do voto logicamente deveria trazer". Não podemos ignorar a "rebelião escobarista", estourada em março

lembranças ligadas à tentativa de chegar à presidência, sai de cena um Vasconcelos que se apresentava como um "herói civilizador" para prevalecer um "herói derrotado".

Antes, porém, de concluirmos a análise em torno da imagem do "herói civilizador", gostaríamos de nos deter um pouco mais em sua escolha em relacionar sua imagem à de Quetzalcóatl. Apesar de seu hispanismo indisfarçável nas *Memórias*, Vasconcelos não conseguiu – ou talvez tenhamos que considerar que o fizesse de forma muito consciente – fugir das referências indígenas em suas representações.

A própria figura do profeta civilizador, Quetzalcóatl é um exemplo adequado para o que afirmamos. Aquela era uma figura indígena que se distanciava do que o memorialista entendia como o modo de viver das civilizações pré-hispânicas. Ao tomar para si a imagem do herói civilizador indígena, Vasconcelos apegava-se às interpretações que entendiam que a figura de Quetzalcóatl teria representado um momento na história pré-hispânica de suspensão temporária da "barbárie asteca", pois, segundo as crônicas, naquele momento, além de todas as realizações, havia diminuído a prática de sacrifícios humanos entre os toltecas.[97]

Ao se auto-representar como a figura do mito indígena, entendemos que Vasconcelos não a tenha escolhido aleatoriamente. Primeiramente, porque sabia da importância que a imagem de

---

de 1929, que Vasconcelos chamou de "inoportuna", entendendo que a mesma tinha fortalecido moralmente e materialmente o governo, pois, com a derrota, o Governo mexicano mostrava sua força, demonstrando também que contava com o apoio dos Estados Unidos. Cf. SKIRIUS, John. *Op. cit.*, p. 85. Sobre a rebelião escobarista, Ver AGUILAR CAMÍN, Héctor; MEYER, Lorenzo. *Op. cit.*, p. 126-129.

97 Segundo algumas versões, Quetzalcóatl também era uma divindade temível, para a qual também se oferecia o sacrifício de um belo escravo, comprado quarenta dias antes da festa do deus. Outras falam até de uma "origem europeia", devido a algumas descrições da figura de Quetzalcóatl. Sabe-se que Hernán Cortés tomou conhecimento da lenda em questão, da promessa de retorno e aproveitou-se da situação quando os astecas confundiram a sua chegada com o cumprimento da mesma.

Quetzalcóatl tinha no imaginário coletivo dos mexicanos e que, ao escolhê-la, buscava deixar um registro pessimista de que ao México restava a "barbárie", visto que mais uma vez havia sido rejeitada a possibilidade da "civilização". Como o herói civilizador da lenda tolteca, criador das "artes e das indústrias", que foi vencido pelo deus da guerra Huitzilopochtli, Vasconcelos apresenta a derrota como a possibilidade desperdiçada de uma continuidade de uma era civilizadora. Mais uma vez, Huitzilopoxtli, deus sanguinário da guerra, símbolo da "barbárie", prevalecia sobre Quetzalcóatl, o deus da civilização. Como numa das versões sobre o herói civilizador dos toltecas, Vasconcelos também se afastava, com perspectivas de retorno não definidas. Restava ao México o retorno à "barbárie". O "profeta rejeitado", que já aparecera em outros momentos, desde *Ulises Criollo*, toma espaço e, de forma definitiva até o último parágrafo de *La Flama*.

De herói civilizador a profeta rejeitado

> O justo não encontra onde descansar a cabeça; mas também o malvado se agita. Só que em estéril agitação (...). Já que é enganoso todo descanso, é melhor decidir-se pela luta nobre, à maneira do arcanjo que leva na mão a espada de fogo e no coração, a justiça; na mente, a luz (...). Proclamar a verdade aos que apoiam sua dominação na mentira é função do profeta. Mais gloriosa ainda que a do herói! Maldito o que busca agradar ao malvado em vez de denunciá-lo! Feliz quem vê afundar a sua embarcação em mares de traição, covardia e não desiste de condenar a injustiça, o erro e o engano!
>
> José Vasconcelos. Prefácio de *El desastre*

Não há dúvidas de que a imagem que perpassa todos os volumes da obra memorialística de José Vasconcelos seja a do "profeta rejeitado", embora a análise em questão tenha se encaminhado no sentido de interpretar a construção das imagens criadas pelo autobiógrafo, considerando a passagem da figura de um "herói civilizador" para um "herói derrotado" e, finalmente, chegando à imagem do "profeta", que, apesar de estar anunciando a "verdade" e a "justiça",[98] era incompreendido por sua gente.

O conjunto da obra memorialística de Vasconcelos compõe um quadro de imagens que apontam para uma "derrota injusta",[99] ao ressaltar sua tentativa heroica – porém frustrada – de reconciliar os mexicanos com seu passado glorioso, ao trabalhar a revalorização do papel da Espanha e de sua obra civilizadora no Novo Mundo,[100] como também de sua tentativa vã de "regenerar a nação" por meio da educação e cultura.[101]

Especialmente a derrota à cadeira presidencial em 1929 – fato que Vasconcelos jamais encarou como tal e, sim, fraude imposta por parte do "partido usurpador" – ressoou fortemente em sua autobiografia, marcada pelo tom do ressentimento. O memorialista apresenta-se como um "derrotado" nas empreitadas mais importantes e louváveis em que se envolvera. Pronuncia-se como "profeta", ser especial, com qualidades e valores acima do comum e escolhido, exatamente por sua condição de superioridade moral, para "narrar a iniquidade como forma de combatê-la". Vasconcelos escolheu o profeta bíblico Jó[102] como a figura que melhor re-

---

98 VASCONCELOS, José. *Memórias I. Ullisses Criollo, La Tormenta. Op. cit.*, p. 455.
99 Idem. *La Flama. Op. cit.*, p. 16.
100 Idem. *Memórias II. El desastre, El proconsulado. Op. cit.*, p. 748.
101 Idem. *Indologia: una interpretación de la cultura iberoamericana. Op. cit.*, p. 20.
102 De acordo com a narrativa bíblica, o profeta Jó, apesar de ser um homem íntegro e fiel, passara por uma prova de grande sofrimento por conta de uma controvérsia entre Deus

presentava o sentimento que dominava suas emoções, já que, como este, apesar de nada ter feito para merecer, enfrentou a traição, o abandono por parte dos que o amavam e a injustiça, por parte de seus adversários.[103] Em 1939, escreveu para o prefácio de *El proconsulado*:

> Sejam quais forem os motivos do escritor profissional, eu tenho particular dever de proclamar certos fatos referentes à vida pública de meu país. Em épocas angustiosas de sua história, fui parte de um momento em que se levantaram esperanças, que unicamente provocaram crimes. E, como seguem vitoriosos os criminosos, meu clamor é a única homenagem que posso tributar às vítimas de uma causa derrotada; não vencida, porque não é vitória definitiva, a iniquidade. Meu testemunho recorda os heroísmos; minha gratidão busca agradar aos amigos; minha condenação persegue aos traidores; minha intransigência subsiste frente aos inimigos que foram desleais.[104]

Ao optar pelo recurso da escrita autobiográfica, Vasconcelos via tal instrumento como a possibilidade mais eficiente para "proclamar a verdade" e, como vimos, apresentou a figura do "profeta" numa posição mais relevante que a do "herói", visto que o primeiro representava aquele que tinha coragem para levantar a voz e denunciar o erro, num ambiente caracterizado pelo mesmo.

---

e o diabo. Perdeu bens, foi acometido por graves doenças, abandonado pela família e amigos, sendo preservada apenas a sua vida. Apesar do drama pessoal, Jó permaneceu fiel ao lado do bem, procurando apenas entender os desígnios de Deus para sua vida. Em *La Flama*, Vasconcelos recupera a imagem de Jó, associando-a à sua.

103 VASCONCELOS, José. *Memórias II. El desastre, El proconsulado. Op. cit.*, p. 602. Trecho do prefácio. Escrito em 1939, quando Vasconcelos já se encontrava no México, em Hermosillo, Estado de Sonora.

104 VASCONCELOS, José. *Memórias II. El desastre, El proconsulado. Op. cit.*, p. 603.

Quando escolhemos analisar as marcas do ressentimento na obra memorialística do nosso objeto de análise, o fizemos acreditando, primeiramente que seria impossível ignorar a força desse sentimento em sua construção autobiográfica. Nosso segundo motivo refere-se ao fato de entendermos haver uma estreita relação entre a produção de uma memória voluntária, a escrita autobiográfica, construída como estratégia de luta política e a afirmação de uma identidade machucada e o ressentimento, manifesto em forma de uma rememoração dolorosa.[105] Ambos são interpretados como produtos do individualismo moderno, em que cada vez mais o indivíduo quer o seu espaço na sociedade e, cada vez mais, se detém nele mesmo.

Segundo Maria Rita Kehl

"o ressentimento é uma constelação afetiva, que serve aos conflitos do homem contemporâneo entre as exigências e as configurações imaginárias, próprias do individualismo, e os mecanismos de defesa do eu a serviço do narcisismo."[106]

Essa autora defende a ideia de que a atualidade do tema do ressentimento pertence à área clínica, mas também à política.[107] Na

---

105 Sobre a relação história, memória e ressentimento, Ver BRESCIANI, Stella; NAXARA, Márcia (orgs.). *Memória e (res) sentimento: indagações sobre uma questão sensível.* Campinas: Editora da Unicamp, 2004.

106 KEHL, Maria Rita. *Ressentimento.* São Paulo: Casa do Psicólogo, 2004, p. 11. Referindo-se ao que teóricos sobre o ressentimento concluíram – entre eles, Max Scheler e Robert K. Merton, Pierre Ansart também defende que, devemos pensar a ideia de ressentimento como uma constelação de sentimentos difusos que envolveria ódio, inveja, hostilidade, ciúmes, desejo de vingança. Cf. ANSART, Pierre. "História e memória dos ressentimentos". In: BRESCIANI, Stella; NAXARA, Márcia (orgs.). *Op. cit.*, p. 16-18.

107 Sobre a repercussão do ressentimento social no campo da política, Ver ZAWADZKI, Paul. "O ressentimento e a igualdade: contribuição para uma antropologia filosófica da democracia." In: BRESCIANI, Stella; NAXARA, Márcia. *Op. cit.*, p. 375. Ver também: KHEL, Maria Rita. *Op. cit.*, p. 217-226.

concepção de Kehl – aceita e adotada por nós – o ressentimento não é visto como um conceito da psicanálise, mas como uma categoria do senso comum que nomeia, não apenas a impossibilidade, mas também a recusa de se esquecer, perdoar ou superar um agravo.[108] Nietzsche foi o primeiro a elaborar a noção de ressentimento,[109] apresentando uma definição considerada dogmática. Segundo Nietzsche, o ressentido elabora a imagem de si mesmo como alguém dotado de pureza e superioridade moral, aparentemente inquestionáveis; fiel a si mesmo, coberto de razões, que não se corrompe, não se mistura, parece íntegro e coloca-se na posição de "vítima inocente".[110] Para reassegurar sua inocência, o ressentido atribui ao outro a responsabilidade pelo que o faz sofrer, sacralizando a vingança sob o nome de justiça, em forma de ruminações acusadoras.

> Se somos vítimas de indivíduos que nos prejudicam e ferem nossas liberdades, experimentamos e estimamos que esses indivíduos sejam malévolos, enquanto nós seríamos os bons. As forças que me são hostis são

---

108 Cf. *Ibidem*, p. 11.
109 ANSART, Pierre. *Op. cit.*, p. 16. Ansart afirma que não é adequado pensar que o ressentimento existe como um todo. O adequado, segundo este autor é falar de ressentimentos, já que há várias formas: classes sociais, etnias, grupos de idade e que há intensidades variáveis nas manifestações dos mesmos. Em relação aos sentimentos envolvidos, lista: ódio recalcado, ciúme, inveja, impotência, desejo de vingança.
110 Em *Genealogia da Moral*, Nietzsche já ressaltava a existência de dois tipos de ressentimentos: o dos "fracos", dominados, padres ascéticos e o dos "nobres decadentes", que, segundo ele, não acalentariam, senão, arrogância e desprezo em relação aos fracos. Em comum, o ódio recalcado e desejo de vingança. O ressentimento destes últimos seria marcado pelo desejo de reencontrar a autoridade perdida e vingar a humilhação experimentada. Ansart chama a atenção para o fato de que a "humilhação" não deve ser entendida apenas por um sentimento de inferioridade, mas como "a experiência do amor próprio ferido, experiência da negação de si e da autoestima", o que sucitaria o desejo de vingança." Cf. ANSART, Pierre. *Op. cit.*, p. 16 e 22.

nefastas e perversas, enquanto eu próprio sou justo e inocente do mal que me é feito.[111]

Na concepção de Nietzsche, essa redefinição do bem e do mal que se opera leva o ressentido a se consolar com suas derrotas, abandonando a luta e esperando pela recompensa prometida para depois da morte.[112] Não negamos que os ressentimentos possam apresentar um caráter "reativo", caracterizado por uma "passividade submissa", conforme assinalou Nietzsche.[113] Entretanto, ao tomarmos a produção das *Memórias* como um projeto político, defendemos que a passividade apontada por Nietzsche, como resultado do ressentimento, merece maior aprofundamento e discussão. Tratando-se da relação entre os afetos e o político, tema ainda pouco explorado por historiadores, preferimos uma abordagem que apresenta o ressentimento como algo que também pode ser dinâmico.

Dentro de nossa proposta, gostaríamos de nos limitar a identificar as manifestações de ressentimento nos escritos de Vasconcelos e quais memórias o autor conservou de seus próprios ressentimentos. Levaremos em consideração a análise desenvolvida por Pierre Ansart no artigo "História e memória dos ressentimentos", procurando aplicá-la aos escritos memorialísticos de Vasconcelos. Ansart distingue

---

111 NIETZSCHE, Friederich. Citado por ANSART, Pierre. *Op. cit.*, p. 21.
112 NIETZSCHE, Friederich. *A genealogia da Moral*. Citado por KEHL, Maria Rita. *Op. cit.*, p 88-89.
113 Maria Rita Kehl e Pierre Ansart ressaltam um lado nefasto do ressentimento quando se encaminha em forma de política de vitimização. Esses autores lembram que os governos demagogos fascistas na Europa se aproveitaram de ressentimentos para suscitar fusões emocionais para assegurar adesão da população, oferecendo-lhe, em troca, a garantia de segurança de um sentimento de identidade pelo pertencimento a um sistema forte. Cf. KHEL, Maria Rita. *Op. cit.*, p. 223 e ANSART, Pierre. *Op. cit.*, p. 27-28.

quatro atitudes possíveis que atravessam, ao mesmo tempo, a memória individual e as coletivas.[114]

A primeira anunciada por Ansart é a tentação do esquecimento. Esse autor diferencia esquecimento dos fatos e esquecimento dos ressentimentos, afirmando que "o indivíduo não esquece os fatos dos quais foi ator ou vítima, mas esquece-se ou ao menos, se aferra bem menos às lembranças dos ressentimentos".[115]

Em relação às descrições das lembranças de Vasconcelos, fica claro que lhe causava muita dor remexer o passado e lidar com as mesmas.[116] Apresentou-se como um injustiçado, por não ver resultados em seu sacrifício à pátria amada, que estava entregue nas mãos de "rufiões". Segundo ele, restava-lhe deixar o registro das motivações que o moviam.

Além da dificuldade de se libertar das lembranças traumáticas de seus ressentimentos, Vasconcelos demonstrou preocupação em responder àqueles que acusavam seus ataques aos políticos no poder e à

---

114 Ver ANSART, Pierre. *Op. cit.*, p.15-36.

115 *Ibidem*, p. 31.

116 Ao longo da pesquisa, tomamos contato com algumas construções autobiográficas em que seus autores/narradores usaram essa prática cultural, encarando-a como instrumento eficaz para lidar com alguns acontecimentos que tomaram valor traumático e incontrolável. Destacamos as autobiografias de Ruth Klüger, sobrevivente do holocausto, e a do filósofo Louis Althusser, que usou a escrita após assassinar a esposa, em 1980, fruto de um surto psicótico e ser absolvido com o benefício de "impronúncia"; ou seja, o acusado não poderia ser responsabilizado por entenderem que o praticara num ato de alienação. Em ambos os casos, bem como no de Vasconcelos, o acontecimento específico à trajetória de cada um dos casos manifestou-se de força tão poderosa que se tornaram "muros" intransponíveis, impedindo a fruição do presente. Escrever seria para superar ou lidar com as lembranças que não os abandonavam, fazendo da escrita um instrumento quase "terapêutico" para responder aos outros e a si mesmo. Ver KLÜGER, Ruth. *Paisagens da memória. Autobiografia de uma sobrevivente do holocausto*. Tradução de Irene Aron. São Paulo: Editora 34, 2005. Ver também: ALTHUSSER, Louis. *O futuro dura muito tempo. Os fatos: autobiografias*. Tradução de R. F. D'aguiar. São Paulo: Companhia das Letras, 1992.

condenação aos mexicanos como discurso de um ressentido ou invejoso. Respondeu aos que o qualificavam como tal:

> Como pode haver despeito no que sabe que tem a razão mesmo que não tenha tido sucesso? Em todo caso, seria desprezo, não despeito. Desprezo, combustível amargo da soberba, mas há algo mais (...). Só um tolo imagina que nisso há despeito. Há, ao contrário, satisfação profunda e júbilo de senhor que faz lei de suas paixões, porque sabe que elas são nobres (...). De onde, pois, Senhor, sai essa valentia de sofrer o insofrível? Essa obstinação que nos obriga a persistir na peleja nobre, ainda que não vejamos ninguém capaz de apreciar o martírio? O que sentia e o que tenho sentido sempre é que se trata de uma questão entre o destino e a alma. Certas atitudes são parte de uma tarefa de nosso viver, que consiste em não deixar se impor pelas circunstâncias e, sim, em criá-las.[117]

Ansart identifica duas outras atitudes: a rememoração e a revisão. A produção de uma memória atenderia ao desejo de não aceitar o esquecimento. Somado ao desejo de reiterar uma memória que se deseja apresentar como gloriosa, anuncia-se a etapa seguinte que é a revisão, quando se manifestam as disputas pela memória, tendo como um dos objetivos a afirmação e revisão das memórias e dos ressentimentos.[118]

Como já explicitamos, Vasconcelos apresentou sua gestão ministerial como a possibilidade concreta de realização de um "bom governo". Também é importante sublinhar que, desde a campanha presidencial de 1929, o PNR havia explorado sua imagem, apresentando-o como um "reacionário". Dessa forma, preocupado em construir ou

---
117 VASCONCELOS, José. *Memórias I. Ulisses Criollo, La Tormenta. Op. cit.*, p. 762-763.
118 ANSART, Pierre. *Op. cit.*, p. 32.

corrigir aquilo que entendia não ser positivo para a cristalização de sua memória, utilizou seus escritos autobiográficos para acirrar a "guerra de memória", provocando seus leitores a reavaliarem o estigma que lhe haviam imputado.

Ao longo dos quatro primeiros volumes, Vasconcelos amalgamou fatos de sua trajetória política à história nacional mexicana, entre os anos de 1910 e 1935, procurando construir uma interpretação que não poupou adjetivos pejorativos para descrever os eventos e principais nomes da política, buscando desqualificá-los.

Sobre as principais figuras políticas ligadas ao movimento e ao "Partido Revolucionário", Vasconcelos os representou como "desqualificados de honra nacional".[119] Imputou pesadas críticas aos generais e sindicalistas "enriquecidos da Revolução", descrevendo de forma irônica situações que desafiavam o leitor a questionar o "critério revolucionário", praticado pelos que ocupavam o poder, em oposição ao que afirmara ter praticado em sua gestão.[120] Pediu, insistentemente, que seus leitores julgassem quem poderia, de fato, ser considerado "construtor" e "patriota" ou, em última instância, "revolucionário".

Ciente de que o "eu" é constituído por meio da definição do "outro", procurou construir uma memória, evidenciando valores que acreditava, o diferenciavam dos políticos que ocuparam o poder a partir de Madero.[121]

---

119 Cf: VASCONCELOS, José. *Memórias I. Ulisses Criollo, La Tormenta. Op. cit.*, p. 512, 514, 517, 519, 525, 529, 552, 567, 569, 578, 612 entre outros.

120 Em vários trechos das *Memórias*, Vasconcelos acusou os governos pós-revolucionários de praticarem confiscos arbitrários que beneficiavam apenas amigos e generais favoritos. Segundo ele, os critérios praticados eram o "favoritismo e mandonismo".

121 Em muitos momentos, fica ao leitor a dúvida se de fato, ao destacar virtudes em Madero, Vasconcelos estava falando do líder revolucionário ou projetava para si mesmo tais virtudes. Em sua argumentação, "a queda de Madero determinou o sacrifício dos melhores". Cf. VASCONCELOS, José. *La Flama. Op. cit.*, p. 12.

Os líderes camponeses Pancho Villa e Emiliano Zapata foram apresentados como a imagem da lenda negra: analfabetos e saqueadores, caracterizados pela ferocidade e desonra. Carranza, como um "tipo macabro", de "antecedentes vacilantes", "inteligência curta", corrupto, "*caudillo* iletrado" e "incompetente". Mesmo Álvaro Obregón, de quem foi ministro, não escapou aos seus ataques, chamando-o de "traidor e dissimulado".[122] Quanto a Calles, alvo maior de seus ataques, descreveu-o como um político de "antecedentes ignorados", "tipo macabro". Em suma, de maneira geral, nas representações construídas, com exceção de Madero, os demais políticos que assumiram o poder após a Revolução foram descritos como inaptos, corruptos e personalistas. A tese da "Revolução corrompida", "degenerada em caudilhagem", "defraudada", marcada pela "desordem", "caos e barbárie" foi uma constante nas *Memórias*. Seus posicionamentos terminaram se caracterizando por uma interpretação maniqueísta, contrapondo, de forma simplificadora: "civilização e barbárie", "leais e traidores", "patriotas e corruptos", "trogloditas e idealistas", entre outras oposições.

Diante do quadro apresentado nas *Memórias*, ou seja, tantos valores positivos de sua parte e tanta incapacidade por parte das demais figuras políticas citadas, há que se imaginar o quanto Vasconcelos se sentia ressentido com todos os que acreditava terem se beneficiado durante sua gestão como ministro e que, em sua visão e revisão de memória, o ignoravam, o esqueciam e o rejeitavam. Ao recordar e escrever sobre tudo que entendia ter feito pela cultura e educação no México, uma mágoa duradoura ficou evidente em suas páginas. Fazendo referência àqueles que condenavam os "gastos dispendiosos" de sua administração, com a tradução e distribuição dos clássicos da literatura, atacou o fato de viver

---

122 Em *El Desastre*, Vasconcelos recorda situações em que coloca Obregón como um traidor por ter preferido nomear Calles como seu sucessor para o mandato de 1924-1928 em detrimento do seu nome.

num país onde os recursos para a guerra eram consideravelmente mais vultosos do que os destinados à educação."[123]

Enquanto construía suas imagens de administrador eficaz e civilizador, Vasconcelos quebrava constantemente o ritmo da narrativa, misturando lembranças de ações praticadas com questões do presente, demonstrando seus ressentimentos. Afirmava que o envolvimento obtido por meio de setores amplos da sociedade mexicana não lhe permitiu, na época, imaginar que seria tão efêmero o seu esforço. Em sua luta para não cair no esquecimento por parte dos mexicanos, escreveu que todo o seu trabalho havia sido abandonado com sua saída da Secretaria de Educação Pública, já que "não souberam valorizar a sua obra iniciada".[124] O tom ressentido manifestou-se também nas lembranças de episódios em que descreveu o entusiasmo das multidões, nos momentos de aplausos e promessas de apoios, ao longo de sua campanha à presidência. O tom alegre que a situação impunha era interrompido com o comentário "...(Eu) desconhecia a vileza da multidão".[125]

Num ato de provocação, escreveu que se arrependia por não ter "favorecido", enquanto esteve à frente da SEP, alguns que muito necessitavam, visto que os "revolucionários" praticavam inúmeras ingerências políticas e continuavam no poder, enquanto ele sofria todas as

---

123 Cf. VASCONCELOS, José. *Memórias II. Ulisses Criollo, La Tormenta. Op. cit.*, p. 66.

124 Ainda que ciente de que o discurso presente na construção autobiográfica de Vasconcelos tivesse o objetivo de formar um imaginário na memória coletiva de seus leitores, afirmando que seus sucessores haviam desprezado todo o projeto iniciado em sua gestão, cremos ser necessário ressaltar que muito do proposto foi aproveitado e colocado em prática por Puig Casauranc, Moisés Sáenz, Narciso Bassols e Jaime Torres Bodet. Segundo Claude Fell, as Missões Culturais, por exemplo, tiveram um êxito considerável durante o Governo de Calles, sob a direção do Secretário J. Maria Puig Casauranc. Cf: FELL, Claude. *Op. cit.*, p. 147. Muitos anos mais tarde, Jaime Torres Bodet (1943-1946 e 1958-1964) retomou muitas das propostas praticadas por Vasconcelos: numerosa construção de escolas, ênfase na coerência doutrinária da educação mexicana, reorganização e novo impulso nas campanhas de alfabetização.

125 VASCONCELOS, José. *Memória I. Ulisses Criollo, La Tormenta. Op. cit.*, p. 628.

injustiças.[126] Por outro lado, afirmou também que lhe entristecia o fato de se sentir esquecido por muitos que ele havia beneficiado.

Vasconcelos sabia o quanto o momento político lhe era desfavorável e escreveu que reconhecia que "não estava na moda citá-lo". Em *El desastre*, referiu-se a uma artista catalã que havia interpretado *Electra*, no México, enquanto foi ministro. Mais tarde, quando já se encontrava desterrado na Espanha, afirmou que a mesma artista havia conseguido que o governo dos republicanos fizesse algo parecido. Segundo o memorialista, a artista afirmou nos jornais locais que, no México, sob a proteção *do governo*,[127] havia representado o mesmo espetáculo, ao ar livre. Entristeceu-lhe o fato de que, mesmo sabendo que ele se encontrava na Espanha, nem ao menos lhe enviou convite para a apresentação.

Igualmente, reclamou de Ramón Valle Inclán, com quem tinha estado, há pouco tempo. Vasconcelos afirmou que escritor e dramaturgo espanhol havia acompanhado o florescimento da pintura mural no México e indicava que a Espanha imitasse o que havia sido feito no México, sem se referir ao seu nome. Justificou sua mágoa, argumentando que, ao não citá-lo, Valle Inclán desmerecia sua atuação em favor da pintura mural e favorecia o governo de Calles, que, segundo o memorialista, pouco havia feito pelo muralismo mexicano. Citou outros nomes, com os quais se sentia ressentido:

> Por outro lado, De los Ríos e García Lorca faziam teatro popular e missões de arte e De Los Ríos falava que havia visto *no México*[128] algo semelhante, mas também se esquecia de me citar. Mais generoso foi o Duque de Alba, que, no breve período de seu

---

126 VASCONCELOS, José. *Memória II. El desastre, El proconsulado. Op. cit.*, p. 167.
127 Grifo de Vasconcelos.
128 Grifo de Vasconcelos.

Ministério monárquico, não havia tido coragem de citar meu nome de mexicano como antecedente de um plano seu de bibliotecas populares.[129]

Por fim, faremos referência à última atitude apontada por Pierre Ansart que é a intensificação, nomeada também de reiteração ou exasperação do ressentimento, que segundo este autor, pode assumir forma de um verdadeiro delírio.[130] A partir de *El Desastre*, os ressentimentos de Vasconcelos já dão sinais evidentes desta manifestação exagerada, mas os dois últimos volumes, *El Proconsulado* e *La flama*, configuram-se como uma patente demonstração desta última etapa destacada por Ansart. Vasconcelos assume a imagem do profeta, dando um tom aos seus escritos de uma memória delirante: "Soltaste, Senhor, minha língua em irado clamor de redenção. Antes que eu, profetas teus, mais dignos, falharam também no empenho de restaurar a justiça".[131] Sua autobiografia foi transformada numa reconstrução narrativa marcada por acusações, vitimizações e ressentimentos que o comprometeram na formulação de novos projetos.

Durante os dez longos anos de exílio, o autobiógrafo foi, inúmeras vezes, convidado por amigos a retornar ao México, formar um partido de oposição ou mesmo, participar do governo, mas Vasconcelos sempre se negou a fazê-lo. Em seus escritos, restringiu-se a justificar sua recusa, afirmando que aceitar tal empreitada seria o mesmo que compactuar com os erros de uma "farsa democrática". Negava-se a superar o agravo feito pelo povo mexicano e por seus correligionários, que, para ele, não passavam de fracos e traidores, pois tendo prometido votar e

---

129 VASCONCELOS, José. *Memória II. El desastre, El proconsulado. Op. cit.*, p. 167.
130 ANSART, Pierre. *Op. cit.*, p. 33.
131 VASCONCELOS, José. *La Flama. Op. cit.*, p. 486.

apoiá-lo com uma reação armada, caso se confirmasse a intenção de fraude, haviam se acovardado no momento da usurpação.[132] Contraditoriamente, ao tomar posições políticas tão intransigentes, Vasconcelos produziu reações completamente adversas ao que havia buscado cristalizar. De Quetzalcóatl – predicador da paz – acusavam-no de ter invertido a posição e assumindo o papel de Huitzilopochtli – o deus da guerra - ao predicar matanças, em nome da justiça e da lealdade. Provavelmente, essa acusação, feita na imprensa da época, lhe causou contrariedades, mas a mágoa duradoura que alimentava era tão forte que se limitou a justificar seu ato:

> (...) Por isso haviam perdido os astecas. Não haviam sabido lutar para defender Quetzalcóatl, como homens livres e, em troca, haviam se condenado à guerra perpétua e à discórdia sem fim, pois não é sobre bases criminosas que se levanta o edifício da prosperidade e a felicidade das nações.

Até o fim de sua vida, alimentou amarguras profundas em relação ao povo mexicano. Sua dor devia-se ao fato de sentir que sacrificou o tempo de convívio com os filhos, abrira mão de uma carreira promissora como advogado e, ainda assim, não tivera o reconhecimento.

---

132 Procurando homenagear a coragem demonstrada por parte daqueles que sacrificaram a vida, em nome da "justiça e da verdade", Vasconcelos categorizou de "mártires" os que morreram lutando pela "pela religião e por liberdade política". Nomeou a todos os que não colaboraram na "desleal contenda": León Toral, jovem católico fanático, que assassinou Álvaro Obregon; Anacleto Gonzáles Flores, e os Generais Goroztieta e Bouquet, líderes do Movimento Cristero; Daniel Flores, que cometeu o atentado contra Ortiz Rubio, pouco tempo após o resultado das eleições, e os quarenta Vasconcelistas mortos em Topilejo, bem como o estudante Germán del Campo, morto durante um comício. O leitor é constantemente confundido pelo memorialista. Vasconcelos inverte os papéis, levando o leitor a se interrogar se ele de fato estaria falando dos nomes citados ou de si mesmo. Cf. VASCONCELOS, José. *La Flama. Op. cit.*, p. 125-128;196-197; 218-224.

> Com dor falo daqueles esforços malogrados, dor pela pátria que perdeu no desastre e não porque a mim tenham privado de nada, pois tive mais dinheiro depois, em outras ocasiões, e mais tempo livre para meus próprios exercícios de fantasia. (...) Ufano estaria eu e não despeitado se só por egoísmo houvesse atuado. A obra, entretanto, não haveria produzido se só egoísmo a tivesse guiado. E é altiva e desolada a dor com que hoje rememoro as oportunidades que perdeu minha gente (...).[133]

A marca mais perceptível de sua interpretação era de que o México se aproximava de uma "pátria doente". Colocando-se como um profeta rejeitado, perguntou, em tom de condenação: "Para que falar de saúde aos incuráveis?"[134] Como um profeta que se sentia rejeitado por aqueles que não aceitavam a sua "verdade", lançou sua condenação aos mexicanos: "Ai dos povos que dão as costas a seus profetas!"[135]

Ao refletirmos sobre memória, história e ressentimentos, defendemos que algumas manifestações de evocações de agravos — aquilo que não se consegue ou que não se deseja esquecer — podem representar a busca por uma reparação.[136] Ao assumirmos a produção de memórias como uma prática cultural, que deve ser considerada dentro do jogo político, questionamos que o ressentimento possa produzir somente passividade. Ao longo da história, a narrativa tem sido uma forma de

---

133 VASCONCELOS, José. *Memória II. El desastre, El proconsulado. Op. cit.*, p. 171-172.
134 Cf. *Ibidem*, p. 720-726. A analogia aparece em outros volumes.
135 *Ibidem*, p. 376.
136 Sobre a evocação dos agravos, frutos da dificuldade ou recusa de se esquecer, Maria Rita Kehl lembra que "há eventos que não se conseguem esquecer; outros não devem ser esquecidos". Kehl exemplifica citando "políticas de reparações" (fazendo questão de diferenciá-las das "políticas de ressentimento"), realizadas após manifestações dinâmicas e positivas de ressentimentos: judeus e "desaparecidos" políticos. Cf. KEHL, Maria Rita. *Op. cit.*, p. 226

defesa, para reiteração de uma memória, para exorcizar lembranças, podendo, assim, ser entendida como uma forma de ação.

Os relatos memorialísticos de Vasconcelos nos permitem afirmar que a política representou muito mais para aquele intelectual do que aquilo que conseguiu assumir. Por significar tanto, possivelmente resultou em tantos ressentimentos. Embora tenha insistido em afirmar ter praticado, ao longo da vida, o ensinamento de sua mãe, que lhe aconselhara apegar-se somente ao que seria de fato duradouro, o "Absoluto", Vasconcelos mostrou-se com a "alma dividida". Defendemos que essa foi a forma que encontrou para permanecer dentro do jogo político. Não tendo acesso ao poder, continuou a fazer política e "justiça", usando outro instrumento como arma de combate pela construção ou reafirmação de uma identidade que acreditava ser significativa. A escrita foi o recurso que imaginou eficaz, tanto para continuar denunciando, como para fazer de sua memória um monumento e se manter para a posteridade.

Considerações Finais

A partir do momento em que tomamos conhecimento sobre a trajetória política e intelectual de José Vasconcelos, foi-nos impossível não experimentar, na fase inicial, um conjunto de sentimentos entre a admiração e a "condenação" em relação às ideias e posições políticas desse homem que marcou a história do México. Nossas impressões positivas justificavam-se por sabermos que, nos anos 1920, ele havia se envolvido com intensidade em projetos culturais relevantes, buscando transformações para a nação, mas, principalmente, para a vida de setores marginalizados por governantes e pelas elites. Entretanto, alguns anos mais tarde, ao escrever suas *Memórias* e outros textos políticos posteriores, outra faceta sobressaiu. Passou a se colocar a favor ou se apresentar de forma ambígua com respeito a temas que geraram tantas polêmicas: apoio aos governos fascistas na Europa, anti-indigenismo, defesa da violência e posicionamentos negativos em relação ao seu país, apresentando-o como o lugar da eterna "barbárie". Com o tempo, e a clara perspectiva quanto à necessidade do distanciamento para a realização de uma análise que pudesse ser considerada coerente, procuramos nos distanciar de julgamentos dicotômicos e nos concentrar nos objetivos propostos.

Algumas inquietações nos moveram ao longo desta obra. Que motivos teriam levado José Vasconcelos, reconhecidamente uma personagem com projeção política e intelectual nacional e continental, a escrever volumes tão densos, expondo opiniões contundentes e aspectos íntimos de sua vida pessoal, indo além do que alguns poderiam imaginar? O cruzamento de fontes nos possibilitou concluir que o autobiógrafo, vivendo exilado, tinha necessidades financeiras urgentes e junto a tudo isso, a consciência de quanto a visibilidade do privado poderia render-lhe recursos, devido à curiosidade própria da condição humana.

Logo ficou claro que Vasconcelos tinha motivos mais profundos. A princípio, buscávamos averiguar a possibilidade de encontrar elementos que pudessem nos dar alguma pista quanto ao desejo de Vasconcelos ter utilizado a escrita autobiográfica com a finalidade de uma possível reinserção no cenário político mexicano. Não chegamos a conclusões categóricas nesse sentido. O que podemos afirmar é que, mesmo Vasconcelos, personagem que ao longo de sua vida apresentou características distanciadas do pragmatismo, em 1931, ano em que iniciou a escrita de suas *Memórias*, já havia compreendido o que se configurava como marca da política mexicana dos anos seguintes: a consolidação da força do Partido Nacional Revolucionário. Tinha plena clareza de que seu espaço para emitir opiniões políticas em jornais e revistas era bastante limitado, por conta de seus posicionamentos. Ao longo desta obra, procuramos demonstrar que, diante de tal constatação, Vasconcelos deu duplo direcionamento à sua construção autobiográfica. Utilizou-a como um instrumento para afirmar e corrigir uma identidade ferida, emitindo a sua verdade, defendendo-se de acusações que lhe eram feitas e também atacando seus adversários políticos. Assim, entendemos que o memorialista buscava um impacto político imediato, escrevendo para um público leitor do seu tempo, mas não somente.

Durante o desenvolvimento da obra, trabalhamos com a perspectiva de que, para Vasconcelos, as *Memórias* representaram a elaboração de um projeto, pois, de forma consciente, usou a escrita como uma arma política de combate pela construção de imagens de si. Demonstrou claramente a sua preocupação com a possível dissolução de sua "obra" e, assim, evidenciou, como outros ao longo da história, a sua crença na força da arte da escrita na luta contra o tempo e o esquecimento. Não desconsiderando, mas também não desejando apenas a "glória póstuma", nutriu-se da "fonte da memória, antídoto contra o esquecimento"[1] para permanecer vivo na memória dos mexicanos. No prefácio de *El Proconsulado* escreveu:

> Da vaidade da criação literária diz-se que consola, porque nos dá a ilusão de que salva do esquecimento uma parte dos sucessos, os pensamentos, os sentimentos, que, no balanço geral da existência, nos parecem dignos do esforço que levanta um tesouro a ponto de se perder (...).[2]

Ao longo de mais de duas mil páginas, misturou história pessoal e nacional. Em sua construção de identidade nacional, por exemplo, recorreu ao passado e se auto-intitulou o "Ulisses Criollo", indicando o presente apenas como símbolo de destruição, decadência e volta à "barbárie" indígena. Chamou nossa atenção o fato de que, embora o autobiógrafo tenha se esmerado em enaltecer os valores culturais legados pela Espanha, ainda assim, mesmo que involuntariamente, terminou por reforçar a imagem da mestiçagem, que lhe trouxera notoriedade. Nossa proposição justifica-se pelo fato de que, entre as principais imagens construídas sobre si, duas ficaram muito evidentes: a de Ulisses, figura ligada aos valores europeus e a de Quetzalcóatl, personagem indígena tão relevante na mitologia mexicana. Podemos afirmar que,

---

1 LE GOFF, Jacques. *Op. cit.*, p. 434.
2 VASCONCELOS, José. *Memória II. El desastre, El proconsulado. Op. cit.*, p. 601.

mesmo com tom característico de libelo político em grande parte do conteúdo, a obra memorialística de Vasconcelos resultou em uma "obra mestiça", ao evidenciar os conflitos na busca pela definição da identidade nacional mexicana.

Referindo-nos especificamente à imagem de Quetzalcóatl, concluímos que Vasconcelos a utilizou para reelaborar os significados do seu projeto. Ao recontar o passado, colocou o país e os mexicanos como "irremediáveis". Ao se autoproclamar como a reencarnação do deus civilizador, deixou o registro de um México que, continuamente, rejeitava a oportunidade de "civilizar-se".

Por fim, das imagens elaboradas, procuramos mostrar que prevaleceu a do "profeta rejeitado" e, com ela, a marca do ressentimento, que, indubitavelmente, caracterizou os escritos memorialísticos de José Vasconcelos. Se, para alguns, a escrita autorreferencial assume o objetivo de ajudar a superar lembranças com valor traumático, a leitura de seu último volume memorialístico nos permite afirmar que para Vasconcelos, isso não foi buscado ou, se o fez, não parece ter atingido. As lembranças das "injustiças" cometidas contra ele tomaram, ali, dimensões repetitivas. Desta forma, afirmamos que escrever representou, para ele, muito mais uma forma de continuar fazendo política.

Sua experiência e as dificuldades para lidar com os percalços políticos com os quais se defrontou nos leva a estabelecer aproximações com outras personagens que também iniciaram suas participações na história política e cultural da América Latina, com *"esperança radical"*, mas que, com o desenrolar dos acontecimentos e frente às dificuldades enfrentadas, terminaram demonstrando um *"desencanto conservador",*[3] concluindo, como Vasconcelos, que a luta não havia valido a pena.

---

3   A expressão em itálico é utilizada por Maria Ligia Prado ao tratar da experiência do argentino José Bernardo Monteagudo que participou do movimento pela emancipação da América do Sul e vivenciou tais sentimentos em fases distintas dos acontecimentos.

Vasconcelos, como outros, evidenciou uma questão recorrente na relação sujeito – história: o descompasso entre a projeção e a realidade. As memórias dolorosas insistiam em ressaltar "o que fui e fiz" e o que "poderia ter feito". As dificuldades encontradas terminaram por contaminar projetos para um futuro de realizações. Impediram, ainda, que ele entendesse e aceitasse que as dinâmicas coletivas desviam e ressignificam ações individuais. Especialmente, naquele momento, não foi capaz de ter a percepção de que o que tinha realizado não estava perdido.

Gostaríamos de destacar uma inquietação que nos perturbou durante todo o tempo do trabalho. Entre outros objetivos, ao optar pela escrita autobiográfica, aquele que a produz tem o desejo de perpetuar-se. Enfim, o que busca é "forjar uma glória" por meio de uma memória organizada de forma deliberada.[4] Não sabemos até que ponto a decisão tomada por Vasconcelos em fazer das suas *Memórias* um monumento o prejudicou ou o ajudou na busca por seus objetivos. Ao levantarmos o questionamento, o fazemos, pensando que essa prática cultural, escolhida pelo autobiógrafo, tem um estatuto ambíguo. Ao produzi-la, pode atingir corações e mentes e convencer. Contudo, a exposição

---

PRADO, Maria Ligia. "Esperança radical, desencanto conservador na América Espanhola". *Revista História*, São Paulo: Ed. Unesp, v. 22, n. 2, 2003, p. 15-34. A mesma autora amplia o tema tratando de outros personagens que atuaram nas lutas de independência na América Latina. PRADO, Maria Ligia. "Sonhos e desilusões nas Independências Hispano-americanas". In: *América Latina no século XIX: telas, tramas e textos*. 2ª ed. São Paulo: Edusp, 2004, p. 53-73. Os trabalhos de Regina Crespo, que realizou um estudo comparativo das atuações de Vasconcelos e Monteiro Lobato, e Fabiana Fredrigo, que analisou a construção de imagens por meio do epistolário de Simón Bolívar, também reforçam a ideia de o quanto esperança e desencanto andam de braços dados na experiência de personagens latino-americanos que desejaram realizar uma "grande obra".

4   Num artigo da revista *Estudos Históricos*, Renato Janine Ribeiro analisa a situação paradoxal que pode gerar este anseio de "forjar uma glória", manifesto na produção de uma memória gerada de forma deliberada. Ver RIBEIRO, Renato Janine. "Memórias de si, ou...", Revista *Estudos Históricos. Op. cit.*, p. 35-42

pode, ao mesmo tempo, ser nociva, considerando a possibilidade de levar ao julgamento e ao ridículo. Ao se expor, fornece armas contra si mesmo e, às vezes, ao buscar se criar, há sempre o risco de perder-se.

Finalmente, da leitura realizada fica a conclusão de que Vasconcelos pretendeu, por meio de suas reminiscências, deixar para a história a perspectiva de uma "oportunidade desperdiçada" pelos mexicanos, acreditando que as *Memórias* o redimiriam, garantindo uma lembrança positiva de sua obra. Entre inúmeras frases fortes, presentes nos relatos memorialísticos de Vasconcelos, gostaríamos de concluir registrando uma que apareceu nos tomos do decênio de 1930 e foi reafirmada, com pequena adaptação em *La Flama*, com a sugestão explícita de que aparecesse em seu epitáfio: "Os filhos de vossos filhos chorarão ao saber o que perderam, perdendo-me".[5] Ao escolhê-la, projetou para o futuro o que interpretava que não havia alcançado: o reconhecimento pela obra realizada.

---

5   VASCONCELOS, José. *La Flama. Los de arriba en la Revolución. Op. cit.*, p. 350.

Referências bibliográficas

OBRAS DE JOSÉ VASCONCELOS

VASCONCELOS, José. *Bolivarismo y Monroísmo*.

VASCONCELOS, José. *Cartas políticas de José Vasconcelos*. Prefácio e notas de Alfonso Taracena. México: Clásica Selecta; Editora Librera, 1959.

VASCONCELOS, José. *Discursos (1920-1950)*. México: Editora Botas, 1950.

VASCONCELOS, José. *El Desastre*.

VASCONCELOS, José. "El pensamento iberoamericano". *Ideas en torno de Latinoamérica*. vol. 1. México: Unam, 1986.

VASCONCELOS, José. *Indologia: una interpretación de la cultura iberoamericana*. 2ª ed. Barcelona: Agencia Mundial de Libreria, 1926.

VASCONCELOS, José. *José Vasconcelos*. Antalogias del pensamiento político, social e económico de América Latina. Edição de Maria Justina Sarabia Viejo; Prólogo de António Lago Carballo. Madrid: Instituto de Cooperación Iberoamericana; Ediciones de Cultura Hispánica, 1989.

VASCONCELOS, José. *La amistad en el dolor: correspondencias entre José Vasconcelos e Alfonso Reyes, 1916-1959*. Compilação e notas de Claude Fell. México: El Colégio Nacional, 1995.

VASCONCELOS, José. *La Flama. Los de arriba en la Revolución*. México: Compañia Editorial Continental, 1977.

VASCONCELOS, José. *La raza cósmica: misión de la raza iberoamericana*. México: Espasa-Calpe Mexicana, 1948.

VASCONCELOS, José. *Memórias I. Ulises Criollo, La Tormenta*. México: Fondo de Cultura Econômica, 1984.

VASCONCELOS, José. *Memórias II. El desastre, El proconsulado"* México: Fondo de Cultura Econômica, 1984.

VASCONCELOS, José. *Ulises Criollo*. Ed. crítica. Coordenação de Claude Fell. 1ª ed. Madrid; Barcelona; La Habana; Lisboa; Paris; México; Buenos Aires; São Paulo; Lima; Guatemala; San José. Allca XX Scipione Cultural, Coleção Archivos, 2000.

FONTES

ACHEBE, Chinua. *O mundo se despedaça*. Tradução de Vera Queiroz da Costa e Silva. São Paulo: Ática, 1983 (Coleção de autores africanos; 17).

AGUILLAR CAMÍN, Héctor; MEYER, Lorenzo. *À sombra da Revolução Mexicana*. Tradução de Celso Mauro Paciornik. São Paulo: Edusp, 2000. (Ensaios Latino-Americanos v. 5).

ALBERTI, Verena. Literatura e autobiografia: a questão do sujeito na narrativa. *Estudos Históricos*, Rio de Janeiro, v. 4, n. 7, 1991.

ALTHUSSER, Louis. *O futuro dura muito tempo. Os fatos: autobiografias*. Tradução de R. F. D'aguiar. São Paulo: Companhia das Letras, 1992.

ANDERSON, Benedict. *Nação e consciência nacional*. Tradução de Lólio Lourenço de Oliveira. São Paulo: Ática, 1989.

ANSART, Pierre. "História e memória dos ressentimentos". In: BRESCIANI, Stella; NAXARA, Márcia (orgs.). *Memória e (res) sentimento: indagação sobre a questão sensível*. Campinas: Editora da Unicamp, 2004, p. 15-36.

BASAVE BENÍTEZ, Agustín. *Mexico Mestizo: análises del nacionalismo mexicano en torno a la mestizofilia de Andrés Molina Enríquez*. México: Fondo de Cultura Económica, 1992.

BASTOS, Hermenegildo. *Memórias do cárcere. Literatura e testemunho*. Brasília: UnB, 1998.

BENJAMIN, Walter. "O narrador". *Magia e técnica, arte e política: ensaios sobre literatura e história da cultura*. São Paulo: Brasiliense, 2008, p. 197-221.

BETHEL, Leslie (org.). Trad. Maria Clara Cescato. *História da América Latina: A América Colonial*. 2ª ed. São Paulo: Edusp; Brasília: Fundação Alexandre Gusmão, v. 1, 1988.

BLANCARTE, Roberto (compilador). *Cultura e identidade nacional*. México: FCE, 1994.

BOBBIO, Norberto. *Os intelectuais e o poder: dúvidas e opções dos homens de cultura na sociedade contemporânea*. Tradução de Marco Aurélio Nogueira. São Paulo: Unesp, 1997.

BONFILL BATALLA, Guillermo. *México Profundo: una civilización renegada*. México: SEP, 1987.

BORGES, Jorge Luis. *Ensaio autobiográfico*. Jorge Luis Borges com Norman Thomas Giovanni; Tradução de Maria Carolina de Araújo e Jorge Schwartz. São Paulo: Companhia das Letras, 2009.

BORGES, Vavy Pacheco. "Fontes bibliográficas: grandezas e misérias da biografia". In: PINSKI, Carla Bassanezi (org.). *Fontes Históricas*. 2ª ed. São Paulo: Contexto, 2006, p. 203-234.

_____. "Desafios da memória e da biografia: Gabrielle-Sieler, uma vida (1874-1940)". In: BRESCIANI, Stella; NAXARA, Márcia (orgs.). *Memória e (res) sentimento: indagação sobre a questão sensível*. Campinas: Unicamp, 2004, p. 287-312.

BOSI, Ecléa. *Memória e Sociedade: lembranças de velhos*. São Paulo: T.A. Queiroz, 1984.

BOURDIEU, Pierre. "A ilusão biográfica". In: FERREIRA, Marieta; AMADO, Janaína (orgs.). *Usos e abusos da história oral*. 8ª ed. Rio de Janeiro: FGV, 2006, p. 183-191.

CALLIGARIS, Contardo. "Verdades de autobiografias e diários íntimos". *Estudos históricos*, Rio de Janeiro, n. 21, v. 11, 1998.

CARBALLO, Antonio Lago. *José Vasconcelos*. Série *Antalogias del pensamiento político, social e económico de América Latina*. Edição de

Maria Justina Sarabia Viejo. Madrid: Instituto de Cooperación Iberoamericana; Ediciones de Cultura Hispânica, 1989.

CARDOZA Y ARAGÓN, Luis. "José Vasconcelos". In: FELL, Claude (coord.). *Ulises Criollo*. Ed. crítica. Madrid; Barcelona; La Habana; Lisboa; Paris; México; Buenos Aires; São Paulo; Lima; Guatemala; San José. Allca XX Scipione Cultural, Coleção Archivos, 2000, p. 1073.

CERTEAU, Michel de. *A escrita da história*. Rio de Janeiro: Forense Universitária, 1982.

CEVASCO, Maria Elisa. *Para ler Raymond Williams*. Rio de Janeiro: Editora Paz e Terra, 2001, p. 152-153.

CHARTIER, Roger. "As práticas da escrita". In: ARIÉS, Philippe (orgs.). *História da Vida Privada: da renascença ao século das luzes*. São Paulo: Companhia das Letras, 1991, v. 3, p. 113-161.

_____. *A história cultural: entre práticas e representações*. Tradução de Maria Manuela Galhardo. Rio de Janeiro: Bertrand Brasil; Lisboa: Difel, 1990.

CÓRDOBA, Arnaldo. *La formación del poder político en México*. México: Ed. Era, 1977.

COSÍO VILLEGAS, Daniel. *Ensaios y Notas*. México: Editorial Hermes, 1996.

CRESPO, Regina Aída. *Itinerarios intelectuales: Monteiro Lobato, José Vasconcelos y sus proyectos para la nación*. México: Unam. Centro

Coordinador y Difusor de Estudios Latinoamericanos. (Série Nuestra América 61), 2004.

_____. "José Vasconcelos e Alfonso Reyes no Brasil (1922-1938)". *Revista Brasileira de História*, São Paulo, Humanitas, FFLCH-USP, v. 23, n. 45, jul. 2003.

DE ANDA ALANÍS, Enrique X. *La arquitectura de la Revolución mexicana*. México: Unam, 1990.

_____ "Tradición y nacionalismo como alternativas de identidad en la arquitectura moderna mexicana". IN: AMARAL, Aracy (coord.) *Arquitectura neocolonial. América Latina, Caribe, Estados Unidos*. México: Fonde de Cultura Economica, 1994, p. 259-269.

DE LA TORRE Villar, Ernesto; GONZÁLEZ Navarro, Moises e Ross, Stanley (orgs.). *História Documental de México*. Tomo II. México: Unam, Instituto de Investigaciones Historicas, 1974.

DOMINGUEZ MICHEL, Christopher. "José Vasconcelos, padre de los bastardos". In: FELL, Claude (coord.). *Ulises Criollo*. Ed. crítica. Madrid; Barcelona; La Habana; Lisboa; Paris; México; Buenos Aires; São Paulo; Lima; Guatemala; San José. Allca XX Scipione Cultural, Coleção Archivos, 2000.

DONGHI, Tulio Halperin. *História da América Latina*. Tradução de Carlos Nelson Coutinho. Rio de Janeiro: Paz e Terra, 1975.

DOSSE, François. "Uma história social da memória". In: Tradução de Maria Elena Ortiz Assumpção. *A História*. Bauru: Edusc, 2003, p. 261-306.

FAÇANHA, Luciano. *A narrativa confessional de Rousseau: uma interpretação do leitor da posteridade*. Dissertação (Mestrado em Filosofia) - PUC-SP, São Paulo, 2004.

FELL, Claude. *José Vasconcelos: Los años del águila, 1920-1925: Educación, cultura e iberoamericanismo en el México postrevolucionario*. México: Unam, 1989.

FOISIL, Madeleine. "A escrita de foro privado". In: ARIÉS, P; CHARTIER, R. (orgs.). *História da vida privada: da renascença ao século das luzes*. São Paulo: Companhia das Letras, 1991, v. 3, p. 331-369.

FOUCAULT, Michel. *O que é um autor?* 2ª ed. Tradução de António Fernando Ascais e Edmundo Cordeiro. Lisboa: Vaga, Passagens, 1997.

FRAIZ, Priscila. "A dimensão autobiográfica dos arquivos pessoais de Gustavo Capanema. *Estudos históricos*, Rio de Janeiro, n. 21, v. 11, 1998.

FREDRIGO, Fabiana de Souza. *Guerras e escritas: a correspondência de Simón Bolivar (1799-1830)*. São Paulo: Editora Unesp, 2010.

GOMES, Ângela de Castro. "Nas malhas do feitiço: o historiador e os encantos dos arquivos pessoais". *Estudos históricos*, Rio de Janeiro, n. 21, v. 11, 1998.

_____ (org.). *Escrita de si, escrita da história*. Rio de Janeiro: FGV, 2004.

_____ (org.). Revista *Estudos Históricos* (Dossiê Arquivos Pessoais). Rio de Janeiro: CPDOC/FGV, vol. 11, nº 21, 1998.

HALPERÍN DONGHI, Túlio. *História da América Latina*. Tradução de Carlos Nelson Coutinho. Rio de Janeiro: Paz e Terra, v. 1, 1975. (coleção: Estudos Latino-Americanos)

HOBSBAWM, Eric J. *Nações e nacionalismos desde 1870: programa, mito e realidade*. 4ª ed. Tradução: Maria Celia Paoli, Anna Maria Quirino. Rio de Janeiro: Paz e Terra, 1990.

_____; RANGER, Terence (orgs). *A invenção das tradições*. Rio de Janeiro: Paz e Terra, 1997.

KEHL, Maria Rita. *Ressentimento*. São Paulo: Casa do Psicólogo, 2004.

KLINGER, Diana Irene. *Escritas de si, escritas do outro: o retorno do autor e a virada etnográfica*. Rio de Janeiro: 7 Letras, 2007.

KLÜGER, Ruth. *Paisagens da memória: autobiografia de uma sobrevivente do holocausto*. Tradução de Irene Aron. São Paulo: Editora 34, 2005.

KONSTAN, David. "Ressentimento-História de uma emoção". In: BRESCIANI, Stela; NAXARA, Márcia (orgs.). *Memória e (res) sentimento: indagação sobre a questão sensível*. Campinas: Editora da Unicamp, 2004, p. 59-84.

KRAUZE, Enrique. *Caudillos culturales en la Revolución Mexicana*. 5ª ed. México: Siglo XXI Editores, 1995.

LEJEUNE, Philippe. *O pacto autobiográfico: de Rousseau à internet*. Organizado por Jovita Maria Gerheim Noronha. Tradução de Jovita Maria Gerheim Noronha, Maria Inês Coimbra Guedes. Belo Horizonte: Editora UFMG, 2008.

LE GOFF, Jacques. *História e Memória*; Trad. Bernardo Leitão. 5ª ed. Campinas: Editora Unicamp, 2003.

LEVI, Giovanni. "Usos da biografia". In: AMADO, Janaína; FERREIRA, Marieta (coords.). *Usos e abusos da história oral*. 8ª ed. Rio de Janeiro: FGV, 2006, p. 167-182.

LEVILLAIN, Phillipe. "Os protagonistas: da biografia". In: RÉMOND, René (org.). *Por uma história política*. 2ª ed. Rio de Janeiro: FVG, 2004, p. 141-176.

MAGDALENO, Mauricio. *Las palabras perdidas*. México: Fondo de Cultura Económica, 1985.

MANSILLA, H.C.F. *Os intelectuais e a política na América Latina*. Tradução de Marcelo da Rocha Pinto de Moura. Lisboa: Editorial Presença, 1964.

MENESES, Ulpiano Toledo B. de. "A crise da memória, história e documento: reflexões para um tempo de transformações". In: *Arquivos, patrimônio e memória: Ttrajetórias e perspectivas*. SILVA, Zélia Lopes (org.). São Paulo: Unesp; Fapesp, 1999.

_____. "A história, cativa da memória? Para um mapeamento da memória no campo das Ciências Sociais". *Revista do Instituto de Estudos Brasileiros*, São Paulo, n. 34, 1992, p. 9-24.

MEYER, Lorenzo. "El primer trama del camiño". In: Cosío Villegas, Daniel (org.). *Historia General de México*. Tomo II. México: Ed. Harla; El Colégio Nacional, 1988, p. 1185-1271.

MOLINA ENRÍQUEZ, Andrés. *Los grandes problemas nacionales.* Cidade de México: 1909

MONSIVAIS, Carlos. "Notas sobre la cultura mexicana en el siglo XX". In: COSÍO VILEEGAS, Daniel (org.) *Historia general de México.* Tomo II. México: Ed. Harla; El Colégio Nacional, 1988, p. 1375-1480.

NIETZSCHE, Friedrich Wilhelm. *Genealogia da moral.* 3ª ed. Tradução de Carlos José de Meneses. Lisboa: Guimarães & C. a, 1976.

NORONHA, Jovita Maria Gerheim Noronha. "Apresentação". In: LEJEUNE, Philippe. *O pacto autobiográfico: de Rousseau à internet.* Jovita Maria Gergheim Noronha (org.). Tradução de Jovita Maria Gergheim Noronha, Maria Inês Coimbra Guedes. Belo Horizonte: UFMG, 2008.

PANI, Alberto J. *Mi contribuición al nuevo régimen, 1910-1935. (A propósito de Ulises Criollo, autobiografia del licenciado José Vasconcelos).* México: Editorial Cultura, 1936.

PAZ, Octavio. *México en la obra de Octavio Paz: el peregrino en su pátria.* Tomo I. México: Fondo de Cultura Económica, 1987.

_____. *El Labirinto de la soledad. Postdata/Vuelta a El Laberinto de la soledad.* México: Fonde de Cultura Económica, 2005.

PETRONI, Mariana da Costa A. *La imagen del indio en la obra de Julio de la Fuente. Un estudio sobre la antropología y la fotografia mexicana.* México, 2007. 141f. Dissertação (mestrado em Antropologia

– CIESAS: Centro de Investigaciones y Estudios Superiores en Antropologia Social.

PIMENTEL, Francisco. *Memória sobre las causas que han originado la situación de la raza indígena y médios para remediarla.* México: Imprenta de Andrade y Cavalvante, 1864.

PINTO, Júlio Pimentel. *O caudilhismo.* São Paulo: Editora Brasiliense, 1987. (coleção Tudo é História)

PRADO, Maria Ligia. *América Latina no século XIX: tramas, telas e textos.* 2ª ed. São Paulo: Edusp, 2004.

_____. "Identidades Latino-Americanas (1870-1930)". *História General de América Latina,* Unesco. v. VII.

_____. "Esperança radical, desencanto conservador na independência da América espanhola". *Revista História,* São Paulo, Unesp. v. 22, n. 2, 2003, p. 15-34.

RAGO, Margareth; GIMENES, Renato Aloizio de Oliveira (orgs.). *Narrar o passado, repensar a história.* Campinas: Unicamp, IFCH, 2000 (Coleção Ideias).

RAMOS, Samuel. *História de la filosofia en México.* v. X. México: UNAM-Biblioteca de Filosofia Mexicana-Imprenta Universitária, 1943.

_____. *El perfil del hombre y la cultura en México.* Argentina: Editora Espasa-Calpe, 1951.

RÉMOND, René (org.). *Por uma história política.* 2ª ed. Tradução de Dora Rocha. Rio de Janeiro: FGV, 2003.

REYES, Alfonso. *La ultima tule y otros ensaios*. Seleção e prólogo por Rafael Gutiérrez Gigardot. Caracas: Biblioteca Ayacucho, 1991.

RODÓ, José Enrique. *Ariel*. 2ª Ed. Cidade do México: Espasa-Calpe Mexicana S.A (Coleção Austral), 1961.

ROBLES, Martha. *Entre el poder y las letras: Vasconcelos en sus Memórias*. México: Fondo de Cultura Económica, 1989.

SARLO, Beatriz. *Tempo passado: cultura da memória e guinada subjetiva*. Tradução de Rosa Freire d'Aguiar. São Paulo: Companhia das Letras; Belo Horizonte: UFMG, 2007.

_____. *Una modernidad periférica: Buenos Aires 1920-1930*. Buenos Aires: Ediciones Nueva Vision, 1988.

SARMIENTO, Domingo Faustino. *Facundo: Civilización y barbárie*. Petrópolis: Editora Vozes, 1996.

SEIXAS, Jaci Alves. "Percursos de memórias em terras de História: problemáticas atuais". In: BRESCIANI, Stella; NAXARA, Márcia (orgs.). *Memória e (res) sentimento: indagação sobre a questão sensível*. Campinas: Unicamp, 2004, p. 37-58.

SIERRA, Justo. *México social y político: apuntes para un livro (1885)*. Direção geral de Prensa, Memória, Bibliotecas y Publicaciones. México: DF, 1960.

_____. *Evolución política del pueblo mexicano*. Prólogo de Abelardo Villegas. 2ª ed. Caracas: Biblioteca Ayacucho, 1985.

SKIRIUS, John. *José Vasconcelos y la cruzada de 1929*. Tradução de Félix Blanco. México: Siglo XXI, 1982.

SVAMPA, Maristela. *El dilema argentino: civilización o barbárie*. Buenos Aires: El Cielo por Asalto, 1994.

TENÓRIO, Mauricio. "Um Cuauhtémoc carioca: comemorando o Centenário da Independência do Brasil e a raça cósmica". *Estudos Históricos*, Rio de Janeiro, v. 7, n. 14, 1994.

UREÑA, Pedro Henríquez. *Pedro Henríquez Ureña*. Edição de Tomás Mallo. Edição de Cultura Hispánica. Instituto de Cooperación Iberoamericana, 1993.

VILLA, Marco Antônio. *A Revolução Mexicana (1910-1940)*. São Paulo: Ática, 1993.

VILLORO, Luis. *Los grandes momentos del Indigenismo en México*. México: Colégio de México, 1950.

ZAWADZKI, Paul. "O ressentimento e a igualdade: contribuição para uma antropologia filosófica da democracia." In: BRESCIANI, Stella; NAXARA, Márcia (orgs.). *Memória e (res)sentimento: indagações sobre uma questão sennsível*. Campinas: Editora da Unicamp, 2004.

ZEA, Leopoldo. *El pensamiento latinoamericano*. 3ª ed. Barcelona: Editora Ariel, 1976.

Agradecimentos

O que está aqui apresentado é fruto do meu trabalho de mestrado, concluído em 2010, pelo Programa de Pós-Graduação em História Social da FFLCH (Faculdade de Filosofia, Letras e Ciências Humanas), da Universidade de São Paulo. O sentimento de alegria ao ver um trabalho de pesquisa transformar-se em livro é algo indescritível para aquele(a) que vivenciou o árduo processo. Traz-nos outro sentimento precioso: o desejo de agradecer àqueles que participaram, de forma direta ou indireta, da trajetória. Apesar de ser uma obra que faz constantes referências à "memória", o temor que as falhas da mesma causem algum ressentimento – outro tema do trabalho – é sempre um risco que se corre. Assim, aproveito para registrar agradecimentos aos diretores, colegas de trabalho do Unasp-SP, amigos, alunos e ex-alunos, não citados nominalmente, mas que certamente têm, de minha parte, o carinho e o reconhecimento.

Preciso agradecer de forma muito especial à Maria Ligia Coelho Prado, que foi minha orientadora ao longo do mestrado e para minha alegria, também, no doutorado. Ela teve participação fundamental em todas as etapas, desde quando ainda era um esboço de projeto e a ela sou e continuarei sendo imensamente grata por ter permitido que eu passasse a partilhar de seu convívio pessoal e intelectual. Sua paixão pelo ensino e pesquisa sobre América Latina, ao longo dos anos de dedicação, conseguiram "contaminar" positivamente seus alunos e, principalmente seus orientandos. Sua experiência, perspicácia, conhecimento e sensibilidade, exigindo constante aprimoramento na reflexão e escrita, fizeram muita diferença em meu desenvolvimento acadêmico e no resultado final deste livro. Sua maneira sábia de orientar nos permite, muitas vezes, que nos deparemos com potencialidades ainda desconhecidas.

Outros nomes que tenho "dívidas" e agradecimentos pelas contribuições, críticas, observações e sugestões dadas por meio dos cursos, exame de qualificação e banca de defesa são os (as) professor (as) Doutor (as) Gabriela Pellegrino, Ecléa Bosi, Elias Thomé Saliba e Maria Helena Capelato e Fabiana Fredrigo. A leitura realizada pelos mesmos contribuiu relevantemente para o posterior andamento da pesquisa e para algumas alterações para esta etapa, em formato de livro. Numa das aulas do curso da professora Gabriela, o primeiro que realizei na pós-graduação, conheci o trabalho de Fabiana Fredrigo, a quem também agradeço. Em sua pesquisa de doutorado, Fabiana investigou as missivas de Simón Bolívar, analisando-as como um "projeto de memória". Sua perspectiva e seu levantamento bibliográfico me ajudaram a definir alguns encaminhamentos na pesquisa.

Agradeço, também, aos professores do Projeto Temático Fapesp "Cultura e Política nas Américas: Circulação de Ideias e Configuração de Identidades (séculos XIX e XX)": Carlos Alberto Sampaio, Gabriela Pellegrino, José Luís Beired, Kátia Baggio, Maria Helena Capelato, Mary Junqueira, Silvia Miskulin, Mariana Villaça, Stella Scatena Franco e Tânia Costa Garcia, que fizeram ricas observações e sugestões por ocasião da apresentação do tema, quando ainda estava na fase de pesquisa. Sou imensamente grata pelo convívio intelectual com os colegas pós-graduandos, também participantes do Grupo Temático. Juntos, compartilhamos angústias e dilemas que surgem ao longo do processo. Os mais próximos: Carla Paulino, Carine Dalmás, Ângela Meireles, Maria Antônia, Eustáquio Ornelas, Flávio Francisco, Gabriel Passetti, Priscila Dorella, Rafael Pessollato, Tereza Dulci. Suas leituras comentadas, conversas, sugestões, ou, simplesmente, demonstrações do desejo que tudo desse certo, foram de grande valor. Ivânia Motta e Livia Rangel – amigas amadas que se juntaram ao núcleo posteriormente, também agradeço! Ao amigo querido Valdir Donizeti, sou grata de uma forma muito especial.

Não poderia deixar de mencionar meu agradecimento à Regina Aída Crespo, professora na Universidade Nacional Autônoma do México, que compartilha comigo o interesse por José Vasconcelos. Sua atenção e disposição em ajudar, mesmo antes de me conhecer pessoalmente, permitiram que eu tivesse acesso a obras não disponíveis no Brasil. O ano de 2009 trouxe-a de volta à USP para o pós-doutorado, dando-me a oportunidade de conhecê-la, ouvi-la e conversar pessoalmente.

Meu carinho aos amigos Amanda Vasquez Ramalho, Ubirajara Prestes Filho, Daniela Carvalho e Cristiane Camacho. Destes, na época da pesquisa, tomei bastante tempo. Entretanto, sei que a amizade, respeito e admiração que nos une dão-me liberdade para incomodá-los, sempre que necessário. Também agradeço imensamente a participação da Gisele Maranhão na última etapa.

Impossível deixar de mencionar e agradecer a torcida e o amor da minha família: minha mãe, Eliete, que, a despeito das dificuldades (ou exatamente por conta delas?), continua nos ensinando a sonhar e lutar; meu irmão Roni, a cunhada Patrícia e suas pequenas, tão queridas para mim Ana Clara e Victória; a prima e amiga Karla, que torce por mim cotidianamente; minha querida irmã Railda, José Antônio, meu cunhado, e a Heloise, nossa sobrinha, que enche a minha vida e a do Julio de alegria todas as manhãs.

Finalmente, quero agradecer ao meu companheiro e incentivador constante, Julio. Sua presença torna tudo na minha vida mais leve e feliz. Considero-me uma mulher privilegiada por ter um homem com suas qualidades ao meu lado.

Também não posso deixar de agradecer os apoios financeiros da Capes e da Fapesp, fundamentais em etapas distintas.

Esta obra foi impressa pela Renovagraf em São Paulo no outono de 2016. No texto foi utilizada a fonte Garamond Premier Pro em corpo 11 e entrelinha de 16 pontos.